美绘插画版
Classic inspiring
经典励志

20岁后靠自己
你必须懂点经济学

每个人都要懂一点经济学

黄晓林 赵伟◎编著

Economics
How to succeed on your own after 20

现代生活时时处处充斥着经济学现象，
想要了解社会并成就事业，
必须懂得经济学、合理运用经济学，
甚至在日常生活的方方面面，
都需要经济学思维。

四川人民出版社

经济学如何看世界

像经济学家一样思考

20岁后靠自己
你必须懂点经济学

黄晓林 赵伟◎编著

四川人民出版社

图书在版编目（CIP）数据

20 岁后靠自己：你必须懂点经济学 / 黄晓林，赵伟编著 . -- 成都：四川人民出版社，2019.5（2024.2 重印）
ISBN 978-7-220-11054-2

Ⅰ . ① 2… Ⅱ . ①黄… ②赵… Ⅲ . ①经济学—通俗读物 Ⅳ . ① F0-49

中国版本图书馆 CIP 数据核字 (2018) 第 239004 号

20 SUI HOU KAO ZIJI : NI BIXU DONGDIAN JINGJIXUE

20 岁后靠自己：你必须懂点经济学

黄晓林 赵伟 编著

出 版 人	黄立新
策划组稿	张明辉
责任编辑	薛玉茹
营销策划	张明辉
插画绘制	金版文化
责任校对	舒晓利
责任印制	祝 健
出版发行	四川人民出版社（成都三色路238号）
网 址	http://www.scpph.com
E-mail	scrmcbs@sina.com
新浪微博	@四川人民出版社
微信公众号	四川人民出版社
发行部业务电话	（028）86361653 86361656
防盗版举报电话	（028）86361653
印 刷	唐山楠萍印务有限公司
成品尺寸	135mm × 180mm
印 张	14
字 数	300千
版 次	2019年5月第1版
印 次	2024年2月第2次印刷
书 号	ISBN 978-7-220-11054-2-01
定 价	78.00元

前言

Preface

经济学是对人类各种经济活动和各种经济关系进行理论的、应用的、历史的以及有关方法的研究的各类学科的总称。随着市场经济的发展，人们的日常生活与经济学的关系已经越来越密不可分，经济大势的起伏，与每个人的生活息息相关，每个人对各种经济学现象已经不再陌生，人们正越来越切身感受到掌握经济学知识的重要性。与此同时，经济学的一些概念正在走进千家万户，经济生活中的每个参与者都能了解“CPI”“成本”“股票”等生活中的经济学词汇。

现实社会中，我们的生活时刻被经济学的影子所萦绕，无论做什么都充满着经济的味道。蓦然回首之时，我们会发现经济学原来就在我们身边。经常关注各大门户网站的人，很容易就会总结出目前中国的热点问题，比如，社会保障、住房、教育、医疗、物价、腐败、诚信、城建、就业、私有财产等问题，一口气就可以说上十来个，所有这些问题没有一个不与经济学密切相关，也没有一个不与我们的切身利益密切相关。而我们关注这些经济热点无非是想多积累点经验，以便自己面临利益博弈时，能多得点好处。有心者也许还会注意到，我们的一举一动几乎都与经济学有着千丝万缕的联系。例如，商品价格起伏涨跌，口袋里的钞票价值增减，是买房还是炒股……而每个人的成长又何尝不充满了经济上的算计：当我们是学生时，家长要替我们算计是不是应该选择好一点的教育；大学毕业后，我们和家长一块算计是继续读研，还是工作；工作后有了收入，我们要决定该把多少用于支出，多少用于储蓄，多少用于投资；有一天有了自己的企业，我们还要算计自己的产品该获取多高的利润；还有我们的终身大事，该娶一个什么样的老婆，该嫁一个什么样的老公，虽然感情很重要，但最终还是要以利益来衡量，感情和面包都需要……每一件小事背后其实都有一定的经济规律和法则可循，我们的生活已经离不开经济学。用经济学的原理来反观我们的生活，其实，我们就是生活在一个经济学乐园里，人生时时皆经济，生活处处皆经济。

为了帮助二十几岁的年轻读者轻松、愉快、高效地了解经济学知识，我们组织专家、学者编写了这本经济学通俗读物。全书共分为五篇，从日常生活、生产经营、生存竞争、投资理财、宏观调控等不同侧面，全面系统地讲述了经济学的基本理论知识及其在现实社会生活中的广泛应用。本书没有令人费解的图表和方程式，也没有拒人于千里之外的经济学行话，而是以经济学的基本结构作为骨架，以生活中的鲜活事例为血肉，从边际效用递减、供求规律这些最基本的原理出发，全面介绍了与个人、家庭、企业、社会、世界密切相关的经济学常识，包括通货膨胀、货币与银行、利率与金融市场、经济增长、失业、国际经济学、政府与市场等经济学观点，为人们在经济学和现实生活之间搭建起一座桥梁。

本书最大的特点在于，采用生活化的语言，将经济学内在的深刻原理与奥妙娓娓道来，让年轻人在快乐和享受中，迅速了解经济学的全貌，轻轻松松地获得经济学的知识，学会像经济学家一样思考，用经济学的视角和思维去观察、剖析种种生活现象，指导自己的行为，解决生活中的各种难题，使自己更快地走向成功。读过本书，你就会发现，经济学一点也不枯燥难懂，而是如此的贴近生活，如此的有趣，同时又是如此的实用。

目录
CONTENTS

绪篇 经济全球化时代，二十几岁要懂点经济学

第一篇 把握市场交易的内在规律：二十几岁要懂得的日常生活经济学

第二篇 聆听华尔街的经商智慧：二十几岁要懂得的生产经营经济学

第四篇 如何打理自己的财富：二十几岁要懂得的投资理财经济学

绪篇

经济全球化时代，二十几岁要懂点经济学

经济学到底是什么

人们对经济学是什么有不同的理解。有人认为经济学是研究经邦济世的大学问，有人认为经济学研究的是致富之道，有人认为经济学研究的是生产关系，还有人认为经济学无非是一些自命为经济学家的人的智力游戏。这些说法如同瞎子摸象一样，都抓住了一个侧面，但又都不准确、不全面。

经济学无疑是当今的显学，甚至有“经济学帝国主义”的说法，意思是经济学研究涉足的范围超过了经济问题本身，而侵占了其他学科的领地。在大学里，经济类专业是最热门的，非高分者不能进。如果大学期间没有机会读经济学，研究生阶段再也不能错过，于是跨专业考经济学研究生成为大学的一道风景。打开电视，翻开报纸，满眼尽是财经新闻、股票行情，经济学家们经常被邀为政府的座上宾，对国家经济政策出谋划策，指点江山。那么，经济学到底是什么呢？

“经济学”一词最早出现在公元前469～公元前399年间的古希腊，用希腊文表示为“oikonomia”，是“家计管理”的意思，后用英文翻译为“economics”，我国学者严复曾把它译为“生计学”，翻译成汉语“经济学”的第一人是日本学者神田孝平。

早在200多年前，1776年，英国人亚当·斯密（1723～1790）出版了《国民财富的性质和原因的研究》，简称《国富论》，这本书是公认的第一本真正意义上的经济学著作。亚当·斯密本人也被认为开创了古典政治经济学，被誉为“经济学之父”。

亚当·斯密在经济学上的主要贡献是：（1）把政治经济学发展成了一个完整的体系；（2）提出了分工促进经济增长的原理；（3）批判了重农主义和重商主义，重农主义认为农业是唯一创造财富的产业，重商主义则认为商业流通是财富的唯一源泉，亚当·斯密在理论上批判了它们的偏见，认为只要是包含人类劳动的产品都具有价值；（4）提出了政府的职能，即建立国防、建立严正的司法机构、建立并维持必要的公共工程，这被后人称为小政府的标准；（5）提出了赋税的四项原则，即公平、确定、便利、节省，直到今天这仍然是指导各国税收的准则。

亚当·斯密在经济学上最大的贡献是他提出了“看不见的手”的学说。他认为，人类社会存在着一种和谐的自然秩序。亚当·斯密的哲学思想和经济学思想，影响了后来的李嘉图、马尔萨斯和凯恩斯等人。

自亚当·斯密之后，经济学登堂入室，成为一门独立的科学，历久不衰，甚至被称为所有社会科学的“皇后”。

经济学成为现今的显学，自然有着深刻的缘由。说到底，是因为经济学要解决的问题，是人类最基本、最重大的问题。也就是：往大的说，人类的生存和发展离不开经济学；往小的说，个人的生活与工作离不开经济学。

人类社会的基本问题是生存和发展。生存和发展就是不断地用物质产品或劳务来满足人们日益增长的需求，而各种各样的需求则来自于人的欲望。20世纪美国心理学家马斯洛提出了需要层次理论，把人由欲望产生的需求分为5个层次，即生理需要、安全需要、社交需要、尊重需要与自我实现需要。人的欲望是无止境的，人的需要也是从低到高依次实现。需要层次理论表明，人首先要满足最基本的欲望，然后才会去追求其他的欲望。因此，欲望的最显著特征是无穷大，也就是平常我们所说的“欲壑难填”。人的欲望没有止境，除非生命结束。

要满足欲望就得有手段，经济学把这种手段，叫“资源”。一个社会无论有多少资源，它总是有限的。相对于人的无限欲望而言，资源量是不足的，于是这就是经济学家所说的“稀缺”。这里所说的稀缺不是指资源的绝对量多少，而是指相对于无限欲望的有限性而言，再多的资源也是稀缺的。稀缺性是人类社会面临的永恒问题，它与人类社会共存亡。比如说当穷国政府为把有限的财政收入用于基础设施建设还是教育方面而争论不休时，富国政府也为把收入用于国防还是社会福利而发愁；当穷人为工作的薪水少而担心时，富人虽有金钱但总感觉时间不够用。其实，这些都是稀缺性的不同表现形式。

如果是这样，那么问题就来了：欲望人人有，每个社会都有，还无穷大；而资源是稀缺的，满足欲望的手段没有那么多，那该怎么办？

过去，解决人类的欲望无穷与资源稀缺这个矛盾的办法，是压抑人的欲望，让欲望和资源相接近，比如各种宗教在本质上都有这个作用。而现代社会，解决这个困境的办法，却是发展生产，增加资源的总量，以此来满足人的欲望，从而缓解稀缺。但是，毕竟欲望太大，而资源又总是那么稀缺，它永远比欲望要求的少，即使再怎么发展生产，也并不是所有欲望都能得到满足，而只能满足一部分。那人类就要决定：让哪些欲望得到满足，哪些欲望不能得到满足，至少是暂时不能得到满足。这就是选择的过程。选择要决定用既定的资源生产什么、如何生产以及为谁生产这三个基本问题。这三个问题被经济学家称为资源配置问题。

因为资源稀缺，不可能什么都生产，所以，生产一种东西，就意味着放弃另外的东西。一亩地，种了玉米，就不能同时再种水稻。因此，需要仔细考虑究竟选择生产什么，满足什么欲望，在经济学上，这叫“生产什么”。

生产可以采取不同的方式。比如快递公司，可以用飞机，也可以用汽车送递快件。但是除了联邦快递等几家大公司外，一般都是用汽车送。因为联邦快递名气大、信誉高、收费更高，用飞机送也可以赚钱。但是大量的小快递公司，只能用汽车。因为小快递公司很多，竞争很激烈，主要靠收费低来维持经营，如果用飞机送，只会亏损倒闭。对企业来说，赚钱才是硬道理。这就说明，用什么方式生产是很重要的，需要仔细考量，作出抉择，经济学家把这叫“如何生产”。

东西生产出来以后，就该让它去满足人的欲望了。但是怎么把东西分到每个人手里呢？要靠规则。规则怎么定？是谁出价高就给谁，类似于拍卖，还是谁权力大就给谁？还是根据其他标准？这些都是规则。不同的规则对人们的影响和产生的结果是绝对不一样的。社会要想平稳发展，就必须采取更妥当的办法，采用更合理的规则。所以，对于如何分配，人类也得作出选择，这叫“为谁生产”。

资源配置直接来源于资源稀缺与欲望无穷的永恒矛盾，所以资源配置非常重要，而且永远都存在如何更好配置的问题。经济学就是关于资源如何配置的学问。配置，就是放；资源配置，就是把资源放到哪里去。

资源配置的目标是有效率。经济学上的效率和生活中的效率是两个概念。经济学效率的含义是一种最好的状态。在这个状态下，如果想让某个社会成员变得更好，就只能让其他某个成员的状况变得比现在差。换句话说，如果不让某个人变差，就不能让任何人变好。这个状态，就如同“人尽其才，物尽其用”的理想状态。如果在不使任何人变差的情况下，还能让某个人变好，那么这个状态，就不是最好的，还有改进的余地。只有达到有效率的状态，才是最好的。

迄今为止，人类找到了两种配置资源的方式：一个是计划，另一个是市场。主要用计划方法配置资源的经济叫计划经济；主要用市场配置资源的经济叫市场经济。

计划方式，就是计划部门的人说了算，只有他们有权决定资源怎么配置，生产什么，如何生产，为谁生产，是计划部门事先规定好了的。所有人都必须服从，不能各行其是。问题是，计划部门的人即使再聪明，也不可能了解所有人的欲望，不可能了解所有企业的状况；计划部门的人再多，也不过几百人、几千人而已。因此，计划部门根本没有能力处理一个庞大经济体的全部生产和消费活动，长期实行计划经济所导致的无效率和失败是必然的。说到底，计划经济是一种公众不能自主决定自己事务的经济。

市场经济配置资源的手段是市场，说得更直接点，就是价格机制。在市场经济中，消费者买什么、买多少，由消费者根据市场价格和自己的收入和偏好决定；企业生产什么、生产多少，要看生产什么更赚钱。说得通俗点，市场经济就是自己的事情自己做主的经济。

20世纪90年代，在邓小平的领导下，中国开始进行社会主义市场经济取向的改革。为什么要改革？就是因为虽然计划经济在开始的时候曾经创造了奇迹，但是它固有的弊端最终使它归于失败。完全的计划经济既不公平，又缺乏效率。中国多年的市场经济实践，是社会主义市场经济优于计划经济最好的证明。

总之，经济学产生于稀缺性，它要解决任何一个社会和个人都面临的选择或资源配置问题。因此，经济学是一门与我们每个人都密切相关的科学。这正是我们要学习经济学的基本原因。

经济学如何看世界

经济学是一门社会科学，研究对象是人类社会，是人的行为。可是经济学常常借鉴自然科学的方法。这使得经济学对世界的解释更精确，对于指导人类实践也才更有效。

“物以稀为贵”，这是人人都知道的常识。可是为什么物稀了就贵？毕竟，稀少时的物品跟富余时的物品，表面上并没有什么不一样。到底怎么回事？经济学的边际效用原理，从人的心理出发，把其中的道理解释得透彻如水。

“天下没有免费的午餐。”经济学大师弗里德曼最早说过这句话。当你也这样说的时候，你可能误会了它本来的含义。它的本义是说，人家花钱请你吃饭，你没有买单，可是你是有代价的。因为你吃这顿饭的时间，可以用于做其他事情，这些事情，对你是有意义、有价值的。你把时间用于白吃这顿饭，就失去了这些本来能有的价值。这就是机会考虑。它提示我们，做事的真正成本，不仅包括为做一件事已经付出的代价，还包括为做它所必须放弃的那些东西。当你面临两难选择的时候，你应该想想哪种选择放弃的更多，两难也就不难了。

我们知道事情处于暂时平衡或者相对静止的状态时才有意义，比如价格就是这样。这个状态就是均衡。均衡是各方利益都得到关照以后的结果，均衡的达成也是通过边际调整达到的。

经济学之所以成为一门独立的科学，并且在相当大程度上改变了世界的面貌，是因为经济学家看世界的方式和常人不同，也与其他社会科学，比如社会学、政治学、法学不同，经济学家有一套自己的看问题、看世界的方法。这些方法，帮助人们更科学地认识了外部世界和人类自身，提高了人类解决自身问题的能力。

以下就先说说经济学家的几种特殊思维方式，它们有助于矫正甚至可以颠覆你长久以来的思维定势。

1.经济学的第一个独特视角是边际考虑

在经济学上，“边际”的意思是“最后的”，或者“新增的”。边际考虑就是只考虑最后的一个或者新增加的一个所引起的变化，从而判断事情的整体性质。

19世纪70年代初出现的边际概念，是西方经济学自亚当・斯密以来的一个极为重要的变化。经济学家把它作为一种理论分析工具，可以应用于任何经济中的任何可以衡量的事物上。正因为这一分析工具在一定程度上背离了传统的分析方法，故有人称之为“边际革命”。

经济学认为，某种要素的贡献，是由其边际的一单位的贡献决定的。下面举一个关于农民种粮食的例子加以说明。

假定只有1亩地，如果一个人种，可以打500千克稻米，

但是两个人却不会打1000千克，只能打900千克，三个人只能打950千克，等等。想想，如果人数不断增加，在这1亩地里有1万个人，能打多少千克稻米？0斤！因为1万个人一块上去会把土地踏平的。

从中可以观察到一个规律，第二个人没有第一个人打的稻米多，第三个人没有第二个人打得多，以此类推。总之，后一个人没有前一个人打得多。经济学家把这个规律叫作“边际产量递减”，也就是说新增加的人所增加的总产量越来越少。

我们可以想象，如果产量不递减，那就是递增或者不变。我们看看这是否可能。如果边际产量不变，那就意味着后一个农民的产量永远与前一个一样多，那只要用1亩地，就可以生产出养活全中国人需要的粮食，只要不断地增加农民就行了。当然这是不可能的。

如果有100个人来种这1亩地，那么每个农民应该得到多少工资，也就是多少稻米呢？因为每个农民没有差异，所以他们得到的稻米应该是一样多的。农民得到多少，取决于农民的劳动贡献有多大。他们每个人都得到500千克，还是所有这100个人的产量总和的平均数，抑或是其他呢？

当然不可能是500千克，因为一共也没有这么多的稻米。所以，一般人会说是平均数，也就是把所有100个人的产量加起来，除以100。这似乎有道理，既然每个人得到的稻米都一样多，当然得是平均数。但是，如果每个人拿走平均的产量，农民就把所有稻米都拿走了。土地的主人不会同意。

每个人到底能分到多少稻米？必须进行边际考虑，也就是看最后一个人，即第100个人的产量是多少。比如99个人打了745千克，第100个人来了之后，能打750千克，那么最后所增加的产量是5千克，这个产量就叫“边际产量”。经济学家认为，每个人应该获得的稻米就是这个边际产量，即5千克。为什么？因为每个人劳动的贡献只有5千克！

最后一个人对粮食的贡献只有5千克，其实每个人，包括第一个人的劳动的贡献也只有5千克。

首先，稻米能生产出来，不仅仅靠农民的劳动，还要有能播种的土地。因此，稻米是劳动和土地共同作用的结果，缺一不可。土地对总产量也有贡献，产量不全是农民的贡献。

其次，如果让第一个农民排到第100个，他能打的稻米也只能是5千克，而不再是500千克；让最后一个人排到第一个，他打的稻米也将是500千克，而不再是5千克。第一个来的和最后一个来的，区别在于：第一个人自己用1亩地，而最后一个人只能用1%亩的地！这说明，他们劳动的贡献是没有差别的，都是5千克。

所以，农民应该按照自己劳动的贡献分得稻米，也就是每人5千克。

与边际产量递减类似，效用也是递减的。为了对此加深理解，先讲一个简单的例子。俄国的克雷洛夫写过一则寓言《杰米扬的汤》。说的是有一个叫杰米扬的人，他做的鱼汤非常鲜美，他本人也以此为荣。有一次，一个朋友来拜访他，他给朋友做了香喷喷的鱼汤，上面漂着一层油，像琥珀一样，里面都是鲟鱼片和内脏。朋友很快喝完一碗，在朋友刚放下碗时，杰米扬又端来了第二碗。朋友边喝边和他聊天，很快第二碗也下肚了。为了显示自己的热情，杰米扬又盛了第三碗，朋友实在是不想喝了，但耐不住他的热情，终于勉强喝完。当看到杰米扬又端出了一碗汤时，朋友最后吓跑了，从此再也不敢到杰米扬家做客了。为什么杰米扬用好喝的鲟鱼汤招待他的朋友，却让朋友再也不敢到他家去做客了呢？对于这个客人而言，喝第三碗汤与喝第一碗汤相比，他的满足感是依次递减的。这就是边际效用递减规律。

边际学派认为，人们在资源有限的情况下，不能使全部欲望得到满足，他们只能根据欲望的重要性进行分配。首先要满足最重要的和较重要的，但是总有一个是最后被满足的最不重要的、意义最小的处在边沿上的欲望，它是在随着资源的减少而首先放弃的欲望。这种欲望就是边际欲望，满足这种边际欲望的能力就是边际效用。

边际效用递减是经济学的一个公理。以吃馒头为例，假如边际效用不变，也就是后面一个馒头，永远跟前面一个一样好吃，那会发生什么？我们将永远吃下去，永远吃不饱！更不必说边际效用递增了。

可以说，边际分析法是经济学的基本研究方法之一，不仅在理论上，而且在实际工作中也起着相当大的作用。

2.经济学的第二个独特视角是机会成本考虑

成本是每个人做事时都会考虑的因素，收入减去成本才是利润。可是，经济学家所说的成本，与一般人说的成本差别很大。

一般人头脑里的成本概念是会计成本，也就是做账用的。会计成本有几个特点：第一，会计成本是直接的成本，即实际发生的成本，跟生产和消费直接相关；第二，会计成本是已经发生的成本。但是经济学家说的成本却很不一样，那就是“机会成本”。

面对有限的资源，为了能够得到自己想要的，人们必须选择放弃。由此看来，作出选择并不是一件容易的事，其根源在于在资源有限的情况下，有所得必有所失。鱼和熊掌不能兼得时，选择吃鱼，那么就不能吃熊掌，熊掌就是选择吃鱼的机会成本。举个简单的例子，《艺文类聚》里描述了这样一个故事：齐国有一户人家的女儿，有两家男子同时来求婚。东家的男子长得丑，但是很有钱；西家的男子长得俊美，但是很穷。父母一时间陷入了两难之中，不知道该如何抉择，因为无论选择哪个都会有所失。于是父母便征询女儿的意见：“你自己决定愿意嫁给谁，要是难以启齿，不便明说，就以袒露一只胳膊的方式，让我们知道你的意思。”女儿便袒露出两只胳膊。父母感到奇怪，问其原因，女儿说：“想在东家吃饭，在西家住宿。”其实对于齐女来说，东家、西家都具有吸引力，无论选择哪个，都会造成机会成本的损失，这也就是为什么齐女不能作出决策的原因。

机会成本并非会计学意义上的成本，而是一个纯粹的经济学概念。要想对备选方案的经济效益作出正确的判断与评价，必须在作决策前进行分析，将已放弃的方案、可能获得的潜在收益作为被选取方案的机会成本计算在内。

举个例子来说，假如小李原来在一个政府部门上班，每年有10万收入。现在，小李决定下海经营一家餐馆。每年的全部收入是11万元，会计成本是10万元，包括买菜、买肉、员工工资、税收和各种其他费用。他的会计利润就是：

11万－10万＝1万

但是，经济学家认为小李没有赚钱，反而赔了钱，至少赔了9万。因为，如果小李的时间不是用于开餐馆，而是继续在政府部门上班，他就会有10万元收入，现在他只有1万元收入，所以，他至少赔了9万元。问题出在他少算了成本，不能只算买菜、买肉等成本，为了开餐馆，他放弃的收入也是成本，而他没有算上。

这里的非同凡响之处在于，在一般人看来，干什么都可以挣钱，都可能有利润；而在经济学家看来，在一定的时期内，只有做一件事情才有利润，做其他任何事情都亏损。为什么？比如一笔资金，有1000个项目可以投资，最多只能在一个项目上有经济利润。这意味着投资这个项目得到的收入，比做这个项目的机会成本大，也就是比所有其他项目获得的收入都大。如果还有另一个项目也有经济利润，那就意味着，这个项目的收入也大于所有其他项目的收入，包括前一个有利润的项目，

会计利润：11万－10万＝1万

这就矛盾了！

所以，只有把资金投到那个唯一产生利润的项目上去，才真正有经济利润，才是正确的决策，其他的都是错误的。这是经济学的高明之处。会计学认为任何一个项目都可能有利润，而经济学认为只有一个项目才有利润。

我们做事情必须考虑机会成本。也就是，不但要看由于做这件事我们得到了什么，更重要的是要看因为做这件事情，我们失去了什么。如果失去的比得到的还多，这件事情就不值得做。

有一句话叫“天下没有免费的午餐”。如果有人请你吃午餐，他出钱，而且不附带任何条件。这是免费的么？不是！因为你用于跟人吃午餐的时间，是你的资源，它有多种用途，除了跟人共进午餐，它还可以用于跟朋友聊天、午休、逛街、打游戏、上网，甚至静坐遐思。如果你去吃这顿“免费的”午餐，你就放弃了其他的享受，也许这些享受中的某一项的价值比吃这顿午餐对你更高，也就是效用更大。所以，你吃的这顿午餐不是免费的。即使有人请你吃饭，你也不一定就要高高兴兴地去，而是要考虑你吃这顿饭的机会成本有多大。有时我们抱怨，请人吃饭，那个人却不来。其实，人家是考虑了机会成本。

常常听新闻报道说，某家大企业又创造了多少利润。如果用经济成本计算，还有没有利润呢？也就是说，如果投入到这家企业的这些资金，给了其他企业，后者的产出又如何呢？只有在投给这家企业比其他企业能获得更多的收入时，才证明把资金投入到这家企业是划算的。如果把资金投给别的企业能产生更多的收入，那么这家企业就不再是盈利的，而是亏损的了。资金配置到这样的企业就是一种错误的配置。

因此，任何一种社会的资源，必须进行科学的配置，把它配置到有经济利润的地方去，才是最佳的选择。如果错配，整个社会的利益就会减少。因为社会为得到这个收入，放弃了更多的收入。

谁能进行正确的配置呢？几百年来的实践证明，市场是最好的手段。说到底，市场是一种拍卖机制，企业之间通过竞争，会引导资金流向有利润的地方。市场力量越薄弱的地方，人们越不富裕，为什么？就是因为市场的力量太有限了，资金，这个最稀缺的资源，都被行政配置了，它们没有流到有利润的地方去。

机会考虑，对于资源正确配置非常重要，对于我们作出正确决策，非常有启发！

3.经济学的第三个独特视角是均衡考虑

均衡本来是物理学上的一个概念，指一个物体在大小相等、方向相反的两个力的作用下，而暂时保持一种静止不动的状态。经济学把这个概念借用过来，作为自己分析问题的基本方法之一。

一件事情，如果有好处，或好处大于坏处，人们就会着手去做。可是，再好的事情做下去也会变成不好的事，这叫物极必反。比如吃饭，看到饭菜好吃，就大快朵颐，可是你不会一直吃下去。因为吃到一定时候就会觉得，这一口不如上一口好吃了，这就是边际效用递减，也就是新增加的一口，没有上一口好吃，而且这个递减会一直持续下去。肯定有那么一口，是你的最后一口。这一口在理论上说，你吃不吃都是一样的，这一口的效用是零。但下一口你不会再吃了，因为下一口，你吃了还不如不吃，它比上一口的效用要低，是负数，也就是你只觉得很撑、很难受。

某一口之所以成为最后一口，就是由于吃了它，你觉得增加的好处，也就是边际好处，正好等于或者少于增加的坏处，也就是边际坏处。这跟物体的均衡是一个道理。

所以，做事做到什么程度，就要看边际好处和边际坏处在哪里相等。在此前，应该继续做，因为继续做的话，你的净好处，即好处减去坏处，就增加了；在此后则应该减少做，减少做才会使你的净好处增加。这样你的利益才会达到最大化，相当于吃饱了又不难受。虽然你想都吃下去，但是，你不应该如此，因为全吃下去，会把你撑死。

均衡是一种暂时的静止状态。静止意味着事物让自己的某种状态持续一段时间，也就是会稳定一段时间。

人们常常嘲笑老年人保守，害怕变化。其实，害怕变化是人的普遍特征，变化意味着不确定性，当人面临不确定性的时候，就会紧张，行动失据，遭受损失。人们买保险，就是花钱买确定性，买个平安，可见人们喜欢的是确定性，否则不会花钱买保险。而均衡就是一种稳态，一种确定，因为至少暂时不会变化。只有当事情处于不变状态时，人们才有机会观察、认识它们。如果事情变化无常，要认识它们是困难的。

均衡还意味着事物的变化是缓慢的，是一点一点发生的。

比如人类在进步，可是进步是一点一点进行的。均衡也是一点一点达到的，这是边际考虑的结果。经济学上把前面所说的边际好处叫边际收益，边际坏处叫边际成本。均衡是人们不断比较边际收益和边际成本的结果。

消费者购买的最后一单位商品，就是让自己花的钱所损失的效用和获得的边际效用相等；厂商生产的最后一单位商品，是让自己的边际成本与边际收益相等的那一单位。均衡也意味着各种力量达到一种妥协。我们做事情，就是考虑各种因素，求得一种均衡的、让各方都接受的结果，这样大家才会相安无事。如果不能做到均衡，事情就不会结束。就如谈判，难就难在各方利益的均衡，必须作出妥协才能有结果。

均衡对我们的启发是，为了达到有意义的结局，必须调整自己的行为，同时不能顾此失彼。

经济学的研究前提

相对于现实本身来说，所有的科学都不是真事，因为科学都有自己的假设，在这个假设之下，继而推演出一系列的结论。那理论还有什么用呢？理论的作用是，当满足或者接近理论假设的场合，理论可以解释人们的行动。

有人常常怀疑假设，说假设不合情理等，这是没有科学素养的表现。假设是研究、认识复杂世界的需要。只有作出假设，忽略一些不相干的东西，关注要研究的因素本身，才有助于迅速认清事情的本质。如果不做假设，而去考虑所有情况，那么很难取得进展。

经济学是一门科学，所以也有自己的假设，经济学的假设不止一个，但是最根本的只有一个，这就是“经济人”假设。

所谓“经济人”假设，就是假定人的思考和行为都是目标理性的，唯一试图获得的经济好处就是物质性补偿的最大化。亚当·斯密在《国富论》中的一段话对理性“经济人”有较为清晰的阐述：“我们每天所需要的食物和饮料，不是出自屠户、酿酒家和面包师的恩惠，而是出于他们自利的打算。我们不说唤起他们利他心的话，而说唤起他们利己心的话；我们不说我们自己需要，而说对他们有好处。”亚当·斯密的这段论述向我们表明：人和人之间是一种交换关系，能获得食物和饮料，是因为每个人都要获得自己最大的利益。

“天下熙熙，皆为利来；天下攘攘，皆为利往”，这是司马迁在两千多年前的精辟论述。可以说，对利益的追求是人类社会发展进步的原动力，对利益的渴望在人类行为的背后发挥着主导性、操纵性的作用。

资源总是有限的，人类生存的本能决定了人必须是利己的。经济学正是研究资源稀缺条件下如何实现利益最大化，也就是如何获取更多的利。经济学认为所有人都是经济人，即一切行为的目标只为个人利益最大化。功利主义学派的代表人物边沁总结认为，趋利避害是人类的天性。在经济学中，“利”就是指个体所获得的利益、收益，可以表现为各种各样的形式，归根结底是给人带来的效用、幸福、满足；而经济学中的“害”就是指个体所付出的代价、成本，所承受的损失、牺牲，归根结底是给人带来的负效用、欠缺、痛苦。曾经有一则新闻报道，讲的某油田离婚率骤升的事。原来在这则新闻的背后，离婚当事人面临着进退两难的选择。一女工几年前经领导反复做工作，她和许多职工买断工龄下岗。几年过后，单位突然有一个通知：离婚后的下岗职工等同于单职工，可以上岗，但以离婚证为准。这名女工的丈夫目前在岗，为取得上岗资格，尽管她与结婚十多年的丈夫感情很好，也不得不办了离婚手续。像这种双职工有一方买断工龄下岗的情况不少，为了能重新上岗，他们中很多人不得不去办离婚证。我们很难评说该女工的做法是否可取，但这种选择无疑是慎重考虑之下的趋利避害的行为。“上岗离婚”是一种害，“下岗不离婚”也是一种害，两害相权取其轻，这也算是趋利避害的一种无奈选择吧。

关于人类趋利的本性，先秦时期的韩非子就曾经这样认为：医生能够在病人的伤口上吮吸脓血，并不是与病人之间存在骨肉亲情，完全是因为他的利益在于病人的回报。木匠造棺材的本意不是憎恶别人，而是因为他的利益在别人的死亡上。由于利益的驱动，才使得人们心中的念头在道德层面发生了善恶的区分。

千余年来，人们关于人性的争论从来没有停止过，其争论焦点在人性的根源和人性的善恶问题上。但我国明代思想家李贽认为，世间所有人无不为“私”而忙碌着。“如服田者，私有秋之获而后治田必力；居家者，私积仓之获而后治家必力；为学者，私进取之获而后举业之治也必力。”也就是说，

“私”和“利”是人们做一切事情的直接动因。

经济学认为人性并无善恶之分，经济学世界中的所有人都是经济人。在经济学世界里，每个人做事情都是为了利己。人的本性是利己的，人们所从事一切活动的目的是个人利益最大化。总结起来，所有人都是利己的。

其实，经济学的“经济人”假设并不是要鞭挞这种人性。传统社会主张存天理灭人欲，把利己的人性看作是万恶之源，要求人们克己复礼，结果人性没有被消灭。如今，经济学承认人性利己的合理性，承认人利己的行为是正当的。正是对这一人性的尊重，才促使了经济的发展和社会的进步。

人们通常以为利己是可鄙的，无私是高尚的。在很多人的眼里，利己和无私是天然的反对面。那么什么是利己，什么是无私呢？笼统地说，利己者为自己生活，为自己谋取更大

利益；无私者不为自己生活，为他人生活，为他人谋取更大利益。但是，对经济学有所了解或者善于观察事实的人都不难发现，社会的进步和发展离不开利己。严格来说，利己的内涵是利己且不害人，在主观意图上既不侵犯他人，也不依赖他人，既不奉献他人，也不乞求他人；在客观行为上，自己尽量单独劳动生存，如果要协助就坚持等价交换。如果侵犯他人，就成为自私这种极端化形式了。

或许是人们憎恶人性“利己”的一面，“无私”总是成为文人墨客心中永远的追求。清代小说《镜花缘》中的“君子国”代表了人的一种追求：有一个君子国，在这个国家，人人都大公无私，绝不存有半点私心。

君子国也有交易行为，但卖者却少要钱，而买者却要多给钱。以下是其中的一幕场景：

买东西的人说：“我向你买东西所付的钱已经很少了，你却说多，这是违心的说法。”

卖东西的人说：“我的货物既不新鲜，又很平常，不如别人家的好。我收你付价的一半，已经显得很过分，怎么可能按全价收？”

买东西的人说：“我能识别好货物，这样好的货物只收半价，太有失公平了。”

卖东西的人又说：“如果你真想买，就照前价减半，这样最公平。如果你还说这价格太低了，那你到别的商家那儿去买，看还能不能买到比我这儿更贵的货物。”

他们一番争执不下，买东西的人给了全价，拿了一半的货物转身就走。卖主坚决不让走，路人驻足观看，都说买东西的人“欺人不公”。最后，买东西的人拗不过大家，只好拿了上等与下等货物各一半才离开了。“君子国”为我们描绘了一个人人利他的大公无私的社会。实际上，不可能有这样的国度存在，任何无私的背后总是具有利己的影子。这也许表明无私具有某种不洁性，但更加雄辩地表明了无私的实在基础和真实客观。俗话说，“人不为己，天诛地灭”。其实，不用天地去灭，自己就把自己灭了。你自己不为自己生活，难道让别人养活你吗？而无私不仅表明别人要帮助你，同时要求你帮助别人，把你的收入给他人一部分，让你在休息时间给别人干活。那时，你会认为利己该多好啊。

其实，无私中总是存在利己的痕迹。起源于利己的事实决定了，无私永远不可能摆脱利己。例如，爱情被人们称作最无私、最强烈的需求之一，但是在形成过程中，男女对爱情对象的选择非常苛刻。要考虑相貌、身高、年龄、性格、品德、学识、财富、家庭、前途、是否真的爱自己，这一系列的问题紧紧围绕着自己能否从爱情中得到幸福。当关系终于确定后，如果对方在对待自己方面存在不足、不理想的情况，也会促使男女进行怀疑和反思，甚至争吵和分手。所以，只有在利己的基础上才能谈论无私。

显然，“经济人”都是利己的，以自身利益的最大化作为自己的追求。当一个人在经济活动中面临若干不同的选择机会时，他总是倾向于选择能给自己带来更大经济利益的那种机会，即总是追求最大的利益。每个人为达到利己的目的，必须以利他为手段，给别人“所要的东西”。利己并不损人，否则经济交换活动难以长久维持。“读了《道德情操论》才知道‘利他’才是问心无愧的‘利己’。”1976年度诺贝尔经济学奖得主米尔顿·弗里德曼曾这样说。因此，利己与无私之间并不存在不可逾越的鸿沟。

可能有人会有这样的疑问：如果人人都是理性经济人，都是理性且利己的，社会秩序会不会变得紊乱？以亚当·斯密为代表的经济学家给出了回答：“他追求自己的利益，往往使他能比在真正处于本意的情况下更有效地促进社会的利益。”也就是说，人人都是经济人，更能在客观上维护社会的秩序。

如果在今天，我们仍然鄙视追求私利的人，认为追求私利的都是不义小人，那么交换将严重受阻，社会分工也不可能发达，社会的物质条件也不可能改进。我们肯定追求私利是人的正当权利，并不等于肯定一切对私利的追求都是正当的，否则人间就没有什么道德禁忌了。可以这样说，以不合理的方式追求私利即为恶，以合

理的方式追求私利即为善。

因此，“经济人”假设是经济学的根基，没有“经济人”假设，就不能正确认识经济规律，也不可能制定切实可行的经济政策。但另一方面，我们也应该要看到“经济人”假设只是一种人性假设，在现实生活中，人不可能处处都以经济人的视角观察世界。如果一味地把利己的观点运用到一切生活准则中，生活将不可避免地变味。范美忠本来是四川省都江堰市的一名普通教师，在2008年“5·12”汶川特大地震发生的时候他丢下了学生，一个人跑出了教室。

后来范美忠发表了《那一刻地动山摇——“5·12”汶川地震亲历记》一文，文中细致地描述了自己在地震时所做的一切以及过后的心路历程。范美忠在这篇文章中自述：“我是一个追求自由和公正的人，却不是先人后己勇于牺牲自我的人！在这种生死抉择的瞬间，只有为了我的女儿我才可能考虑牺牲自我，其他的人，哪怕是我的母亲，在这种情况下我也不会管的。”这番言论引起了铺天盖地的批评与谩骂。从道德层面来说，范美忠绝对该受非难和谴责，尤其是与谭千秋老师、周汝兰老师的高风亮节相比较时。由此可见，我们不能处处都提倡利己的行为，因为在趋利性之外，我们还受到良心、道德乃至法律方面的约束。而“经济人”假设的正确性，并不是说它适用于每一个人和每一个人的一切行为，这是指它适用于绝大多数人的绝大多数行为。如果假设人是利己的，又假设人是利他的，经济学就不能称之为一门严谨的科学。

经济学认为所有人都是“经济人”，并不是赞扬利己性，只是承认它是无法更改的人性，承认“经济人”的存在只是对人类趋利本性的一个认识和引导。在现实的经济活动中，我们不可能为了实现自身利益最大化就不择手段，我们必须遵循市场经济的规律以及法律制度，将人的利己心和利己行为变成增加社会财富、推动历史进步的动力。

像经济学家一样思考

为什么要学经济学？其实在学习一些经济理论的背后，我们更要学会像经济学家一样思考，这才是学习经济学的主要目的，而经济学家的思考方式主要表现为“经济人”的理性。

在经济学中，“理性”就是指个人的主观意愿是最大限度地为自己谋取福利。也就是说，理性人应该懂得如何为自己谋福利，做一个精于算计的人。理性人精于算计的基本含义之一就是成本小于收益；其二是“帕累托改进”，也就是在不使一方利益变坏的情况下，另一方的利益有所增加；其三是像经济人一样的思考，为自己获取最大的利益。

一般来说，人们往往在做事前考虑清楚事情的结果，然后才去做。但面对同样一件事情，不同的人为了获取自身最大的收益，会采取不同的处理方式。我们来看看经济学家是如何理性思考的。有一个经济学家、一个医生和一个牧师约好某天去打高尔夫球。这天，玩兴正浓时，他们发现有一个人老在球场上漫无目的地乱跑，这严重影响了他们的兴致，于是他们决定去同球场交涉。球场的管理人员向他们解释：“球场为了向全社会的残疾人献爱心，星期一下午向盲人免费开放。今天是星期一，那个到处乱跑的人是盲人。如果他的行为影响了你们，我向你们表示歉意。”三人听后，有三种不同的反应。牧师听后大为感动，遂决定抽出一定时间，免费为残疾人祈祷，祈求上苍保佑，为残疾人带来福音。医生听后，马上决定，向球场学习，并准备在他的诊所里，留出一定的时间免费为残疾人提供医疗服务。经济学家却不以为然地说：“我有些不明白，你们球场为什么不把向盲人开放的时间从白天改到晚上？”从理性视角来看，白天与黑夜对于盲人没有区别，把对盲人开放的时间从白天改到晚上，一点都不损害盲人的利益。如果盲人在白天和正常的游人一起共享高尔夫球场，盲人的利益虽然能得到保证，很显然，一般游客的利益就会受到损害。这就表明，

盲人的利益是建立在牺牲一般游客利益的基础上，如果这样，球场资源的配置是缺乏效率的。经济学家从资源配置的效率角度看问题、看世界，不得不说他们是最理性的人！

实际上，在经济活动中，人人都是理性“经济人”。例如买一件商品时，我们都希望买到物美价廉的商品，绝不会希望买物次价高的商品，因为在经济活动中我们会保持自利性和理性。从经济学的角度来说，“理性”是永恒的价值导向。

历史上的道光皇帝非常简朴，一次他的裤子破了一块，他让内务府打上补丁接着穿。后来裤子补好了，道光皇帝便问花了多少钱，内务府官员回答说：“一千两白银。”道光皇帝很吃惊，问为什么这么贵。内务府官员回答：“湖绉制的布料不太好找，并且很难找到花头刚好能合在一起的，所以这么贵。”道光皇帝听了也无可奈何。

其实，这可以从两个方面来理解，一个是经济层面的问题：补一条裤子要花一千两银子，还不如花几十两银子买条新的；另一个层面是意识形态领域的问题：皇帝穿补过的裤子，这种倡导节俭的精神是多少钱也买不来的。经济学家的思考方式主要是从成本和收益的角度去思考问题，而不是从意识形态方面去思考。做什么事情都要区分“划算”与“不划算”，这就是“理性”！

美国媒体报道说，1美分硬币的铸造成本高达1.2美分，对于美国联邦造币局来说铸造越多的美分，所遭受的损失越大，但造币局还是在继续铸造美分硬币。当然，作为国家造币局而言，并不总是以经济学的“理性”作为考量标准。但是，作为市场中的“经济人”，我们便不能不理性地考虑成本与收益问题。

《愚公移山》的寓言故事为大家所知悉，愚公移山的精神更是为毛泽东所称道，但是，从经济学的角度来说，愚公移山绝对不是精明的经济学选择。从经济学的成本收益角度来说，挖山的成本过高，需要子子孙孙无数代的付出，收益仅仅是方便了愚公后代的出行。与搬家相比，移山显然是成本高、收益低。当然，作为一种精神，“愚公移山”代表着执着与坚持，受到人们的尊重，这和经济学不能混为一谈。

经济学中，作出任何选择应该遵从“经济人”的“理性”。经济学家讲实际。我们做任何一件事情，不是为了表现什么精神，而是要获得某种利益，这种利益可以是个人的、群体的，也可以是整个社会的。要获得利益就必须进行成本收益计算。愚公移山只是为了出行方便，但为了出行方便而世世代代去挖太行和王屋这两座大山，这究竟值不值呢？挖山是要付出成本的，且不说为了挖山所需要的镐、筐等的花费，仅就愚公一家人不从事任何有酬劳动，放弃的收入该有多少啊！如果天帝并没有将山移走，那愚公的后代可能直到现在还在挖山！这就是愚公移山的预期成本。从成本收益的角度来说，很明显这种行为是不理性的。

人类进行理性分析不仅源于无意识，更是在达到自身利益最大化的过程中，每时每处都会考虑到成本与收益问题。任何一个人在进行经济活动时，都要考虑具体经济行为在经济价值上的得失，以便对投入与产出关系有一个尽可能科学的估计。

具体来说，人们做任何事情都进行理性分析的主要原因在于，他们追求的效用是行为者自己的效用，不是他人的效用。由于行为者具有自利的动机，总是试图在经济活动中以最少的投入获得最大的收益，总是蕴含着一种量入为出的计算理性，计算理性是达到经济性的必要手段。

在经济生活中，成本是为达到一定目的而付出或应付出资源的价值牺牲，它可用货币单位加以计量，几乎任何成本都是可以用金钱来衡量的。因为我们都是理性人，所以在做任何事情的时候，都要看付出多少成本和获得多少收益。而要获得收益，就必须进行成本与收益的分析，如果成本大于收益，一般是不会去做的。

举个简单的例子，比如你打算开一家服装店，在计算成本

时，你可能会考虑到店面的房租、进货的费用、借款的利息、付给雇员的工资、水电费、税金等。在扣除这些费用之后，你认为自己还会赚到钱。但这样的计算是不完全的：你漏掉了自己的工资、垫付资金的利息，还有开服装店的机会成本等。只有把这些成本也考虑在内，如果收益大于成本，开服装店就是值得的。

其实，我们每个人都具备“经济人”理性的一面，无论是经济学博士还是没有入学的孩童。我们不妨来看一个生活中的例子。一位博士讲了这样一件事，他读小学时，家里很穷，甚至两元钱的学费都很难付得起。有一次，母亲为奖励他考试得了第一名，给了他5毛钱零花钱，他非常高兴，但很快有些犯愁：这5毛钱该如何花呢？应该买练习本吗？5毛钱正好能买一个，而且他的练习本已快用完了。但学校边上卖的3毛钱一个的烧饼对他的诱惑力也不小。有一次，同桌小伙伴让他咬了一小口，那味道之好以至于他当时想哪天有钱时一定吃个够。很显然，他无法同时实现两个愿望，二者只能择其一。在反复权衡了两天后，他最后的选择是：花2毛钱买了一张白纸，裁订成一个小练习本，剩下的3毛钱则买了一个烧饼。可以说，这“5毛钱”花得很值。其实，这位博士小时候面对的“5毛钱如何花”也是一种“经济人”的“理性”思考。当然，他最后的选择是，投入了5毛钱的成本，得到的收益是：既满足了学习的需要，又满足了解馋的需要。

“经济人”的理性思维，就是每个人都知道自己的利益所在，都会用最好的办法去实现自己的利益。现实生活中，人们虽然都在有意无意地用理性去看待和处理问题，作出的最终决策却有悖于经济学中的“理性”。几年前的央视春晚小品《装修》中：巩汉林怕装修工人偷工减料，宁愿花几十块钱打车去买一根一毛钱的钉子。其实，在现实生活中，真正作出类似选择的人并不在少数，付出成本太大而收益较小的非“理性”人比比皆是，这不得不引起我们的反思。

为什么理性人的思考却得到非理性的结果？其实，这里的“理性”是有限理性。因为，人不是全知全能的上帝，人的行为受到各种因素的制约，如占有信息的多少、理智和聪明的程度以及外部条件的复杂多变使人难以驾驭等，以上这些因素导致人的理性行为往往并非完全理性。

西方有一则为了一碗红豆汤而放弃继承权的故事。红豆汤代表眼前的小利益，而继承权才是长远的大利益。作为理性人，任何人都会选择继承权而不是红豆汤，因为继承权的重要性和价值远远高于红豆汤。但是，当红豆汤摆在人们的面前时，人们往往被红豆汤的美味所吸引，此时对于自己而言的大利益——“继承权”早已经抛至九霄云外。

换一个角度说，也并不能认为选择红豆汤就不符合理性经济人理论，其实这就是人的有限理性。但是从长远看，这样的理性选择无疑是不理性的。在我们所遇到的选择中，我们既要看到短期利益，更要看到长期利益，必须经过理性思维，作出自己的选择。

经济学家从“经济人”的“理性”角度来看待问题，不能不说其具有一定的合理性。当然，在现实生活中，人不可能处处都以经济学“理性”的视角观察世界。毕竟，世界上还有除了经济之外的一些东西，比如亲情、友情、同情心。如果一味把这种理性观运用到一切生活准则中，生活也将会有点变味。

但不可否认的是，以经济学理性的视角看待问题，是经济学的基本思维方式。“经济人”的理性思维，就是每个人都会用最好的办法去实现自己的利益。当然，这里的“理性”指的是有限理性。但是，尽管如此，每个人还是会尽力作出最有利于自己的决策。

用经济人的“理性”去分析和思考问题，能避免生活中许多无意义的冲动和疯狂，让我们在有限的生命中能够发挥出最大的能量。在社会生活中，必须培养自己的“理性”精神，以理性人的视角面对生活，这样会使我们的生活变得更加丰富多彩。

第一篇

把握市场交易的内在规律：二十几岁要懂得的日常生活经济学

PART 01

供需关系

欲望与供给的永恒矛盾——稀缺性

稀缺性的概念在整个经济理论中起着至关重要的作用，一些经济学家认为稀缺性是经济学存在的前提条件，所以往往用稀缺性来定义经济学。由于稀缺性的存在，决定了人们在使用经济物品中不断作出选择，如决定利用有限的资源去生产什么、如何生产、为谁生产以及在稀缺的消费品中如何进行取舍及如何用来满足人们的各种需求，这些问题被认为是经济学所研究的主题。

我们所处的社会最大的遗憾就在于：人的需求是无限的，而资源是有限的。

满足人类欲望的物品，有的可以不付任何代价随意取得，称之为“自由取用物”，如阳光和空气。但绝大多数物品是不能自由取用的，因为世界上的资源（包括人力资源和物力资源）有限，这种有限的为获取它必须付出某种代价的物品，称之为“经济物品”。这样，一方面人类对经济物品的欲望是无限的，另一方面用来满足人类欲望的经济物品却是有限的。相对于人类无穷的欲望而言，经济物品或生产这些经济物品的资源是不足的。这种获得人们所需物品上存在的自然限制叫“稀缺”，所以经济物品又称“稀缺物品”。

因此，稀缺不是就资源和物品的绝对数量而言，而是就有限的资源和物品相对于人类的欲望而言，所以它是相对的，但它又是绝对的，存在于人类的任何地方和任何时期，是人类普遍存在的永恒问题。

对某些稀缺的产品来说，其价格往往会高到令人瞠目结舌的地步。以电话号码为例：在2009年吉尼斯世界纪录中，卡塔尔电信运营商Qtel被认定拍出了全球最昂贵的电话号码。一个6666666的手机号是于2006年5月23日被拍卖，最终成交价格为1000万卡塔尔里亚尔，根据当时汇率水平计算约合275万美元。吉尼斯世界纪录此前记载的最昂贵的电话号码是中国四川航空以48万美元拍得的88888888手机号。

花钱买房产、汽车等，这些都是实实在在的物品，或有一定的使用价值，或日后有升值的潜力；花钱买服务，也能得到实实在在的享受。而天价手机号码既不是实在的物品，也不是实在的服务，那么，人们如此狂热地追捧本身并没有什么特殊价值的号码，甚至不惜血本将其收入囊中，到底图什么呢？

我们从资源的稀缺性角度来分析。这些数字往往由于谐音或传统的思维习惯形成。比如，我国有很多人认为“8”字能给自己带来好运，主要就是因为8与“发”谐音。同样的“168”（一路发）、“888”（发发发）、“518”（我要发）等号码很受人们的喜爱。但是这些号码毕竟是有限的，有限的资源不可能使每个人都得到满足。因此，在资源稀缺的前提下，对于这些吉祥号码，就必须以高价才能获得。这也正是“物以稀为贵”的一个佐证。

其实，资源的稀缺性，有些是天生的，如金子、钻石等；有些是衍生的，如耕地。随着人口的不断增多，人均耕地越来越少，因为稀缺才能更显其价值。用经济学中的稀缺性解释我们生活中的许多现象，会使我们明白很多经济学道理。

资源的稀缺性是经济学的前提之一，其对社会、对人们的生活产生巨大的影响，我们必须深刻认识稀缺性。

首先，稀缺性导致了竞争和选择。也就是说，稀缺性促进了社会的发展。想象一下，如果资源不是稀缺的，而是极其富足的，那么世界会完全变样。自然界中不会有优胜劣汰，不会有厮杀，每个生物都可以得到满足。人们不用工作，不用考虑衣食住行，不用考虑买房子了，因为土地是富足的，一切资源都是富足的。那这样的世界就没有任何活力，就会变成死水一潭，最终毁灭。

其次，资源的稀缺性是有历史条件的。古代、近代、现代甚至十年以前，人们认为缺乏的东西，在现在看来很多都已经很丰富了，如粮食、生活用品等。以前清新的空气到处都有，而现在由于环境污染，人们很难享受到了。还有古代的陶器，当时很多，但现在却很少，变得非常珍贵。

再次，资源的稀缺性也是因人而异的。对于一个没有工作的闲人来说，时间对他是廉价的，而资本（也就是金钱）则是稀缺的；相反，对于工作狂来说，时间对他可能是一个奢侈品，相对而言资本是富足的。对于处在正常社会中的人来说，黄金非常珍贵，但对于一个困在岛上生存面临威胁的人来说，一块馒头则比黄金珍贵得多。

最后，稀缺资源可以通过交换来实现再分配。从经济学的角度来说，资源的分配不均必然要通过交换来实现。婚姻就是一个最实际的例子。比如对于一个身材相貌不如意而事业有成的男人来说，先天的条件是无法改变的。对他来说，可能高个子和帅哥脸这辈子都无法实现了，那么他会把希望寄予婚姻，希望他的另一半能够满足他的这些期望。因为相貌对于他来说是稀缺资源，相比较而言，事业和资本可能他不是很看重，因为这些对于他是富足的。人们总是希望利用自己富足的资源去交换他稀缺的资源。

可见，用经济学中的稀缺性可以解释我们生活中的很多现象，只要我们用心思考和观察，就会明白很多事理。

市场交易的第一前提——产权

人们进行市场交易并不是从人类出现之时就有的，是人类社会发展到一定历史阶段的产物。市场交易的产生，必须具备一个基本条件：产权不同。因为生产资料和劳动产品属于不同的所有者，才发生了交换行为。在私有制的条件下，产品交换的双方成为独立的利益主体，成为经济利益的对立面。这就决定了双方的交换不能是不等式的，而只能是等式的，即商品经济中的等价交换原则。劳动产品的交换既然是等价的商品交换，那么，生产者的生产过程就成为以直接交换为目的的商品生产过程。

可以说，产权是市场交易得以进行的第一前提。那么，究竟什么才是产权呢？不同的经济理论和派别对其所下的定义不尽相同。一个为多数理论学派所接受的定义是这样的：产权不是指人和物的关系，而是指物的存在及关于它们的使用所引起的人们之间相互认可的行为关系。也许这个定义听起来有点拗口，我们不妨举个例子来说：

假设小黄有一套房产，他将这套房子租给小李，小李每年付给小黄5万元人民币。

实际上，小黄就拥有这套房产的完整产权，具体来说：

（1）拥有房屋的占有权。这种占有权具有排他性，即产权

是属于小黄的，他在占有房产的同时，意味着其他人不能占有这种财产。

（2）拥有房屋的使用权。小黄有能够自主决定房产使用的权利，比如他可以选择自己住，也可以选择出租，他对房产有自主处理的权利。

（3）拥有房屋的转让权。其实小黄的这套房产还可以在市场上自由地买卖，因此，产权可以像任何一种商品一样可以自由交易、转让。

（4）拥有房屋的受益权。也就是说所有者可以获得并占有财产使用和转让所带来的利益，又称为剩余索取权。比如小黄向小李收取的每年5万元的租费，就是房屋产权的收益。

产权的问题之所以引起人们的重视，在于产权与效率有密切的关系。如果没有产权制度，就会导致资源浪费、效率低下等后果。我们不妨通过一个通俗的故事来了解产权制度缺失所导致的可能结果。王戎是“竹林七贤”之一，小时候就聪明过人。一天，他同村里的孩子发现路边长着一棵李子树，树上长满了鲜润的李子，十分诱人。王戎却是一副漠不关心的样子，并跟其他人说：“李子肯定是苦的。”

这时尝过李子的人不禁叫苦连天。他们不禁问王戎：“你怎么知道这些李子是苦的呢？”王戎说：“路边的李子树不归任何人所有，来来往往的人这么多，如果有好吃的李子早被人摘光了，哪还轮到我们？”为什么王戎能够从李子树不归任何人所有这点，就能推断出树上的满树李子是苦的？这就牵涉到经济学中的产权概念。“路边苦李”的故事表明，既然李子树的产权是属于公众的，不属于某个人，自然就没有人愿意对李子树进行培育，树上的李子很苦也就情有可原了。如果李子树上有好李子，自然会被别人摘光了。

因此，只有通过产权界定，才能使资源得到有效的保护和利用，同时，市场交易行为才能得以延续。市场经济的制度基础是产权明晰，所以，实行市场经济的国家的立法无一不把保护产权作为基本原则。产权之所以重要是因为产权使所有者权责一致，即所有者有权使用自己的资源，获得由这种使用得到的利益，也承担使用不当的责任。在这种情况下，所有者就会最有效地利用自己的资源。

面对目前产权制度缺失的实际情况，我们更应该在实际的经济生活中，注意保护自己的财产权利，在经济活动中要保护好财产获得的法律依据。比如购买房屋的凭证，它是你合法取得房屋的主要凭据，据此你才可以在房产管理部门办理房屋产权登记证。有了这个证件，你的房产才能够被合法地使用、抵押、保险、出租、转赠、出售等。

产权是市场交易得以进行的根本前提，如果不能保护个人的产权，市场交易秩序将不能维持。因此，现代法律强调个人的产权保护。1866年，普鲁士国王威廉一世，来到他在波茨坦的一座行宫。他兴致勃勃地登高望远，然而，行宫前的一座破旧磨坊却让他大为扫兴。威廉一世让侍从去跟磨坊主交涉，付他一笔钱，让他拆除磨坊。磨坊主不肯，说这是祖业。威廉一世很生气，命令人强行拆除了磨坊。

不久，磨坊主一纸诉状将威廉一世告到法庭。法庭裁定：

威廉一世擅用王权，侵犯原告由宪法规定的财产权利，被责成在原址重建一座同样大小的磨坊，并赔偿磨坊主的损失。威廉一世只好派人将磨坊在原地重建了起来。

现在这座磨坊还屹立在波茨坦的土地上，成为著名的游览景点。皇帝与磨坊主的故事表明，磨坊属于磨坊主所有，他作为这一财产的所有者，其财产所有权和产权必须得到国家法律的相应保护。威廉一世的权力再大，也得服从法律。磨坊主的磨坊挡住了国王的视线，但磨坊的产权属于磨坊主，国王无权处置。也就是说，产权是受到法律保护的。

可以说，产权制度是市场交易的基础，建立一套完整、有效、可操作性强的产权保护制度，无疑是重要和必要的。

能源供给紧张的背后——供给价格弹性

与需求弹性类似，供给也有弹性。有的商品价格一个较小的变化，就能引起供给量一个较大的变化，就像充足气的皮球，轻轻一拍，它就能弹得很高一样，我们说这种商品的供给富有弹性。有的商品价格一个较大的变化只能引起供给量一个较小的变化，就像气不够的皮球，使劲拍它只能弹起一点点，我们说这种商品的供给缺乏弹性。我们用供给弹性系数来表示供给弹性的大小。

供给价格弹性=ES=供给量变动的百分比/价格变动的百分比

当弹性大于1，需求是富有弹性的，供给曲线比较倾斜；小于1，需求是缺乏弹性的，供给曲线比较陡直；等于1，需求是单位弹性，表明供给量变动的幅度等于价格变动的幅度，供给曲线是一条呈45°角的线；等于0，需求完全没有弹性，表明无论价格怎样变化，供给量不变，供给曲线向下垂直。由于价格越高，生产者越愿意提供产品，价格与供给量存在同方向变动的关系，所以，供给价格弹性一般是正数。

很容易看出，供给的价格弹性与需求的价格弹性定义完全相同。唯一的差别在于：对于供给而言，供给量与价格正向变动，而对于需求来说，需求量与价格反向变动。

供给规律表明，价格上升供给量增加。供给价格弹性是衡量供给量对价格变动的反应程度。如果供给量对价格变动的反应很大，可以说这种物品的供给是富有弹性的；反之，供给是缺乏弹性的。

供给价格弹性取决于卖者改变他们生产的物品产量的伸缩性。例如，海滩土地供给缺乏弹性是因为几乎不可能生产出土地，相反，书、汽车这类制成品供给富有弹性。

在美国加利福尼亚州，由于能源供应长期以来都比较紧张，所以，从20世纪70年代以来政府就实施了一系列严格的能源控制计划。但是新自由主义经济学家们认为，如果加州真的能源紧张，那么价格就会上涨，这一方面会使人们减少使用能源，另一方面会使能源供应商增加供应，这样能源紧张局面就会扭转。在这些经济学家的鼓动下，里根政府放弃了对加州的能源管制，使能源使用量猛增，价格上涨，仅电价就涨了十几倍，可加州的能源供求关系不仅没有因市场调节而趋于缓和，反而愈发紧张。2000年夏天，加州最终遭遇了前所未有的供电危机，最后，加州政府重新启用了严格的能源管制措施。

为什么自由主义经济学家的理论不灵了？原来能源生产专用性强，固定资产占用大，生产周期长，所以能源供给缺乏弹性。尽管能源价格的上涨会使供给增加，但增加幅度十分有限。与此同时，能源作为一种生活必需品，人们对其需求并不会因为价格上涨就会有大的减少，即其需求也缺乏弹性。这样就会造成能源供应进一步紧张，推动价格进一步提升。价格的上涨又使得很多用户无法及时交纳电费，使得能源公司不仅得不到高额利润，反而濒临破产，不得不求助于政府的帮助和保护。

那么，影响供给弹性的因素究竟有哪些呢？主要有如下几个方面：

1.时间

这是影响供给弹性一个很重要的因素。当商品的价格发生变化时，供给方对产量的调整需要一定的时间。在较短的时间内，供给方若要根据商品的涨价及时地增加产量，或者根据商品的降价及时地缩减产量，都存在不同程度的困难，因而供给弹性较小；相反，在较长的时间内，生产规模的扩大与缩小，甚至转产，都是可以实现的，供给量可以对价格变动作出较充分的反应，因而供给弹性相应较大。

2.单位产品的生产成本对产量的敏感程度

如果单位产品的生产成本对产量非常敏感，供给方就不会轻易调整产量，从而供给弹性较小；反之，则供给弹性较大。

3.产品的生产周期

在一定的时期内，对于生产周期较短的产品，厂商可以根据市场价格的变化及时调整产量，供给弹性就比较大；相反，生产周期较长的产品的供给弹性往往就小。

另外，生产的难易程度、生产规模变化的难易程度及对未来价格的预期等也会影响供给弹性。

消费量并不是唯一受价格涨跌影响的变量。企业在制定其生产决策时也会受价格影响。大多数市场上，供给价格弹性关键的决定因素是所考虑的时间长短。在长期中的弹性通常都大于短期中的弹性。在短期中，企业不能轻易地改变工厂规模来增加或减少一种物品的生产。在长期中，企业可以建立新工厂或关闭旧工厂。此外，新企业可以进入一个市场而旧企业可以关门。因此，在长期供给中供给量可以对价格作出相当大的反应。

经济学的永恒话题——供需机制

美国著名经济学家萨缪尔森曾经说过："学习经济学是再简单不过的事了，你只需要掌握两件事：一个叫供给，一个叫需求。"什么是供给和需求？供给指的是生产者在一定时期内在各种可能的价格下愿意而且能够提供出售的该商品的数量。这种供给是指有效供给，必须满足两个条件：生产者有出售的愿望和供应的能力。需求指的是消费者在一定时期内的各种可能的价格下愿意而且能够购买的该商品的数量，指的是消费者想得到某种商品的愿望。需求不是自然和主观的愿望，而是有效的需要，它包括两个条件：消费者有购买的欲望和有购买的能力。

关于供给与需求的关系，人们普遍认为需求决定供给，如人们有穿皮鞋的需求，市场上才会出现皮鞋的生产与销售。不过，供给学派强调经济的供给方面，认为需求会自动适应供给。

一般来说，供需平衡时，市场价格就是正常价格。当供大于求时，市场价格低于正常价格；当供不应求时，市场价格高于正常价格。鲁迅先生在《朝花夕拾》中的《藤野先生》一文中有这样的描述："大概是物以稀为贵吧。北京的白菜运往浙江，便用红头绳系住菜根，倒挂在水果店头，尊为'胶菜'；福建野生着的芦荟，一到北京就请进温室，且美其名曰'龙舌兰'。"供需不平衡导致了这些商品的尊贵，因此，白菜在浙江能卖出好价钱，而芦荟在北京也能卖出好价钱。而"洛阳纸贵"的故事说明了供不应求，从而导致纸的市场价格成倍增长。

《晋书·文苑·左思传》中记载：西晋太康年间出了一位很有名的文学家——左思。在左思小时候，他父亲就一直看不起他，常常对外人说后悔生了这个儿子。等到左思成年，他父亲还对朋友们说："左思虽然成年了，可是他掌握的知识和道理，还不如我小时候呢。"左思不甘心受到这种鄙视，开始发奋学习。

经过长期准备，他写出了一部《三都赋》，依据事实和历史的发展，把三国时魏都邺城、蜀都成都、吴都南京写入赋

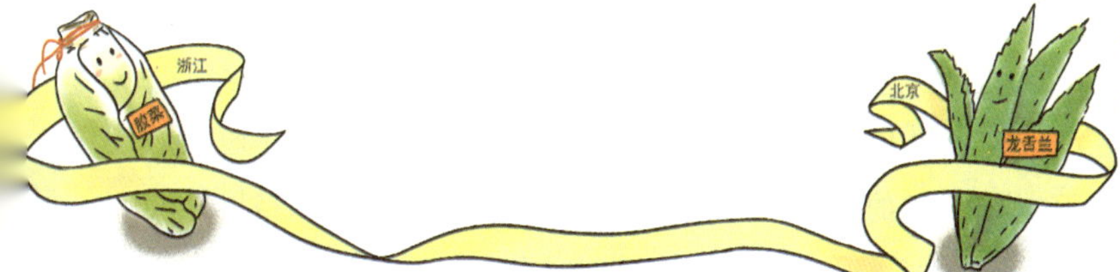

中。当时人们都认为其水平超过了汉朝班固写的《两都赋》和张衡写的《两京赋》。一时间，在京城洛阳广为流传，人们啧啧称赞，竞相传抄，一下子使洛阳纸贵了好几倍。原来每刀千文的纸一下子涨到两千文、三千文，后来竟销售一空。不少人只好到外地买纸，抄写这篇千古名赋。为什么会出现“洛阳纸贵”？因为在京都洛阳，人们“竞相传抄”《三都赋》，以致纸的需求越来越大，而纸的供给却跟不上需求，这样一来纸的价格才会不断上涨。

在一般情况下，需求与价格的关系成反比，即价格越高，需求量越小；价格下降，需求量上升。例如，如果每勺冰激凌的价格上涨了2毛钱，你将会少买冰激凌。价格与需求量之间的这种关系对经济中大部分物品都是适用的，而且，实际上这种关系如此普遍，以至于经济学家称之为需求规律：在其他条件相同时，一种物品价格上升，该物品需求量会减少。

另外，供需的变化与市场环境的变化也息息相关。例如，当“非典”袭击中国的时候，全国食醋、消毒液、药用口罩的价格都上升了，一些日用品也成了普通消费者的抢购对象，这主要是因为突如其来的“非典”病毒造成了消费者对这些物品需求的剧增。在欧洲，每年夏天当新英格兰地区天气变暖时，加勒比地区饭店客房价格就会直线下降。当中东爆发战争时，美国的汽油价格上升，而二手凯迪拉克轿车价格下降。这些都表现出供给与需求对市场的作用，而所有的这一切都是通过价格来反映的。在少数情况下会出现相反的情形，即价格越高，需求量越大；价格越低，需求量反而越小。这种商品通常是社会上具有象征地位的炫耀性商品，比如钻石、古董等，它们常常会因为价格的提高需求量反而增加。

供求机制是市场机制的主体。供求联结着生产、交换、分配、消费等环节，是生产者与消费者关系的反映与表现。供求运动是市场内部矛盾运动的核心，其他要素（如价格、竞争、货币流通等）的变化都围绕供求运动而展开。

供求机制对社会经济的运行和发展具有重要影响。供求机制可以调节商品的价格，调节商品的生产与消费的方向和规模；供求结构的变化能调节生产结构和消费结构的变化。

供求机制起作用的条件是：供求关系能够灵活地变动，供给与需求背离的时间、方向、程度应当是灵活而适当的，不能将供求关系固定化。供求关系在不断变动中取得相对的平衡，是供求机制作用的实现形式。供求机制的直接作用具体表现为：

第一，调节总量平衡。供不应求时，价格上涨，从而吸收更多的投资；供过于求时，一部分商品的价值得不到实现，迫使部分企业压缩或退出生产。

第二，调节结构平衡。供求机制通过“看不见的手”使生产资料和劳动力在不同部门之间合理转移，导致经济结构的平衡运动。

第三，调节地区之间的平衡。它促使统一大市场的各个地区调剂余缺，互通有无，使总量平衡和结构平衡得到具体落实。

第四，调节时间上的平衡。它促使部分劳动者从事跨季节、跨时令的生产经营活动（如温室种植、跨季节仓储等），在一定程度上满足了市场需求，缓解了供求矛盾。

丰产并不丰收——蛛网理论

蛛网理论指出，当供求决定价格，价格引导生产时，经济活动就会出现一种周期性波动。例如，某种产品在第一期中供小于求时，价格上升，第二期必定生产增加，价格下降；由于第二期价格下降，生产减少，又引起价格上升；再引起第三期生产增加，价格又下降。把各个时期的价格与产量波动画出一个图，这个图就类似于一张蜘蛛网，故有“蛛网理论”之称。

这种蛛网型波动在农业中表现最为明显。其实我们对这种现象已经见惯不怪，比如我国出现过的粮食产品价格上升，引起产量增加，这时供大于求，接着价格下降，产量又减少的这样的波动。举个具体的例子，1979年我国大幅度提高粮价，粮食生产逐年提高，到1984年总产量突破4000亿千克；1985年由于粮食实际价格水平比前两年降低，粮食生产迅速滑坡，连续4年徘徊不前；1989年，国家又一次大幅度提高粮价，粮食生产又获丰收，到1993年总产量突破4500亿千克；1994年粮食生产滑坡，粮食产量减少，当年比上年粮食减产240亿千克，价格上涨50%；1995年后，粮食连续4年大丰收，粮价一路下跌，1999年粮食生产开始滑坡，2003年粮价又开始上涨。粮食出现这几次大的周期性波动，与“蛛网理论”分析得出的粮价变动特性是相符的。2007年的大白菜供大于求正是由于2006年大白菜价格较高造成的，因为农民往往根据上年的价格来决定当年的生产。

一些经济学家用“蛛网理论”解释生猪和玉米的价格与产量的关系及其波动，提出了著名的“生猪—玉米循环”模型。

这个模型指出：因为玉米是生猪的主要饲料，生猪的价格会影响到玉米的价格。当玉米价格发生变动后，又会影响下一年玉米产量；玉米产量变动后，又会影响玉米价格；玉米价格的变动，进而影响生猪的价格；生猪的价格变动又影响生猪的产量。如此等等，直至趋向一个长期的均衡，即玉米和生猪的价格和产量相对稳定下来。

“蛛网理论”是一种动态均衡分析。古典经济学理论认为，如果供给量和价格的均衡被打破，经过竞争，均衡状态会自动恢复。蛛网理论却证明，按照古典经济学静态下完全竞争的假设，均衡一旦被打破，经济系统并不一定自动恢复均衡。这种根据的假设是：

（1）完全竞争，每个生产者都认为当前的市场价格会继续下去，自己改变生产计划不会影响市场。

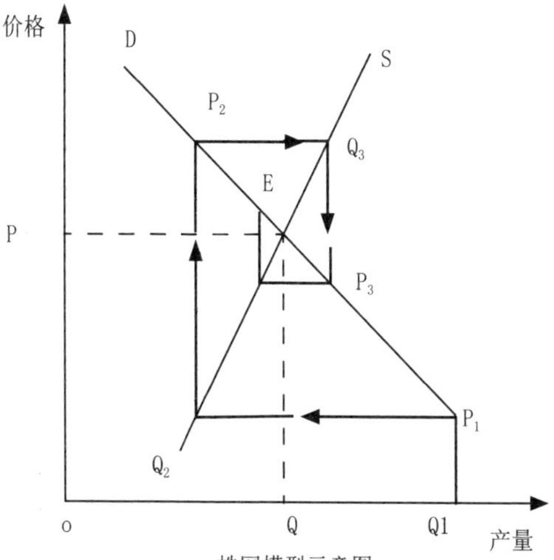

蛛网模型示意图

（2）价格由供给量决定，供给量由上期的市场价格决定。

（3）生产的商品不是耐用商品。

这些假设表明，蛛网理论主要用于分析农产品。

如图所示，P、Q、D、S分别是价格、产量、需求函数和供给函数。根据上述模型，第一时期的价格P_1由供给量Q_1来决定。生产者按这个价格来决定他们在第二时期的产量Q_2。Q_2又决定了第二时期的价格P_2。第三时期的产量Q_3，由第二时期的价格P_2来决定，以此类推。由于需求弹性、供给弹性不同，价格和供给量的变化可分以下三种情况：

（1）当供给弹性小于需求弹性（即价格变动对供给量的影响小于对需求量的影响）时，价格和产量的波动将逐渐减弱，经济状态趋于均衡。

（2）当供给弹性大于需求弹性（即价格变动对供给量的影响大于对需求量的影响）时，波动逐步加剧，越来越远离均衡点，无法恢复均衡。

（3）当供给弹性等于需求弹性时，波动将一直循环下去，既不会远离均衡点，也不会恢复均衡。

从蛛网型波动中，我们得到了这样一个启示：不能让农民单独面向市场。因为，他们没有足够的力量作出较正确的市场预测，也不能在某种程度上控制市场或承担得起市场风险。在市场经济的大潮中，农民就像是一叶掌握不了自己命运的扁舟，单独去闯市场恐怕是凶多吉少。

“蛛网理论”出现的现实背景是西方农民的一些经历。那么，他们是如何从“蛛网”中走出去的呢？

在美国，种植柑橘的农民就曾有过上述痛苦经历。因柑橘的生产具有周期性，且需要一定的保存费用，所以，每当柑橘歉收时，农民会高兴；柑橘丰收时，农民却烦恼。由于他们掌握不了这种生产的变化，因此被类似山峰一样的价格波动折磨得头昏脑涨。

为了摆脱这种困境，他们终日冥思苦想，寻找出路。最后，有人想出了一个高招，组建了一个农民与市场之间的中介组织，即新奇士协会。新奇士协会与以前的农业生产合作社不同，它是由农民自己组建的销售组织。果农将柑橘卖给协会，由协会去面对市场。新奇士协会控制了供给，在市场上也就有了发言权。当供大于求时，协会可以控制供给与价格，来减少农民损失。同时，它也为农民提供了许多有用的信息及实用的技术。

除此之外，协会还做了许多农民自己无法做到的事情。比如注册柑橘的“新奇士”商标；组织产品出口；对产品进行储藏、加工、宣传及调节供给等。这些做法稳定了供给，平衡了市场力量，从而使柑橘的价格有了保障。如此一来，农民种植

柑橘的积极性自然得到提高。同时，良好的销售业绩也保障了农民的收入和利益。

由此可见，要想让农民走出这种“蛛网理论”的局限，并不能光靠其自身力量，在农民和市场之间建立一个有效的中介组织才是好的解决办法。通过它将农民和市场联系起来，让农民从价格波动的困境中走出来。

为什么把牛奶倒进河里——相对过剩

在20世纪30年代初的美国密西西比河畔，农场主们正把一桶桶的牛奶倒入河中，把一车车的大肥猪倒进河中，仅1933年，就有640万头猪被活活扔到河里淹死，有5万多亩棉花被点火烧光。同样，在英国、法国、丹麦、荷兰，整箱的橘子、整船的鱼、整袋的咖啡豆被倒进大海，无数的奶牛、小羊被杀死……难道真的是“生产过剩”，东西太多了吗？不是的！广大的劳动者这时正缺吃少穿，过着极端贫苦的生活。

多么奇怪的现象：劳动者缺吃少穿在挨饿受冻，而企业却在把大量的粮食、肉、奶、棉花和羊毛毁掉。其实，这不是真正过剩。广大人民的需求是存在的，只是无钱来购买足够的食物用品，产品的过剩只是相对于广大劳动者的无钱购买。现代房地产市场也存在着这一现象。房地产市场由于价格太高，老百姓买不起房子而导致大量空置，看起来是房子卖不出去，实际上老百姓的住房需求并没有得到满足。

为了维护必要的供需平衡和必要的价格，生产者就必须限产，以此平衡供求关系。这是一个不以人们的意识形态、人们的主观愿望为转移的客观规律。当人们的需求不断提升，达到一定的程度，供求跟不上需求的时候，生产者就得调整生产，增加供应，从而维持供需基本平衡。

在劳动力就业市场上，也有相对过剩的现象。我们经常听到“大学生太多了”“人才太多了”之类的话，试问一下，中国的人才真的供大于求而人才过剩了吗？

我们暂且把具有大专以上学历的人口都算作人才，而不作具体的区分（当然，这绝不是说其他学历的劳动者就不是人才，因为即便是硕士博士，有许多人也未必具有真才实学；反之，即便没有上过大学，许多人也自学成才，成了各行各业的骨干力量）。如果就相对人才的供给与需求的关系而言，我们的人才甚至出现了过剩。比如，现在不少大学毕业生找不到工作，或找不到合适的工作，在人才市场上大学生数百人争一个岗位早已经不是新闻了；不少本科生做专科生的工作、研究生做本科生的工作；还有不少机关干部和科技人员分流下岗或人浮于事，等等。这些现象都说明：我们的人才的确处于过剩的状态，更准确地说，处于相对过剩状态。

这个问题其实不难理解。21世纪之初发生的家电产品价格战，即为了推销商品，各个厂家只好降低价格。我们也都知道，它背后的原因是供大于求造成的商品过剩。当然，这种过剩也是相对的：因为实际上并不是每一户城乡居民的家庭都拥有了彩电、冰箱、洗衣机、微波炉或空调而出现的绝对过剩，而是因为在市场有限、购买力有限的情况下出现的一种家电产品的相对过剩。

人才也是一种商品，是一种特殊的商品，也是受市场供求规律支配的。所以，当人才也出现供大于求的时候，当然也会造成人才过剩的结果。这种人才过剩，也是相对的：因为实际上并不是每一个机关、企业或农村都拥有了管理、法律、营销，以及懂得电脑、信息、科技等的大学生，而是因为在就业市场有限、对大学生的需求有限的情况下出现的一种人才的相对过剩。

与家电产品的价格战相似，人才相对过剩也必然导致过度竞争，即人才商品的“价格战”。作为刚刚走进人才市场的高校毕业生，他们面临这样几种选择：或者降低自己的价格，接受较低的工资；或者待价而沽，继续维持一个较高的价位；

或者高不成低不就，依然处于“自愿失业”状态；或者继续深造，重新返回学校，暂时离开劳动市场。作为已经参加了工作的过剩人才，他们的选择不是很多：或者安于现状，或者“跳槽”。

人才过剩的首要原因是需求不足，即就业市场对人才的需求相对不足，因此，导致了人才的相对过剩。其次，供给过度也是导致人才过剩的原因之一，即因为高等院校的发展速度过快、规模扩大过急，因此，导致人才供给大幅度增加，在一定的时期内，超过了人才需求的发展速度和规模。于是，需求的不足与供给的过度，导致了就业市场上的人才相对过剩的现象。

如果就业市场是一个完全自由的市场的话，那么，人才过剩问题是很容易解决的：由于人才众多，而合适的岗位相对较少，因此，供求竞争的结果势必导致人才“自动”降价，于是，那些愿意接受较低价格的人才就可以顺利地找到工作。这就好像家电产品的价格战那样，最终的结果是那些敢于削价的商品可以吸引顾客，从而进入消费者的家里。不过，历史证明：市场机制不能自动解决失业问题。

那么，如何解决人才过剩的问题？首先，应当尽量促进经济发展，以便扩大就业门路，增加对人才的需求。其次，应适当限制盲目扩大招生的倾向，把单纯追求人才培养的数量转变为追求人才培养的质量。

无论是牛奶过剩还是人才过剩，其实都是供求规律在背后起作用。认识了供求规律，便能看穿所谓“过剩”的实质。

PART
02

价格与价值

没有用途的物品不值钱——使用价值和交换价值

简单来说，使用价值就是能满足人们某种需要的物品的效用，如粮食能充饥，衣服能御寒。使用价值是商品的基本属性之一，是价值的物质承担者，形成社会财富的物质内容。空气、草原等自然物，以及不是为了交换的劳动产品，没有价值，但有使用价值。我们为什么要购买某种物品，其背后的原因在于这种商品具有某种使用价值。

庄子曾经讲过一个“大瓢无用”的故事。惠施对庄子说：“魏王送给我一粒大葫芦种子，我把它种了下去，没想到培育出来的葫芦太大了，竟然能在里面存放五石粮食。我想用它来存水，可是这皮太脆，没有力量承受；我把它剖开当瓢用，可是它太大，没有水缸能够容纳它。它太大，大到了无所适用的地步，所以我一生气，就把它给砸碎了。”庄子回答说：“现在先生有一个可放五石粮食的葫芦，为什么不把它剖开做成小舟漂浮于江湖之上。”庄子重点论述了大瓢的使用价值，大瓢

无用乃成大用

不能存放粮食，不能当普通的瓢用，但是仍旧有它的使用价值——可以做成小舟。通常情况下，同一事物蕴含着多种使用价值；同一使用价值又可由多种事物表现出来；同一事物对于不同使用主体可表现出不同的使用价值；同一事物对于同一使用主体在不同使用时间或在不同的环境条件下又可表现出不同的使用价值。

商品的使用价值是指能够满足人们某种需要的属性。使用价值是一切商品都具有的共同属性之一。任何物品要想成为商品都必须具有可供人类使用的价值；反之，毫无使用价值的物品是不会成为商品的。

沉香和沉香木可以用来雕刻佛像，制作念珠、供香，装藏供佛，配制中药等，具有十分广泛的使用价值，而普通树木却不能有如此之多的使用价值，不同的使用价值决定了两者价值相差极大。我们购买商品，其实购买的是商品的使用价值。一般来说，我们不会购买没有任何使用价值的物品。

生活中一个明显的事实是，物品的使用价值总是相对于人的需要而言的，因而是在人与物之间需要与被需要的关系中产生的，离开了这种关系，物品就无所谓使用价值。消费者在购买和消费一种商品时，的确只对该种商品具体的有用性感兴趣，即看中的只是商品具体的使用价值。消费者之所以购买粮食，是因为粮食可以满足吃的需要；之所以购买衣服，是因为衣服可以满足穿的需要。

因此，我们可以说人类劳动的每一产品都有一种使用价值。不过，"使用价值"一词有两种不同的意思。我们说一件物品有使用价值，但有时我们只说使用价值，把使用价值本身看成一件东西。比方，我们说一个社会只生产使用价值，这时候我们的意思是说，这个社会中的产品是为了其直接消费而生产的，不管由生产者本人来消费抑或是由消费者来消费。

除了使用价值之外，人类劳动的产品还有另一种价值，即交换价值。有时候，一件产品不是为了生产者或富有阶级的直接消费而生产，而是为了在市场上交换、出卖而生产的。一大批为了销售而创造出来的产品，不再是单纯使用价值的生产，而是商品的生产。因此，商品便是为了在市场上交换而创造出来的产品，相对而言即非为了直接消费而生产的产品。每一件商品都必须同时具备使用价值及交换价值。

商品必须有使用价值，不然就没有人愿意买它了。购买者关心的是最后消耗掉这商品，关心的是借此购买以满足他的某一项需要。一件物品若对任何人都没有使用价值，最后的结果便是卖不掉，形成了无用的生产，正因为它没有使用价值，所以也不会有交换价值。

但在另一方面，有使用价值的产品却又不一定都有交换价值。一个产品有没有交换价值，要看产生这个产品本身是否以交换制度为基础，如果每个人都是自己生产自己消费，不参加社会交换，那就无所谓交换价值了。

发展到某一程度的分工，是交换价值以及更进一步贸易及市场的基础。如果要让产品不致直接被生产者消耗掉，首要条件是不要让每一个人都生产同样的物品。一个社会如果毫无分工可言，那么显然不会有交换现象存在。一般来说，两个麦农之间是没有什么东西可以交换的。但是，只要有了分工，只要生产不同使用价值的两个社团一有接触，便会发生交换。起先他们之间也许只是偶然交换，但随后交换会变得更平常、更固定。这样，逐渐地，在生产者只是为了自身消费而制造的产品之外，又出现了为了交换而制造的产品，即商品。

在现代社会中，生产也仍并非完全都是商品的生产，有两类产品仍然仅具使用价值。第一类仅具使用价值的产品，是农民为了本身消费而生产的产品，即农民生产出来为满足自身需求而消费掉的产品。这种目的在于农民自身消费的生产，即使在市场经济高度发达的国家，如美国，也依然存在。当然，这种产品在其整个农业生产中只占微不足道的一个部分。一般而言，一个国家的农业愈落后，其农业生产中供农民自身消费的比例便也愈大。由于这个原因，我们平常很难准确估计这种国家的国民所得。

现代社会另外一种只有使用价值而不构成商品的产品，是家庭中自己生产为满足家庭成员自身需求的一切东西。虽然大部分的人类劳动都属于这种家庭生产，但是它仍然仅是使用价值的生产，而不是商品的生产。煮一碗汤、缝一颗扣子，都是生产，但是却不是为了市场而进行的生产。

使用价值和交换价值反映了事物对于人类生存和发展所产生的积极作用。大千世界里各种事物以千姿百态的使用价值为人们所喜爱，构成了人们丰富多彩的物质生活和精神生活内容，人们的一切活动都离不开这些事物的使用价值和交换价值。

是什么决定了商品的价格——价值

价格是商品价值的货币表现，是商品的交换价值在流通过程中所取得的转化形式。商场里，每种物品的标价各不相同，例如香皂、卫生纸、洗衣粉等，虽然同是生活用品，价位却高低不一。那么，是什么决定了它们各自的价格？

经济学大师弗里德曼认为任何商品的价格都是由供给和需求共同决定的。弗里德曼在其文章中强调，既然谈到供给和需求，就不得不提到供给量和需求量。

（1）需求规律：在影响商品需求量的其他因素不变时，商品的需求量同其价格有反方向的依存关系。即商品价格上升，需求量减少；商品价格下降，需求量增加。

（2）供给规律：在影响供给量的其他因素既定的条件下，商品的供给量与其价格之间存在着正向的依存关系。即商品价格上升，供给量增加；商品价格下降，供给量减少。

在研究和运用这两个规律时，要清楚一点，这两个规律有一个假设前提，即“影响商品需求量（供给量）的其他因素不变”。因为，在现实生活中，影响需求量和供给量的因素很多，而需求规律和供给规律只研究价格与需求量、供给量之间的关系，所以，为了屏蔽其他因素对研究的干扰，就必须先假设其他影响需求量（供给量）的因素都不变。

根据弗里德曼的分析，需求和供给共同决定商品在市场上的一般价格，也就是均衡价格。接下来，我们就来看需求和供给是如何相互作用并形成均衡价格的。他认为，在市场上，首先要了解需求和供给是如何变动的，然后才能研究两者对价格的决定作用。

所谓需求的变动，指的是某商品除价格变动的因素外，由于其他因素变动所引起的该商品的需求数量的变动。更具体地说，根据需求的定义，需求变动是指一定时期内，在其他条件不变，各种可能的价格下，消费者愿意且能够购买的该商品的数量有了变化。一般来说，影响需求变动的因素有收入变动、相关商品的价格变动、消费者偏好的变化和消费者对商品价格预期的变动等。

供给的变动是指因为产品本身价格以外的因素而引起的供给量的变化。同样，根据供给的定义，供给变动是指一定时期

内，在其他条件不变，各种可能的价格下，生产者愿意且能够提供的该商品的数量有了变化。一般来说，影响供给变动的因素有生产成本的改变等。举个例子来说明，2007年，由于国际市场上部分地区因受灾几乎颗粒无收，而增加了对大米的需求（即在各个价格下，消费者需要的大米数量都增加），假设其他条件不变（即大米的供给不变），则将使得大米的数量供不应求。

将这些因素结合起来考虑，看它们是如何决定市场上一种物品的价格的。假定在完全竞争的市场中，商品的供给和需求的变动处于自发状态。在其他条件不变的情况下，现在以商品甲为例，在各种可能的价格下，消费者对商品甲有不同的需求量，而在各种可能的价格下，生产者有不同的愿意提供的商品甲的数量。

若在某一价格上，生产者愿意提供的产品数量多于消费者的需求量，结果就会出现产品过剩；而在另一价格上，如消费者的需求量多于市场上生产者能提供的商品量，结果就会出现商品的短缺。这两种情况都会造成资源配置的不平衡，甚至浪费。

然而，在同一市场里，为了使生产者和消费者都能够获得满意，商品甲的供给和需求将在消费者和生产者的行动下，自动地被推向供需均衡。直到商品甲在市场上的供给和需求在一定时期，在某个价格上，数量刚好达到平衡时，就形成了均衡价格。在这一情况下，供给和需求刚好都能满足，市场不存在剩余和短缺，此时，价格也不会再变动。用弗里德曼的原话说就是：“均衡状态是这样一种状态，它一经确立，就将被维持下去。”

这时市场上最稳定的价格就形成了，需求者和供给者都会以这个价格来提供或消费货物，结果，供给和需求最终共同决定了这个物品在市场上的价格。不过这种均衡状态会在需求和供给再次出现变动时被打破，然后均衡价格也将重新稳定。

在日常生活中，价格同我们息息相关，它的波动带动着我们消费金额的波动。一般来说，当价格上涨的时候，我们手中的钱能买的东西就少了；当价格下跌的时候，我们所能买的东西就多了。在不同的情况下，我们可能会因价格的上涨抱怨，因价格的下跌欣喜，但大家是否仔细想过，价格具有哪些作用呢？

（1）价格是商品供求关系变化的指示器。借助于价格，可以不断地调整企业的生产经营决策，调节资源的配置方向，促进社会总供给和社会总需求的平衡。在市场上，借助于价格，可以直接向企业传递市场供求的信息，各企业根据市场价格信号组织生产经营。与此同时，价格的水平又决定着价值的实现程度，是市场上商品销售状况的重要标志。

（2）价格水平与市场需求量的变化密切相关。一般来说，在消费水平一定的情况下，市场上某种商品的价格越高，消费者对这种商品的需求量就越小；反之，商品价格越低，消费者对它的需求量也就越大。而当市场上这种商品的价格过高时，消费者也就可能少买或不买这种商品，或者购买其他商品替代这种商品。因此，价格水平的变动起着改变消费者需求量、需求方向以及需求结构的作用。

（3）价格是实现国家宏观调控的一个重要手段。价格所显示的供求关系变化的信号系统，为国家宏观调控提供了信息。一般来说，当某种商品的价格变动幅度预示着这种商品有缺口或库存时，国家就可以利用利率、工资、税收等经济杠杆，鼓励和诱导这种商品生产规模的增加或缩减，从而调节商品的供求平衡。

买卖双方思想的碰撞——均衡价格

均衡价格是商品的供给量与需求量相等，商品的供给价格与需求价格相等时的价格。在市场上，由于供给和需求力量的相互作用，使市场价格趋向于均衡价格。均衡价格是在市场上供求双方的竞争过程中自发形成的。均衡价格的形成也就是价格决定的过程。因此，价格也就是由市场供求双方的竞争所决定的。

均衡价格就是消费者为购买一定的商品所愿意支付的价格与生产者为提供一定的商品所愿意接受的供给价格一致的价格。为了更好地理解这个概念，我们不妨看看以下生活中的实例：

买者："你这件衣服卖多少钱？"

卖者："500元。"

买者："太贵了，这衣服也就值200元。"

卖者："200太少了，你要是诚心买，我以进价卖给你！450！"

买者："唉！还这么贵？！要我说，最多300元！"

卖者："300元，你给的也太低了。要不咱们来个对折，400元成交！"

买者："不行，最多350元。350元，你卖不卖？不卖我就走了。”

卖者：“等会等会，算了，350就350吧。这次绝对是亏本卖给你了。”

这件衣服最终以350元成交，这个350元就是买卖双方都能接受的均衡价格。均衡价格是在市场上供求双方的竞争过程中自发形成的，均衡价格的形成就是价格决定的过程。需要强调的是，均衡价格的形成完全是在市场上供求双方的竞争过程中自发形成的，因此，有外力干预的价格不是均衡价格。

我们知道，当供过于求时，市场价格会下降，从而导致供给量减少而需求量增加；当供不应求时，市场价格会上升，从而导致供给量增加而需求量减少。供给与需求相互作用最终会使商品的需求量和供给量在某一价格水平上正好相等。这时既没有过剩（供过于求），也没有短缺（供不应求），市场正好均衡。这个价格就是供求双方都可以接受的均衡价格，市场也只有在这个价格水平上才能达到均衡。

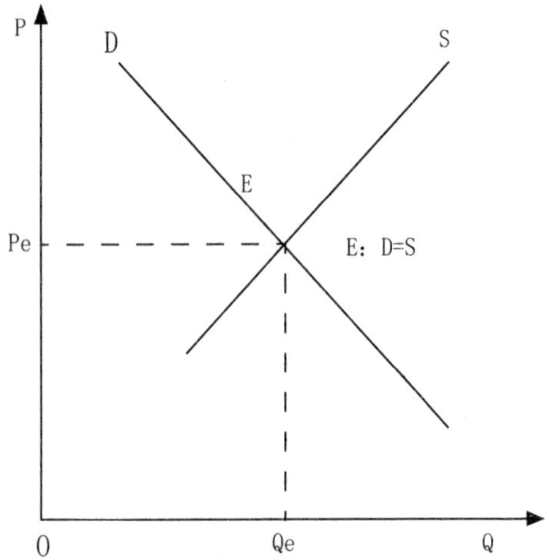

如图所示我们用横轴Q表示商品数量，纵轴P表示价格，D表示需求曲线，S表示供给曲线，那么D和S相

交的E点被称为均衡点，与E点相对应的价格Pe成为均衡价格，与E点相对应的商品数量Qe成为均衡数量。

当市场价格高于均衡价格时，物品的供给量将超过需求量，这样就会存在物品的过剩。例如，当水果市场上存在超额供给时，水果商就会发现，他们的冷藏室中装满了他们想卖而卖不出去的水果。他们对这种超额供给的反应是降低其价格，价格要一直下降到市场达到均衡时为止。同样，当水果市场出现超额需求时，买者不得不排长队等候购买，由于太多的买者抢购太少的物品，卖者可以作出的反应是提高自己的价格。随着价格上升，市场又一次向均衡变动。

在物品销售的市场上，作为理性人，买卖双方都会追求

自身利益的最大化。一方面，对于商家来说，追求的是收益的最大化，所以，通常会制定远远高于进货成本的价格；另一方面，对于消费者来说，追求的是商品效用的最大化，以期尽力压低价格。买卖双方所能接受的价格即为均衡价格。市场上无数的买者与卖者的活动自发地把市场价格推向均衡价格。

不过，市场均衡分为局部均衡和一般均衡。如果市场上只有一种或几种商品达到供求平衡，这是局部均衡。如果所有的商品都达到了供求平衡，这就是一般均衡。必须强调，一般均衡才是真正的价格均衡，局部均衡只是暂时的价格均衡。

当市场价格偏离均衡价格时，一般在市场机制的作用下，这种供求不相等的非均衡状态会逐步消失，自动恢复到均衡价格水平。首先，当市场价格高于均衡价格时，商品供给量大于需求量，出现商品过剩，一方面会使需求者压低价格，另一方面又会使供给者减少商品供给量，这样商品的价格必然下降到均衡价格水平。相反，当市场价格低于均衡价格时，需求量大于供给量，出现商品短缺，一方面迫使需求者提高价格，另一方面又使供给者增加商品的供给量，这样该商品的价格必然上升，一直上升到均衡价格的水平（在其他条件不变的情况下，需求变动分别引起均衡价格和均衡数量的同方向变动；供给变动分别引起均衡价格的反方向变动，均衡数量同方向变动）。

一旦市场达到其均衡价格，所有买者和卖者都得到满足，也就不存在价格上升或下降的压力。在不同市场上达到均衡的快慢是不同的，这取决于价格调整的快慢。但是，在大多数自由市场上，由于价格最终要变动到其均衡水平，所以，过剩与短缺都只是暂时的。

在供给和需求的互相平衡下，市场同样会达到一个均衡的状态。商品均衡价格是商品市场上需求和供给这两种相反的力量共同作用的结果。

需求与供给变动对均衡价格的影响如下：

（1）需求变动引起均衡价格与均衡数量同方向变动。即需求增加，均衡价格上升，均衡数量增加；需求减少，均衡价格下降，均衡数量减少。

（2）供给变动引起均衡价格反方向变动，均衡数量同方向变动。即供给增加，均衡价格下降，均衡数量增加；供给减少，均衡价格上升，均衡数量减少。

牛肉面的价格能限定住吗——最高限价

限制价格是指政府为了限制某些生活必需品的物价上涨而规定的这些商品的最高价格。一般来说，限制价格低于市场均衡价格。实际上，政府制定最高价格的原因一般是出于对公平的考虑。例如，在战争或饥荒时，政府会对生活必需品制定最高限价，使穷人能够负担得起，以利于社会稳定。

2007年，兰州市民发现，他们钟爱的大碗牛肉面竟一夜之间上涨0.5元。小碗牛肉面由原来2.3元上涨到2.8元，大碗牛肉面由原来2.5元上涨到3元。许多市民惊呼：吃不起牛肉面了！兰州物价部门在“掂量”了“牛大碗”的轻重厚实后首次限定：凡兰州市普通级牛肉面馆，大碗牛肉面售价不得超过2.5

元，小碗与大碗差价为0.2元，违规者将严厉查处。

政府实行最高限价的目的是保持市场物价的基本稳定，保持人民生活的基本安定，并且体现国家的价格政策。但是，老百姓似乎并不买账。他们发现政府强行限价，即使牛肉面降了价，牛肉面的质量也会受到影响，市民很难吃到一碗真正的牛肉面，最后，损害的还是消费者的利益。

在牛肉面限价的问题上，政府可能是好心做了错事。作为一个消费者，他永远希望东西越便宜越好；作为一个生产者，他希望他的东西越贵越好。这都是市场的问题，政府不能因老百姓要求降低价格，你就强迫生产者降低价格，这两者之间要靠市场的力量来平衡，而不能只听消费者的。比如去吃面，所有人都希望面是便宜的，但是希望和事实之间的利益分配关系是另外一回事情。其实，牛肉面的价格高了以后，牛肉面馆多了，他们就会把牛肉面的价格竞争下来。

“牛肉面限价”作为一种最高限价，在经济学上叫作“价格天花板”。在20世纪90年代中期，因为通货膨胀，不少地方政府对肉类、蔬菜产品等就订过不少最高限价，其目的主要有两个，一是抑制物价上涨，二是平息老百姓对物价上涨的抱怨。如果牛肉面的分量减少、质量下降，政府就很有可能卷入本应该由市场来完成的活动中。显然，政府不喜欢商家“短斤缺两”“粗制滥造”，可是，如果一定要将政策贯彻到底，就必须派出大量工商执法人员定期抽查，这样的结果无外乎有两个，要不指令被变相架空，要不付出极高的监督成本。

牛肉面限价只是一个很小的问题，不过小问题折射出大道理。就拿房屋来说，21世纪初，一套二居室的房屋，几十万就能搞定。但现在今非昔比了，不要说几十万块钱，两三百万块钱在北京这样的中心城市也买不了一套房子。很多人只能望房兴叹，能贷款的人，也为每个月的月供压得喘不过气来。怎么办呢？这就需要政府出面来调节这一价位的波动——限制价格。

我们可以用住房的限制价格为例来说明限制价格的作用。

第一，限制价格导致住房供给严重不足。在计划经济体制下，决定住房供给的并不是价格，而是国家计划。所以，住房不足的基本原因不能完全归咎于租金的高低，但应该指出，除了计划失误外，房租过低也是原因之一。由于房租过低，甚至比住房的维修费用还少，这就造成住房部门资金严重不足，建房困难。

第二，黑市和寻租。在房租受到严格管制、住房严重短缺的情况下，就会产生黑市和寻租。在我国公有单位住房绝大多数是由各单位拥有的住房。在这种情况下，人们都想尽办法分到国家住房，于是各种想办法走门子，这种寻求活动无形中增加了住房的交易成本。黑市活动包括两方面：以极高的价格租用私人住房，以及个人把分配到的住房高价出租。除了寻求活动和黑市外，在租金受到严格限制、住房采取配给的情况下，必然产生寻租现象。这主要表现在，掌握分配住房权的人，利用权力接受贿赂。

根据上述实例，对于限制价格的利弊可以概括如下：限制价格有利于社会平等的实现，有利于社会的安定，但这种政策长期实行会引起严重的不利后果。第一，价格水平低不利于刺激生产，从而会使产品长期存在短缺现象；第二，价格水平低不利于抑制需求，从而会在资源短缺的同时又造成严重的浪费。正因为以上原因，经济学家都反对长期采用限制价格政策，一般只在战争或自然灾害等特殊时期使用。

钻石比水更值钱——价值悖论

亚当·斯密曾在《国富论》中写道："没有什么东西比水更有用，但它几乎不能够买任何东西……相反，一块钻石有很小的使用价值，但是通过交换可以得到大量的其他商品。"一吨水才几块钱，而成千上万吨的水才能换得一颗钻石，除了能让人炫耀他的财富外，几乎没有什么用途。但为什么水的用途大而价格低，钻石的用途小却价格高呢？这就是著名的"钻石与水悖论"，也就是"价值悖论"。

这的确是一个"悖论"！水的使用价值大，却不值钱，而钻石却没有多少实用价值，却价值连城。

令人遗憾的是，斯密并没有准备回答这个悖论，他仅仅创造了一个奇特的二分法，即水有使用价值，而钻石有交换价值。然而，斯密以前的教授海彻森和其他学院的老师认为，商品的价值或价格首先由消费者的主观需求决定，然后再由商品的相对稀缺性或丰富程度决定。简而言之，商品的价值或价格由需求和供给决定。较丰富的商品，价格较低；较稀缺的商品，价格较高。

亚当·斯密在一次演讲中曾经提到："仅仅想一下，水是如此充足以至于提一下就能得到；再想一想钻石的稀有……它是那么珍贵。"当供给条件变化时，产品的价值也会发生变化。斯密注意到一个迷失在阿拉伯沙漠里的富裕商人会以很高的价格来评价水。如果工业能成倍地生产出大量的钻石，钻石的价格将大幅度下跌。

经济学家约翰·劳认为水之所以用途大、价值小，是因为世上水的数量远远超过对它的需求，而用途小的钻石之所以价格高，是因为世上钻石的数量太少，不能满足人们对它的需求。

而经济学家马歇尔则用供求均衡来解释这一"谜团"。他

认为，人们对水所愿支付的价格，由于水的供应量极其充足，而仅能保持在一个较低的水平；可是，钻石的供应量却非常少，而需要的人又很多，所以，想得到它的人，就必须付出超出众人的价格。

由此可见，大多数经济学家的观点是以数量与需求的关系，即供需关系来决定物品价格的。这些解释不无一定的道理，让我们再来看看西方边际学派是如何用“边际效用”来说明价值悖论的。

由于水的数量，一般来说总是取之不尽的，而人对水的需要总是有一定的限度，不可能无休止。就拿喝水来说，随着人的肚子逐渐鼓胀起来，最后一单位水对他来说就变成可喝可不喝的了，也就是说，最后一单位水对人增加的“效用”也就很小。西方边际学派认为边际效用决定商品的价值，边际效用小，其价值也小；而钻石的数量相对人的需求来说却少得可怜，因此它的边际效用很大，于是价值也大。这就足以解释“水与钻石的悖论”了。

我们通过一个通俗的小故事，从边际效用的角度来解释“价值悖论”。有一个穷人家徒四壁，仅有的财产是一只旧木碗，只得头顶着这只旧木碗四处流浪。一天，穷人上了一只渔船去帮工。不幸的是，渔船在航行中遇到了特大风浪，被大海吞没了。船上的人几乎都被淹死了。穷人抱着一根大木头，才幸免于难。穷人被海水冲到一个小岛上，岛上的酋长看见穷人头顶的木碗，感到非常新奇，便用一口袋最好的珍珠、宝石换走了木碗。

一个富翁听到了穷人的奇遇，心中暗想：“一只木碗都能换回这么多宝贝，如果我送去很多可口的食品，该换回多少宝贝啊！”富翁装了满满一船山珍海味和美酒，历尽艰辛终于找到了穷人去过的小岛。酋长接受了富人送来的礼物，品尝之后赞不绝口，声称要送给他最珍贵的东西。富人心中暗自得意。一抬头，富人猛然看见酋长双手捧着的“珍贵礼物”，不由得愣住了：它居然是穷人用过的那只旧木碗！原来木碗在这个岛上是绝无仅有的，是最珍贵的东西。而“木碗与钻石”的故事也可以用边际价值理论来解释。一般情况下，随着人类手工业的发展，只要有木材，就能造出木碗，于是木碗比比皆是，但人类社会的宝石极其稀少。因此，最后一只木碗对人增加的效用是极小的。所以，钻石的价值或价格远远高于木碗。

而这个海岛上的情况却完全相反：钻石数量极多，木碗仅此一只。对于这个海岛上的人来说，木碗不仅造型奇特，还具有实用功能，显而易见，木碗的边际效用价值远远大于宝石。

同样，我们也可以用边际效用解释生活中的其他一些常见现象：某些物品虽然实用价值大，但是很廉价；而另一些物品虽然实用价值不大，却很昂贵。

东西越贵，越愿意去买——吉芬商品

按照正常的供求规律，商品的价格上升，需求量下降，但是为什么绿松石的价格贵了一倍，却销售一空呢？原来，供求关系也是有例外的。我们不妨了解一下价格上升需求量也上升的商品——吉芬商品。

需求量随消费者的实际收入上升而增加的商品称为正常商品。需求量随消费者的实际收入上升而减少的商品称为低档商品。一个普遍的现象是，当人们的口袋越来越鼓时，他们就越来越在意消费商品的档次，在有能力“鸟枪换炮”的时候，人们通常不会浪费这种能力。据此，我们可以把商品分为两种：正常商品与低档商品。对前者的消费会随人们收入的增加而增加，对后者的消费则恰恰相反。

英国学者罗伯特·吉芬19世纪在爱尔兰观察到一个现象：1845年，爱尔兰爆发了大灾荒，虽然土豆的价格在饥荒中急剧上涨，但爱尔兰农民反而增加了对土豆的消费。后来人们为了纪念吉芬，就把吉芬发现的这种价格升高而需求量也随之增加的经济现象叫作“吉芬现象”，简单地说就是越买越高。

而爱尔兰的土豆出现吉芬现象的原因是，在饥荒这样的特殊时期，面包、肉类、土豆的价格都上升了，但人们的收入大大减少，更买不起面包、肉类，相对便宜的土豆便成为人们的首选，这就导致对土豆的需求反而增加，使得土豆的价格增长比其他食品类的价格增长更快。

单就一种现象而言，天底下到处都有吉芬商品或者吉芬现象。很多“北漂”选择在北京城乡接合部租房子住，但是那里的居住环境比市区要差，交通也不太便利，其房屋的性价比也比较低，房屋一般比较简陋。但是却有越来越多的人涌入城乡接合部，其背后的原因就是，虽然城乡接合部的租房价格不断上涨，但相比主城区而言价格还是比较便宜，对于刚刚在北京立足的年轻人来说，哪怕房子的性价比并不高，选择在这里租房还能享受到相对便宜的房租，还是很划算的。

东西越贵，为什么人们越愿意去购买？美国人罗伯特·西奥迪尼写的《影响力》一书中有这样一个故事。在美国亚利桑那州的一处旅游胜地，新开了一家售卖印第安饰品的珠宝店。由于正值旅游旺季，珠宝店里总是顾客盈门，各种价格高昂的银饰、宝石首饰都卖得很好。唯独一批光泽莹润、价格低廉的绿松石总是无人问津。为了尽快脱手，老板试了很多方法，例如把绿松石摆在最显眼的地方、让店员进行强力推销等。

然而，所有这一切都徒劳无功。在一次到外地进货之前，不胜其烦的老板决定亏本处理掉这批绿松石。在出行前她给店员留下一张纸条："所有绿松石珠宝，价格乘二分之一。"等她进货归来，那批绿松石全部售罄。店员兴奋地告诉她，自从提价以后，那批绿松石成了店里的招牌货。"提价？"老板瞪大了眼睛。原来，粗心的店员把纸条中的"乘二分之一"看成了"乘二"。

经济学家认为，吉芬现象是市场经济中的一种反常现象，是需求规律中的例外，但也是一种客观存在的现象，是人们无法回避的。需求定律的定义是"在其他条件不变时，需求价格与需求量呈反向变动关系"。这里需要指出它的前提，即"其他条件不变"。这个不变其实涵盖了关于需求的许多概念，如需求弹性和供给弹性。如果天降大雨，地铁口的雨伞尽管价格较平时上涨，但销量还在上升，我们分析关键原因不是价格上涨，而是由于天空突降大雨，即需求定律的其他条件已经发

1845年 爱尔兰

生变化了。这时需求弹性急剧降低，对价格已经不再敏感。在这种情况下，只要价格不是高得离谱，人们就会购买。试想如果雨并不是很大，人们可以赶到商店再去购买的话，小贩们的高价雨伞自然就无人问津了。这一道理对于爱尔兰的饥民同样适用。土豆价格上涨而需求量反而上升，是因为人们收入所限只能去选择土豆。同时，在饥荒的压迫下，他们预期价格还会再涨，于是就去抢购。从这一点上说，吉芬现象并不等于推翻了需求定律。

在特定的条件下，吉芬现象总是会以不同的形式出现。在当年的爱尔兰，土豆价格越高人们越买，是贫困中人们为了维持生存的一种不得已的选择。在灾难时期，越高越买是出于一种恐慌心理，害怕以后价格会涨得更高。而一些首饰、服装、礼品等，人们越高越买则是为了显示自己的身价，提升自己的社会地位。

其实，生活中的吉芬现象并不少见。最突出的就是这几年的房市。房价涨得越来越快，而买房子的人却越来越多，许多没钱的人也在想方设法购买，借钱、按揭、攒钱……无不希望自己“有房一族”

的美梦早日成真。其实在股票市场上也存在吉芬现象，如某只股票价格上涨的时候，人们都会疯狂抢购这只股票。而当这只股票价格下跌的时候，购买这只股票的人反而很少，拥有的人也希望尽快抛出去。越高越买，人们是为了最大限度地获取利润，股票价格升高，说明投资者有利可图。

吉芬现象还常常被商家利用。比如在“非典”时期，个别商家就是利用了人们的恐慌心理，哄抬物价。而为了迎合部分高消费群体的需求，商家也不失时机地推出了高价礼品，价格越高，越能够显示出对送礼对象的高度重视。于是中秋节出现上万元一盒的月饼，饭店里出现数万元一桌的饭菜也就不足为奇了。

价格围绕价值上下波动——价值规律

价值规律是商品生产和商品交换的基本经济规律。即商品的价值量取决于社会必要劳动时间，商品按照价值相等的原则互相交换。

值得注意的是，价值规律是商品经济的基本规律，但并不是商品经济中唯一的经济规律。商品经济中有许多经济规律，价值规律是基本的规律。价值规律作为商品经济的基本规律，同其他任何规律一样，是客观的，是不以人的意志为转移的。

价格围绕价值上下波动正是价值规律作用的表现形式。商品价格虽然时升时降，但商品价格的变动总是以其价值为轴心。另外，从较长时期和全社会来看，商品价格与价值的偏离有正有负，可彼此抵消。因此，总体来看商品的价格与价值还是相等的。

价格是一种从属于价值并由价值决定的货币价值形式。价值的变动是价格变动的内在的、支配性的因素，是价格形成的基础。但是，由于商品的价格既是由商品本身的价值决定的，也是由货币本身的价值决定的，因此商品价格的变动不一定反映商品价值的变动。例如，在商品价值不变时，货币价值的变动就会引起商品价格的变动；同样，商品价值的变动也并不一定就会引起商品价格的变动，当商品价值和货币价值按同一方向发生相同比例变动时，商品价值的变动并不引起商品价格的变动。

因此，商品的价格虽然是表现商品价值的，但是，仍然存在着商品价格和商品价值不一致的情况。在简单商品经济条件下，商品价格随市场供求关系的变动，直接围绕它的价值上下波动；在发达商品经济条件下，由于部门之间的竞争和利润的平均化，商品价值转化为生产价格，商品价格随市场供求关系的变动，围绕生产价格上下波动。

价值规律告诉我们，商品价值是价格的本质，价格只是商品价值的货币表现。价值就是体现在商品里的社会必要劳动，即凝结在商品中的无差别的人类劳动。简单来说，社会必要劳动时间长，则价值大；社会必要劳动时间短，则价值小。社会必要劳动时间是指社会生产这种商品的平均时间，如生产一把铁锹的社会平均劳动量是两个小时，这两个小时就是生产铁锹的必要劳动时间，这两个小时的劳动量就是生产铁锹的价值。而随着社会的发展和技术的进步，劳动生产率不断提高，单位商品所包含的社会必要劳动时间也随之缩短，也就是说，商品的价值不断贬值，商品会越来越便宜。

商品价格由两大因素组成：生产成本和利润。商品的生产成本，包括生产商品所消耗的原料、能源、设备折旧以及劳动力费用等；商品的利润，则是劳动者为社会所创造的价值的货币表现。值得注意的是，生产成本应当是生产商品的社会平均成本或行业平均成本，利润应当是平均利润。按照社会平均成本加上平均利润制定的价格，便是商品的市场价格。

价值规律表明，价格围绕价值上下波动，也就是说，价格高于或低于商品价值都是价值规律的表现形式。实际上，商品的价格与价值相一致是偶然的，不一致却是经常发生的。这是因为，商品的价格虽然以价值为基础，但还受到多种因素的影响，使其发生变动。但是，价格不能过分偏离商品的基本价值。市场经济条件下，绝大多数商品实行市场调节价。因此，一些生产经营者认为自己可以随意确定自己商品的价格，实际上，他们的定价必须遵循价值规律和相关法律。

郑州一家名叫保罗国际的理发店，它创造了一项惊人的纪录，两个顾客理发，收费1.2万元，平均一个人就是6000元。消费者在购买一些产品和服务时，其天价让人们瞠目结舌。而理发作为一种有偿服务，其所定的价格可以有多高？价格制定的依据在哪里？为什么郑州的天价理发事件会引起人们的诧异？在市场经济条件下，理发作为一项有偿性服务，其定价必须遵循价值规律的基本原则，即价格不能过分远离价值。“1.2万元”的天价理发无疑偏离了“理发”这项服务的基本价值，这明显是商家的消费欺诈行为。由此，“天价理发”已经不是单纯的商品价格定价过高，而是涉嫌犯罪了。

那么，价值规律有哪些作用呢？

（1）调节作用。价值规律调节生产资料和劳动力在各生产部门的分配。这是因为价值规律要求商品交换实行等价交换的原则，而等价交换又是通过价格和供求双向制约实现的。所以，当供不应求时，就会使价格上涨，从而使生产扩大；供过于求会使价格下跌，从而使生产缩减。这里价值规律就像一根无形的指挥棒，指挥着生产资料和劳动力的流向。当一种商品供大于求时，价值规律就指挥生产资料和劳动力从生产这种商品的部门流出；相反，则指挥生产资料和劳动力流入生产这种商品的部门。当然，价值规律的自发作用，也会造成社会劳动的巨大浪费，因此需要国家宏观调控。

（2）刺激作用。由于价值规律要求商品按照社会必要劳动时间所决定的价值来交换，谁首先改进技术设备，劳动生产率比较高，生产商品的个别劳动时间少于社会必要劳动时间，谁就获利较多。因此，同部门同行业中必然要有竞争，这种情况会刺激商品生产者改进生产工具，提高劳动生产率，加强经营管理，降低消耗，以降低个别劳动时间。

（3）筛子作用。促使商品生产者在竞争中优胜劣汰，这是第二个作用的结果。在商品经济中存在竞争，由于竞争，促使商品生产者想方设法缩短个别劳动时间，提高劳动生产率，也会促使优胜劣汰。这是不以人的意志为转移的。

PART

03

市场

一场有秩序的游戏——市场与市场活动

市场是商品经济特有的现象，凡是有商品经济存在的社会都会有市场。市场是商品交换顺利进行的条件，是商品流通领域一切商品交换活动的总和。市场体系是由各类专业市场，如商品服务市场、金融市场、劳务市场、技术市场、信息市场、房地产市场、文化市场、旅游市场等组成的完整体系。同时，在市场体系中的各专业市场均有其特殊功能，它们相互依存、相互制约，共同作用于社会经济。

那么，哪一类市场与我们的生活联系最紧密呢？从现实生活中，我们可以直接感受到，商品服务市场与我们的关系最为密切。商品服务市场遍及我们生活的每一个角落，我们常见的大、小商场，各种各样的理发店、家具店、农贸市场、宾馆饭店，等等，这些都属于商品服务市场。随着市场经济的发展，各类市场都在发展。网络经济等新经济形式的兴起，也促进了新的虚拟市场的产生和发展。

市场是商品经济运行的载体或现实表现。市场具有相互联系的四层含义：一是商品交换的场所和领域；二是商品生产者和商品消费者之间各种经济关系的汇合和总和；三是有购买力的需求；四是现实顾客和潜在顾客。市场是社会分工和商品经济发展的必然产物。劳动分工使人们各自的产品互相成为商品，互相成为等价物，使人们互相成为市场；社会分工越细，商品经济越发达，市场的范围和容量就越大。

从市场行为方面看，它具有两个突出的特征，一个是平等

性，另一个是竞争性。平等性是指相互承认对方是自己产品的所有者，对其所消耗的劳动通过价值形式给予社会承认。市场行为的平等性是以价值规律和等价交换原则为基础的，它不包含任何阶级属性，它否定了经济活动中的特权和等级，为社会发展提供了重要的平等条件，促进了商品经济条件下资源合理流动。市场的竞争性来自要素资源的自由转移与流动，表现为优胜劣汰、奖优罚劣。市场竞争有利于提高生产效率和对要素资源进行合理利用。

经济学家弗里德曼认为：自由市场和个人创造力是社会进步的源泉。大多数经济学家极力倡导自由的市场模式。在弗里德曼眼中，最理想的市场就是完全不受政府控制、自由竞争的市场，而这样的市场将是极其美妙的。他曾经在文章中对自由市场这样表述："自由、私有、市场这三个词是密切相关的。在这里，自由是指没有管制的、开放的市场。"而这样的市场具有如下的优点：

1.能使交易的任何一方都获益

弗里德曼曾经指出："在一个自由贸易的世界里，任何交易的条件，都由参加各方协议。除非各方都相信他们能从交易中得到好处，否则就做不成交易。结果，各个方面的利益取得了协调。"所以，当一切运行正常时，自由市场能够让交易的双方都获益。

2.能使资源达到最优配置

在自由市场下，资源能够得到最优配置，此时，市场能够将社会中有限的资源很好地转化为人们需要的产品和服务。

3.能使收益达到最大化

在自由竞争市场上不存在浪费或者无效率生产。因为，企业只生产那些能让世界变得更富足的产品，所以生产出的产品成本将达到最低，并且有限的资源将被用来生产那些收益超过成本的产品。因此，自由市场上收益远远大于成本。

4.能让就业更充分

在自由市场中，市场机制能够充分发挥作用，所以，市场经济具有达到充分就业的自然趋势。虽然这可能需要一定时间，但要比政府强制干涉的效果好。

设想中的自由市场存在需要条件，而其正常运行需要满足如下几点：

（1）产权明晰

在自由市场中，双方要进行交易，其行为的基础就是交易的商品产权明晰；而在资本主义世界，私有制为其基本经济制度，所以，更强调对产权的明确。

（2）市场上的供给和需求呈自发状态

当市场上的供给和需求不受过多市场外因素的干扰，呈自发状态时，是自由市场正常运行的最佳时机。因为此时，价格作为市场调度资源的信号，能最大化发挥其功能，使得供给和需求基本相适应。

（3）市场的参与者都是价格接受者

这是一个西方经济学家常用的假设——价格接受假设，即市场上的参与者，无论是卖者还是买者，都是价格的接受者，谁都不能影响价格。

（4）买卖双方掌握充分的信息

买卖双方作为市场上的交易者，应当彼此掌握足够的信息，从而使交易更具有公平性。

由私人产权制度下的私人企业作为经济活动主体的自由市场，既能够实现效率，也最有利于人们扩展自由。当然，经济学家也知道，绝对的自由市场在生活中是没有的，所以经济学家并不主张无政府主义。以弗里德曼为首的新自由主义学派也认为："我们生活在一个相互依赖的社会中，对我们的自由施加某些限制是必要的，以免遭受其他更坏的限制。"但是，针对当时凯恩斯的政府全面干预经济的观点，新自由主义认为："现在，我们已经远远超过了这一点，当今迫切需要的是取消限制而不是增加限制。"

亚当·斯密对市场的看法是："自由竞争市场能够自行准确地生产出社会最优的产品，完全没有必要再专门委托某位政府官员或者别的部门计划着去细心指导。"而现今的大多数经济学家都认为，现实中的自由市场强调的是小政府大市场原则，即在充分发挥市场作用的前提下，政府的干预越少越好。

冲破小农经济的藩篱——市场经济

简单来说，市场经济就是指通过市场机制来实现资源优化配置的一种经济运行方式。市场经济的本质是与"私有""契约""独立"相对应的"产权""平等""自由"等具有鲜明价值判断特性的行为规范性质的制度，是建立一种通向文明的人与人之间的关系的主张和追求。市场经济是自由的经济、平等的经济、产权明晰的文明经济，是市场交换规则普遍化的经济形态。

从本质上来讲，市场经济必然导致以雇工经营和机器大生产为主要特征的现代经济制度的建立。但市场经济的发展与自给自足的小农经济是对立的，它一方面刺激小农家庭增加消费，另一方面又在竞争中竭力排挤家庭手工业，从而促成小农经济的瓦解。

市场经济时代最基本的特征是，工业取代农业占据了社会经济的主导地位，市场营销成为最普遍的经营形式，由此导致社会经济各个方面发生了一系列深刻的变化：

（1）由封闭走向开放。市场营销要求根据市场需求，广泛利用各种市场资源，在极其广阔的时空范围内进行生产；而不是像传统小农那样局限在一个家庭范围内，使用家庭资源，为满足家庭需要而进行生产。

（2）机器化。面对巨大的市场需求，手工生产是无法满足的，必须大量应用机器生产。在市场经济背景下，广泛的社会分工协作，为各种机器的发明和制造提供了充分的现实可行的

条件。于是，经过人们坚持不懈的努力，终于实现了机器大生产，其主要特点是：以煤炭、石油等非生物能源为动力，能够大功率、高效率、长时间连续作业。

（3）科学化。由于面向市场经营，使用机器大生产，这就要求人们改变以往小农经济状态下那种凭经验靠估计的做法，而代之以科学的定量测试、计算和分析。这里“科学化”并不简单地局限于科学技术成果在生产中的应用，而主要指人们观察和分析问题时的思维方式的科学化。

（4）雇工经营。面对巨大的市场需要，仅靠家庭劳动力显然是无法满足的，必须大量引入家庭外劳动力。市场经济条件下只能通过支付工资的办法来雇佣自由劳动力从事生产劳动。

（5）专业化和社会化。使用机器大生产和雇工经营的结果是社会分工变得越来越细，整个社会经济呈现专业化和社会化的特点，社会成员普遍养成了分工协作的习惯和理念，这也是社会生产效率大幅度提高的重要原因。

（6）厂商（或企业）成为最基本的经济组织形式。机器大生产和雇工经营，必然突破家庭经营的局限，使厂商成为最基本的经济组织形式。与小农家庭相对简单的内部结构相比，厂

商内部结构要复杂得多，其中包含了种类繁多、数量巨大、分工精细的各种生产要素，是一个巨大复杂的经济系统。

（7）利润是生产的目的。由于在极其广阔的时空范围内组织市场经营，厂商生产的目的不再像小农经济那样以获取产品为直接目标，而是以利润为直接生产目的，产品的生产变成了获取利润的手段。

（8）生产要素资本化。随着利润成为直接的生产目的，一切生产要素都相应地变成了赚取利润的手段，即通常所说的“资本”。整个社会经济从此都置于资本的支配之下，受资本统治。

（9）实行市场机制。市场分配成为最基本的分配形式，包括各种市场资源和劳动产品，都通过市场交换来进行分配。即个人向厂商提供生产要素，并得到各自的报酬，形成个人收入，个人再以其收入按等价交换的原则向厂商购买各种消费品。

（10）广泛而激烈的市场竞争。由于市场分配成为最基本的分配形式，一切生产要素和产品都要通过市场来分配，于是千千万万的厂商和个人便在市场上围绕着有限的市场资源展开了广泛而激烈的市场竞争，使每一个人和每一家厂商都随时面临严酷的市场压力，从而推动市场经济不断向前发展。

（11）规范化。市场经济是一个由千千万万的厂商和个人参与的过程，因此必然要求对人们的行为作出严格的规范，包括国家法律制度、厂商内部的管理制度、各种技术性操作规范以及产品和服务的质量标准等。

我国从计划经济走向市场经济经历了较为曲折和复杂的历程。早在1979年邓小平就指出："说市场经济只存在于资本主义社会，只有资本主义的市场经济，这肯定是不正确的。社会主义为什么不可以搞市场经济？这个不能说是资本主义。我们是计划经济为主，也结合市场经济，但这是社会主义的市场经济。"1985年，邓小平指出："社会主义与市场经济之间不存在根本矛盾。"1992年春，邓小平在南方谈话中进一步指出："计划多一点还是市场多一点，不是社会主义与资本主义的本质区别。计划经济不等于社会主义，资本主义也有计划；市场经济不等于资本主义，社会主义也有市场。计划和市场都是经济手段。"

邓小平带领人民建立社会主义市场经济体制的过程，经历了从冲破思想束缚到正确认识再到改革实践三个阶段：

第一阶段：突破了完全排斥市场调节的大一统的计划经济观念，形成了"计划经济为主，市场经济为辅"的思想。

第二阶段：确认"社会主义经济是公有制基础上有计划的商品经济"的论断，突破长期以来把计划经济同商品经济对立起来的传统观念，重新解释了计划经济的内涵。

第三阶段：从根本上破除了把计划经济和市场经济看作属于社会基本制度范畴的思想束缚，确认建立"社会主义市场经济体制"的改革目标。

不过，值得注意的是，市场经济作为一种资源配置的方式，也有其局限性。市场经济是一个由千千万万的厂商和个人自主参与的交易形式，在市场经济中有一只"看不见的手"在指挥。这只“看不见的手”就是市场的价值规律。一般来说，商品的价格是受供求关系影响，沿着自身价值上下波动的。所以，在交易过程中，我们常能看到同一种商品在不同时期价格不同。当涨价时，卖方会自发地加大生产投入；当减价时，卖方会自发地减少生产投入，这就是市场经济的自发性。市场的范围之大使得谁也无法从宏观上客观地去分析观察，参与者们大多以价格的增幅程度来决定是否参与以及参与程度，这就往往使个体陷入一种盲目中。参与者盲目自发地投入生产，而生产是一个相对于价格变动耗时较长的过程，所以我们常能看到一种商品降价后，它的供应量却在上升，这就是市场经济的滞后性。

亚当·斯密的法宝——“看不见的手”

在谈到市场时，我们常常会提到“看不见的手”，因为“看不见的手”是市场机制的同义替代词。1787年，亚当·斯密到伦敦与他的忠实信徒、英国历史上著名的首相皮特见面。斯密是最后一个到达会面地点的，当他一进屋时，所有人都起立欢迎他。斯密说：“诸位请坐。”皮特回答说：“不，您坐下，我们再坐，我们都是您的学生。”皮特对斯密如此恭敬，原因在于斯密提出的“看不见的手”的原理为当时各界名流奉为经典。即使到现在，斯密的观点仍然是现代经济学的中心。

1776年英国经济学家亚当·斯密在《国富论》中提出“看不见的手”的命题。最初的意思是，个人在经济生活中只考虑自身

利益，受“看不见的手”的驱使，即通过分工和市场的作用，可以达到国家富裕的目的。后来，“看不见的手”便成为表示资本主义完全竞争模式的形象用语。这种模式的主要特征是私有制，人人为自己，都有获得市场信息的自由，自由竞争，无须政府干预经济活动。

斯密较为详细地描绘了“看不见的手”作用的过程：“每种商品的上市量自然会使自己适合于有效需求。因为，商品量不超过有效需求，对所有使用土地、劳动或资本而以商品供应市场者有利；商品量不少于有效需求对其他一切人有利。

“如果市场上商品量一旦超过它的有效需求，那么它的价格的某些组成部分必然会降到自然率以下。如果下降部分为地租，地主的利害关系立刻会促使他们撤回一部分土地；如果下降部分为工资或利润，劳动者或雇主的利害关系也会促使他们把劳动或资本由原用途撤回一部分。于是，市场上商品量不久就会恰好足够供应它的有效需求，价格中一切组成部分不久就升到它们的自然水平，而全部价格又与自然价格一致。

“反之，如果市场上商品量不够供应它的有效需求，那么它的价格的某些组成部分必定会上升到自然率以上。如果上升部分为地租，则一切其他地主的利害关系自然会促使他们准备更多土地来生产这种商品；如果上升部分是工资和利润，则一切其他劳动者或商人的利害关系也会马上促使他们使用更多的劳动或资本来制造这种商品送往市场。于是，市场上商品量不久就会充分供应它的有效需求。价格中一切组成部分不久都下降到它们的自然水平，而全部价格又与自然价格一致。”

参与经济生活的每个人在一种利益机制的制约下，都不得不去适应某个一定的东西，这就是有效需求。假若劳动、土地或资本在某一行业比另一行业获得较高的报酬，这些生产要素的所有者将把它们从报酬较少的行业转移到这些行业上来。原来供过于求的行业提供的较少报酬导致部分业主向报酬高的行业转移，直到所提供的报酬与其他行业大致相等为止，而原来供不应求的行业因为新的业主的加入而报酬降低，直到与其他行业报酬大体相同为止。每个人适应社会有效需求的努力，使得供给与需求达到均衡，尽管这个均衡可能是暂时的，大多数情况是供过于求，或者供不应求，但会适时得到修正，重又回到均衡。均衡状态，对一切人有利。

在商品经济或市场经济下，都有一只“看不见的手”在幕后调节参与经济生活的每个人的行为，调节着有限的社会资源合理地在各部门和各生产者之间的配置。这是一只只要有商品交换行为就存在的手，商品经济条件下无所不在的手。

亚当·斯密的后继者们以均衡理论的形式完成了对于完

全竞争市场机制的精确分析。在完全竞争条件下，生产是小规模的，一切企业由企业主经营，单独的生产者对产品的市场价格不发生影响，消费者用货币作为“选票”，决定着产量和质量。价格自由地反映供求的变化，其功能一是配置稀缺资源，二是分配商品和劳务。通过“看不见的手”，企业家获得利润，工人获得由竞争的劳动力供给决定的工资，土地所有者获得地租。供给自动地创造需求，储蓄与投资保持平衡。通过自由竞争，整个经济体系达到一般均衡。在处理国际经济关系时，遵循自由放任原则，政府不对外贸进行管制。“看不见的手”反映了早期资本主义自由竞争时代的经济现实。

“看不见的手”，揭示自由放任的市场经济中所存在的一个悖论。认为在每个参与者在追求私利的过程中，市场体系会给所有参与者带来利益，就好像有一只吉祥慈善的看不见的手，在指导着整个经济过程。

市场机制就是依据经济人理性原则而运行的。在市场经济体制中，消费者依据效用最大化的原则作出购买的决策，生产者依据利润最大化的原则作出销售决策。市场就在供给和需求之间，根据价格的自然变动，引导资源向着最有效率的方面配置。这时的市场就像一只“看不见的手”，在价格机制、供求机制和竞争机制的相互作用下，推动着生产者和消费者作出各自的决策。

正常情况下，市场会以它内在的机制维持其健康的运行。其中主要是依据市场经济活动中的理性经济人原则，以及由理性经济人原则支配下的理性选择。这些选择逐步形成了市场经济中的价格机制、供求机制以及竞争机制。这些机制就像一只“看不见的手”，在冥冥之中支配着每个人，自觉地按照市场规律运行。

土地、劳动和资本参与收入分配——生产要素的价格

生产要素是指维系国民经济运行及市场主体生产经营过程中所必须具备的基本因素。现代西方经济学认为，生产要素包括劳动力、土地、资本、企业家才能4种。实际上，随着科技的发展和知识产权制度的建立，技术也作为一种相对独立的要素投入生产。这些生产要素之间相互进行市场交换，形成各种各样的生产要素价格及其体系。

需要明确的是，劳动力是指人类在生产过程中体力和智力的总和。土地不仅仅指一般意义上的土地，还包括地上和地下的一切自然资源，如江河、湖泊、森林、海洋、矿藏等。资本可以表现为实物形态和货币形态，实物形态又被称为投资品或资本品，如厂房、机器、动力燃料、原材料，等等；资本的货币形态通常称之为货币资本。企业家才能通常指企业家组建和经营管理企业的能力。

为了更好地理解生产要素的价格，我们从一个故事说起。在一次世界珠宝拍卖会上，有一颗叫作“月光爱人”的钻石吸引了顾客的眼球。它晶莹剔透、光彩夺目，最后卖出了8000万元的最高价。这颗钻石是谁生产的？很多人都在抢功劳。这颗

我们国家的土地
才能找到珍贵的钻石！
月光爱人
8千万
开采权

钻石是由“梦幻”珠宝公司在位于南非的一座矿山中挖掘出来的。“梦幻”公司的老板托尼扬扬得意地说：“我当初决定购买这座矿山开采权的时候，就觉得这里面一定有宝藏，现在果然应验了。”挖掘队队长鲍勃不服气了，说：“为了挖到这颗钻石，我和同事们付出了艰辛的劳动。我们夜以继日地工作，几乎找遍了矿山的每个角落，好不容易才发现了它。”而向“梦幻”公司提供挖掘设备的厂商却说：“我们公司的机器设备是世界一流的，如果没有我们提供的挖掘机，他们不可能在50米深的矿井中挖到这颗钻石。”最后，南非政府的官员说：“只有在我们国家的土地上才能找到如此珍贵的钻石。在我们的国土下面还埋藏着数不尽的矿藏资源，欢迎各国企业家来投资开采。”在这个故事中，大家都认为自己对生产钻石的功劳最大，其实离开了哪一方都不能成功。他们都是生产要素的提供者，理所当然地获得相应的报酬：提供劳动的获得工资，提供资本的获得利息，提供土地的获得地租，提供企业家才能的获得利润。工资、利息、地租和企业利润分别是生产要素劳动、资本、土地和企业家才能的价格。

1.劳动的价格——工资

劳动的需求取决于最后增加的工人所增加的收益，即边际收益。劳动的供给取决于劳动的成本，它包括实际成本与心理成本。实际成本是维持劳动者及其家庭生活必需的生活资料的费用和培养、教育劳动者的费用；心理成本是以牺牲闲暇的享受为代价的给劳动者心理上带来的负效用。正是因为这个心理成本，才会有“向后弯曲的劳动供给曲线”。工资的高低取决于劳动的需求与供给这两方面的共同作用。

2.资本的价格——利息

利息是货币所有者放弃现期消费把货币转化为资本所得到的报酬。利息取决于资本的供给与需求。资本的供给取决于收入以及消费在收入中能占有的比例；资本的需求取决于预期，即人们对未来不确定因素的看法。

有一则故事说的是一个画家总不得志，作品卖不出去，当谎称画家已经死了，本来卖不出去的画价格狂升。为什么此时该画家的作品价格狂升呢？艺术品的价格取决于对该艺术品的需求与供给，画家既然死了，他的作品的供给不会增加了，其价格就取决于需求。需求主要来源于欣赏与投资，而投资是为了保值与增值。在各种投资物品中，有价值的艺术品升值的速度最快。投资的收益在未来，所以出于投资动机买画的欲望取决于对未来升值的预期。一个画家死后，人们对其作品在艺术史上的地位及未来升值前景都是一种猜测。如果评论家此时对他的作品大加赞扬，不仅会影响人们的欣赏偏好，也会提高人们的预期，认为该画家的作品未来价格会上扬。这种预期使购买者增加，这就推动了它现在价格的上升。而现在价格的上升又会进一步拉高人们的预期，于是这种价格与预期的相互作用就把已故画家的作品炒到了天价。

3.土地的价格——地租

除非你决定在气球上经营你的公司，否则土地对任何商业活动都是最基本的生产要素。土地的基本特征是：数量固定，对价格完全缺乏弹性。为在一定时期内使用土地而支付的价格称为土地的租金。地租由土地的需求与供给决定。由于土地的供给是固定的，这样土地的供给曲线就是一条与横轴垂直的线。随着经济的发展，对土地的要求不断增加，这就使得地租呈不断上升的趋势。

4.企业家才能的价格——利润

利润分为正常利润和超额利润，正常利润是企业家才能的价格，超额利润是超过正常利润的那部分利润，它来源于创新、风险或垄断。创新是社会进步的动力，风险也是难免的，需要超额利润来补偿，所以由创新和风险产生的超额利润是合理的。由行政权力和寻租活动造成的垄断所引起的超额利润是垄断者对消费者的剥削，是不合理的。

随着各行业收入差别的拉大，人们对我国一些垄断企业员工的高收入意见很大。这些垄断企业被称为“十二豪门”，主要来自石油、石化、冶金、通信、金融、交通运输和电力系统。这些企业员工工资是全国平均工资水平的3～4倍。如果说他们的高收入是企业参与市场竞争而形成的一种收入分配秩序，人们还能理解，事实并非如此，他们的高收入是因为行业垄断造成的。

在行业垄断下，谁拥有垄断权，谁掌握了垄断资源，谁的工资福利就高，待遇就好，这已成了工资分配秩序的一个“潜规则”。高工资高福利待遇的背后并不是高贡献、高效率，恰好相反，由于垄断扼杀了竞争，使得垄断企业缺乏竞争的动力，效率低下。

为什么不同工作之间工资差别很大——工资

按经济学家的说法，工资是劳动的价格。它和任何一种物品与劳动力的价格一样取决于供求关系。劳动市场上，工人提供劳动，这就是劳动的供给；企业雇佣劳动，这就是劳动的需求。当劳动的供给与需求相等时，就决定了市场上的工资水平，称为均衡工资。因此，工资水平的高低取决于劳动的供求。

劳动的价格即工资，对于比较不同国家和不同时期的工资水平很重要。实际上，人们的工资差别很大，普通工资就像普通人一样难以定义。在美国，汽车公司总裁一年能挣500万美元以上，而办事员仅能挣2万美元，医生的收入则是救生员的10～20倍，等等。

我们如何解释工资的这些差异呢？让我们先考虑完全竞争的劳工市场，在这个市场上有大量的劳工和雇主，谁也没有力量有效地影响工资水平。如果在一个完全竞争的劳工市场上所有的工作和所有的人都是相同的，竞争使每小时工资水平完全相等，没有一个雇主会为一个劳工的工作支付比与他相同的劳工或具有相同技巧的劳工更高的工资。在西部某城市的一家面馆，生意兴隆，3名年轻服务生跑前跑后，端盘子、擦桌子、倒茶水、拖地板……忙得不可开交，一张张稚气未脱的脸颊上流淌着汗水。一位吃面的顾客问一位女服务生：“生意这么好，老板一个月发给你多少工资？”女孩低声回答：“300元。”顾客吃完面，出门时看到了正在烤羊肉串的一个小伙子，于是又

问小伙子："一个月挣多少钱啊？"小伙子回答："不多，就300元。"这位顾客感叹着走了："这么少的工资怎么能维持生计呢？"同样的地方，在一家被服厂干活的女工们的工资却只有150元。看到这样的情景，很多人都愤愤不平，都以为面馆和被服厂的老板是典型的剥削分子，这么少的工资怎么让这些服务人员生活呢？这不是剥削是什么？其实造成这种低工资现象的原因，除了跟老板压低工资有关外，还跟社会对劳动力总需求有直接关系。

无论是面馆老板每月支付给服务生的300元工资，还是被服厂老板每月支付给女工的150元工资是高还是低，不取决于工资的多少，而取决于供求的状况。在小老板所在的地方，农村有大量剩余劳动力，农村的收入也远远低于每月150元的水平，因此会有大量农村劳动力想来此找份工作。在被服厂或在饭馆做服务生都是一种极为简单的工作，任何人都可以胜任。当农村存在大量剩余劳动力时，从事这一简单工作的人是很多的，也就是说，劳动的供给远远大于需求。但当地工业并不发达，像这样生产被服的企业也不多，对这种简单劳动的需求并不大。根据供求规律，供给多而需求少，工资水平低就是正常的。小老板能以每月150元的工资雇到他所需要的工人，说明从供求关系来看，这种工资水平还是合理的。

工资低而产品价格高，小老板当然利润丰厚。但既然允许私人企业存在与发展，这种丰厚的利润也无可厚非。无论开饭馆还是被服厂，老板们的意图都是赚取高额利润。小老板并不是慈善家，他办企业的目的是实现利润最大化。

在产品价格既定时，增加利润只有压低成本，所以，小老板只要能雇到工人就尽量压低工资成本是一种理性行为，无可非议。美国有位经济学家曾指出，在发展中国家里，当劳动供给无限时，以低工资雇佣劳动是利润的主要来源，这种利润可用于投资，对经济发展是有利的。应该说，从整个社会的角度看，小老板赚了钱或用于投资扩大生产，或用于消费刺激需求，都是对社会有利的。

当然，劳动者所获得的工资等报酬，会因质量、行业、分工等不同而产生差异。产生工资差异的背后原因主要有以下几个方面：

1.劳动质量的差异

判断身价高不高，工资少不少，不能单纯看学历高不高，而应该看他创造的劳动价值与工资待遇是否成正比。现在的大学生工资不如农民工，一个重要的原因是，大学生虽然学历层次较高，但是由于目前大学专业设置与市场需求之间存在结构性失衡的矛盾，大学生往往没有从事与其学历相适应的工作，其工作技术含量并不高，创造的价值并不大。而农民工之所以工资上涨，很大一部分原因是，现在的农民工经过社会实践，拥有了一定工作经验和技术，其工作质量比较高。

2.行业的差异

在一个完全竞争的劳工市场，任何一个老板都不会愿意为一个劳工的工作支付比与其他相同的劳工或具有相同技能的劳工更高的工资。这就意味着，在解释不同行业的工资差别时，我们必须考虑行业之间的差异。

3.工种之间的差异

工作之间的巨大差别有一些是由于工种本身的质量差别造成的，各工种的吸引力不同，因此必须提高工资诱导人们进入那些吸引力较小的工种。例如，一个上夜班的人其工资一般比上白班的人工资要高。

4.不同个体之间的差异

不同的劳动者劳动效率也是不一样的，为了奖勤罚懒，所以我们需要给劳动效率高的人以高工资，以奖励他们努力工作；而给低效率者以低工资，促使他们改进工作，提高工作效率。

企业背后的要素市场——劳动力市场

劳动力市场是市场体系的组成部分，是交换劳动力的场所，即具有劳动能力的劳动者与生产经营中使用劳动力的经济主体之间进行交换的场所，是通过市场配置劳动力的经济关系的总和。劳动力市场交换关系表现为劳动力和货币的交换。

建立劳动力市场是市场经济条件下实现人力资源优化配置的有效手段。劳动力市场的作用是调节劳动力的供求关系，使劳动力与生产资料的比例相适应，实现劳动力合理配置，使企业提高劳动生产率，提高经济效益，保证社会再生产的正常进行。

劳动力市场与一般商品市场相比具有以下特点：一是区域性市场为主。劳动力市场和其他商品市场一样，也应是全国统一的市场。但是，由于社会生产力在各地区发展水平不平衡，原始手工业、传统的大机器和现代技术产业并存，劳动力的素质相差悬殊，职业偏见的存在，再加上地区分割等，阻碍了劳动力在全国范围流动，大多数只能在区域内运转，只有少数高科技人才可在全国范围内流通，从而形成的主要是区域性市场。二是进入劳动力市场的劳动力的范围是广泛的，一切具有劳动能力并愿意就业的人都可以进入劳动力市场。我国由于劳动力资源丰富，随着科技进步、劳动生产率不断提高，以及经济体制改革的进行，农村出现大量剩余劳动力，加上国有企业和国家机关的富余人员，因而在一个相当长的时期里，我国劳动力供大于求，形成买方市场。三是劳动力的合理配置主要是通过市场流动和交换实现的，市场供求关系调节着社会劳动力在各地区、各部门和各企业之间的流动；劳动报酬受劳动力市场供求和竞争的影响，劳动力在供求双方自愿的基础上实现就业。劳动力的市场配置行为，不可避免地会出现劳动者由于原有的劳动技能不能适应新的经济结构的变化而产生的结构性失业现象。

在市场经济中，劳动力是一种特殊商品。既然是商品，就具有商品的基本特点。但劳动力作为特殊商品，与普通商品又有不同：

（1）劳动力供求关系的表现形式不同。工资是劳动力的价格，工资具有刚性，一般情况下只能涨不能降，这是劳动力价格与普通商品价格的重要不同点。因此，当劳动力供不应求时工资就会上涨，供大于求时不是出现工资的下降，而是出现失业。

（2）劳动力与其消费者之间的关系不同。普通商品卖给消费者后，购买者即对该商品拥有所有权和任意处置权，而劳动力商品出卖的只是劳动者的劳动，而不是劳动者本人，劳动力商品的主要消费者是法人，法人与劳动者之间的关系是契约关系，法人不拥有对劳动者的所有权和任意处置权，对劳动者的管理必须受到法律的约束。

（3）劳动力之间及劳动力与普通商品之间的需求关系不同。在普通商品之间，同类商品有竞争关系，对A品牌商品需求大了，对B品牌商品的需求就会变小；不同类商品之间也存在变相的竞争关系，在购买力一定时，对A类商品需求大了，对B类商品的需求就会变小。劳动力商品则不同。劳动力需求增加，会使社会购买力增加，从而使其他商品的需求增加，进而又会使劳动力的需求增加；一种劳动力需求增加会由于互补关系使其他劳动力的需求相应增加。反过来，一般商品需求增加，也会使劳动力的需求增加。只有机器与劳动力存在竞争和替代关系。

（4）劳动力在具有商品属性的同时，还具有人的基本要求，即有生存的权利、有劳动的权利、有获得尊重的权利，还有发展的权利。劳动力使用价值的发挥与这些权利的满足程度是密切相关的，劳动力的这些权利与企业的要求是一对矛盾的统一体，既有一致的地方，又有矛盾的地方，当这对矛盾处理得比较好时，劳动力的积极性就会高，劳动力的使用价值就会得到比较充分的发挥；反之，劳动力就会消极怠工，甚至会产生对企业和社会的破坏作用。因此，不能像对待普通商品那样简单地对待劳动力，企业必须采取有力措施保证就业者的基本要求。

（5）劳动力同时具有多种不同的使用价值，既可以服务于多种生产，又可以服务于多种消费，而且劳动力具有自身价值和使用价值的提升能力，即有学习能力。通过学习和培训可以使劳动力的使用价值得到不断提高，或者获得新的使用价值，从而使劳动力自身主动适应市场供求关系的变化，在不同行业和企业之间进行转移和调整，从而满足产业结构不断升级的要求。

（6）普通商品供给有弹性，而劳动力的供给无弹性。从总量上说，当普通商品出现供大于求时可以削减供给，供不应求时可以迅速增加供给。而劳动力的供给则具有刚性，供大于求时无法减少供给，供不应求时也很难增加供给。由于这个特点，调节劳动力在不同行业之间流动的主要是工资水平，劳动生产率和工资水平高的行业和企业劳动力供给就比较充裕，而工资水平低的行业和企业就经常出现劳动力短缺。

（7）供求关系的调节因素不同。普通商品的供求主要是通过价格调节，而劳动力的供求不完全按照工资调节，决定劳动力流向的除了工资外，还有社会地位、工作条件、工作地点、发展前景等非价格因素，那些高素质而市场上又短缺的劳动力往往还要求参与利润的分配。

因此，劳动力既然是商品，劳动力市场就会出现供大于求的状况，这种状况就是通常所说的失业。从全社会来说，由于企业竞争和结构调整总是不断进行的，因此，失业状态也就经常存在。而且一定比例失业的存在有助于形成劳动力的买方市场，促进劳动力之间的竞争，对劳动力整体素质的提高有积极意义。对每个失业者来说，通过学习、培训和寻找总能找到新的工作岗位，因此，失业总是暂时的。

PART

04

竞争与垄断

市场上的弱肉强食之道——完全竞争市场

竞争最极端的市场称为完全竞争市场，又称为纯粹竞争市场。完全竞争市场是指竞争充分而不受任何阻碍和干扰的一种市场结构。在这种市场类型中，市场完全由“看不见的手”进行调节，政府对市场不作任何干预，只起维护社会安定的作用，承担的只是“守夜人”的角色。

完全竞争市场必须具备一定的条件，这些条件主要有以下几个方面：

（1）市场上有众多的生产者和消费者，任何一个生产者或消费者都不能影响市场价格。由于存在着大量的生产者和消费者，与整个市场的生产量和购买量相比较，任何一个生产者的生产量和任何一个消费者的购买量所占的比重都很小，因此，他们都无能力影响市场的产量和价格。所以，任何生产者和消费者的单独市场行为都不会引起市场产量和价格的变化。也就是说，所有人都只能是市场既定价格的接受者，而不是市场价格的决定者。

（2）企业生产的产品具有同质性，不存在差别。市场上有许多企业，每个企业在生产某种产品时不仅是同质的产品，而且在产品的质量、性能、外形、包装等方面也是无差别的。对于消费者来说，无论购买哪一个企业的产品都是同质无差别产品，以至于众多消费者无法根据产品的差别而形成偏好。也就是说，各种商品互相之间具有完全的替代性。

（3）生产者进出市场，不受社会力量的限制。任何一个生产者，进入市场或退出市场完全由生产者自己自由决定，不受任何社会法令和其他社会力量的限制。因此，当某个行业市场上有净利润时，就会吸引许多新的生产者进入这个行业市场，

从而引起利润的下降，以至于利润逐渐消失。而当行业市场出现亏损时，许多生产者又会退出这个市场，从而又会引起行业市场利润的出现和增长。这样，在一个较长的时期内，生产者只能获得正常的利润，而不能获得垄断利润。

（4）市场交易活动自由、公开，没有人为的限制。市场上的买卖活动完全自由、公开，无论哪一个商品销售者都能够自由公开地将商品出售给任何一个购买者，无论哪一个商品购买者也都能够自由公开地向市场上任何一个商品销售者购买商品，同时市场价格也随着整个市场的供给与需求的变化而变动。任何市场主体都不能通过权力、关税、补贴、配给或其他任何人为的手段来控制市场供需和市场价格。

（5）市场信息畅通准确，市场参与者充分了解各种情况。消费者、企业和资源拥有者，都对有关的经济和技术方面的信息有充分和完整的了解。例如，生产者不仅完全了解生产要素价格、自身产品的成本、交易及收入情况，也完全了解其他生产者的有关情况；消费者完全了解各种产品的市场价格及其交易的所有情况；劳动者完全了解劳动力资源的作用、价格及其在各种可能的用途中给他们带来的收益。因此，市场上完全按照大家都了解的市场价格进行交易活动，不存在相互欺诈。

以上几个方面是完全竞争市场必须具备的前提条件，实际上这5个方面也是完全竞争市场所具有的明显特征。

我们知道，完全竞争市场在现实生活中其实很难成立。因此，完全竞争市场的效率也必须在具备了严格前提条件的情况下才会出现。而在现实经济实践中，难以全面具备完全竞争市场的所有前提条件。完全竞争市场只是西方经济学家在研究市场经济理论过程中的一种理论假设，是他们进行经济分析的一种手段和方法。最重要的是，完全竞争市场中有关完全信息的假设是不现实的。一般情况下，无论是生产者还是消费者都只能具有不完整的信息。生产者对其在现实市场中的地位、将来发展的动向及影响市场的各种因素的信息等知识，都不可能完整地掌握。消费者不可能全面掌握特定市场上全部产品的价格、品质等方面的情况。同时，市场信息也不可能畅通无阻而且非常准确。

一般来说，在现实经济生活中，只有农业生产等极少数行业比较接近完全竞争市场。因为在农业生产中农户的数量多，而且每个农户的生产规模一般都不大，同时，每个农户生产的农产品产量及其在整个农产品总产量中所占的比例都极小，因此，每个农户的生产和销售行为都无法影响农产品的市场价格，只能接受农产品的市场价格。如果有的农户要提高其农产品的出售价格，农产品的市场价格不会因此而提高，其结果只能是自己的产品卖不出去。如果农户要降低自己农产品的出售价格，农产品的市场价格也不会因此而下降，虽然该农户的农产品能以比市场价格更低的价格较快地销售出去，但是，不可避免地要遭受很大的经济损失。这样，农户降低其农产品价格的行为就显得毫无实际意义了。

如果多逛逛农贸市场，你很快就会发现，作为生活必备食品，几乎家家户户都要提个袋子或篮子去买鸡蛋，而且，卖鸡蛋的摊位也实在是很多。如果我们假设得“理想”一点，就可以认为鸡蛋市场上有无数的买者和卖者。每个摊点的鸡蛋都大同小异，只要不是碎的、坏的，一般没有人去较真，硬要比较不同摊位的鸡蛋有什么区别，那就真成了“鸡蛋里挑骨头”了。所以，可以看作所有的鸡蛋完全同质。至于完全竞争市场的其他两个特征，我们可以看到买方和卖方都能自由选择进入还是退出（也就是鸡蛋买卖完全自由），至于鸡蛋市场的信息，并没有多少值得掌握，所以也可以看作人们全部了解相关信息。在这个鸡蛋市场里，各个摊位的价格都一样，而且都是由供需决定的均衡价格。通过鸡蛋市场，我们可以更形象地理解完全竞争市场。实际上，大多数农产品市场基本上都和完全竞争市场近似。

微软为什么要一分为二——垄断

美国司法部起诉微软捆绑销售IE浏览器软件，涉嫌违反美国《反托拉斯法》，要求将它一分为二。有经济学家认为，微软公司无论从结构上（即市场份额）还是从行为上（即捆绑销售）都具备了垄断企业的性质，使更新更先进的技术没有了生长的空间，消费者付出了更高的价格，造成了社会福利的损失。持这种观点的经济学家往往都以美国当年拆分贝尔公司以及近些年香港特区允许多家企业经营电信业务使得电信资费下降和电信事业蓬勃发展为例，说明反垄断的必要性。另一种意见认为，微软是通过正当的市场竞争手段获取的垄断地位，这种垄断有理无错，因为任何一个竞争中的厂商最终无不追求垄断利润，搞捆绑销售只不过是企业营销战略的选择，只要不是政府行为或寻租行为形成的垄断都是可以接受的，将微软分拆无疑会对美国的新经济带来负面影响，因为它改变了创业者的预期，对创业财富的安全性产生了疑虑。经济自由学派的大师们，如弗里德曼、张五常都是持第二种观点的。

哈佛大学教授高里·曼昆对分拆微软计划提出了质疑，并且在文章中讲了一个寓言故事：某人发明了第一双鞋，并为此申请了专利，成立了公司。鞋很畅销，他成了富翁。但这时他变得贪婪了，把袜子和鞋捆绑销售，还声称这种捆绑销售对消费者有利。于是政府出面说话了，认为他试图把其垄断地位从一个市场扩展到另一个市场。关键的问题出现了：政府应该怎么处置他呢？政府可以把他的公司拆成两个公司：一个卖黑鞋，一个卖白鞋，让它们相互竞争，这样消费者会得到好处。但是政府却要把它分拆成这样两个公司：一个生产左鞋，一个生产右鞋。这种分拆使事情变得更糟，因为生产左鞋和右鞋这样互为补充的产品的垄断公司，双方都会要求得到更多的垄断利润，生产右鞋的公司根本不用考虑左鞋的需求就提高价格，生产左鞋的公司也会紧跟而上，这样消费者买一双鞋就要花比原来还要高的价钱。在故事里，政府的正确做法是取消鞋的发明专利，让别人也来开鞋厂，从而消除垄断。

其实，经济学家们对垄断有不同看法。我们认为对垄断不能一概反对，要看这个垄断是怎么形成的，限制它对技术创新有没有好处。像微软这样的企业是靠技术创新形成的，分拆了它对鼓励创新没有好处，应像专利一样在一定时间内允许它拥

有垄断地位。

垄断的意思是“唯一的卖主”，它指的是经济中一种特殊的情况，即一家厂商控制了某种产品的市场。例如，一个城市中只有一家自来水公司，而且它又能够阻止其他竞争对手进入它的势力范围，这就叫作完全垄断。

既然整个行业独此一家，别无分号，显然这个垄断企业便可以成为价格的决定者，而不再为价格所左右。可以肯定的是，完全垄断市场上的商品价格将大大高于完全竞争市场上的商品价格，垄断企业因此可以获得超过正常利润的垄断利润，由于其他企业无法加入该行业进行竞争，所以这种垄断利润将长期存在。

但是，垄断企业是不可能任意地抬高价格的，因为，任何商品都会有一些替代品，如果电费使人负担不起的话，恐怕人们还会用蜡烛来照明。所以，较高的价格必然抑制一部分人的消费，从而使需求量降低，不一定能给企业带来最大的利润。

垄断企业成为价格的决定者，也并不意味着垄断企业的产品价格单一。有时候，垄断企业要面对需求状况变动不同的数个消费群体，必须分情况制定出有区别的价格来。对需求价格弹性较大的可采用低价策略，对需求价格弹性较小的可采用高价策略，以便获得较理想的收益。

理论上纯粹的完全垄断市场必须同时满足以下三个条件：（1）市场上只有一家企业；（2）该企业的产品不存在相近的替代品；（3）进入该市场存在着障碍。现实中真正满足这三个条件的市场几乎是没有的，因为人的欲望是无止境的，他们总能找到各种替代品。

然而，要打破垄断绝非轻而易举。通常，完全垄断市场有三座护卫“碉堡”，其一是垄断企业具有规模经济优势，也就是在生产技术水平不变的情况下，垄断企业能打败其他企业，靠的是生产规模大，产量高，从而总平均成本较低的优势。其二是垄断企业控制某种资源。像美国可口可乐公司就是长期控制了制造该饮料的配料而独霸世界的，南非的德比公司也是因为控制了世界约85%的钻石供应而形成垄断的。其三是垄断企业具有法律庇护。例如，许多国家政府对铁路、邮政、供电、供水等公用事业都实行完全垄断，对某些产品的商标、专利权等也会在一定时期内给予法律保护，从而使之形成完全垄断。

通常认为，完全垄断对经济是不利的。因为它会使资源无法自由流通，引起资源浪费，而且消费者也由于商品定价过高而得不到实惠。“孤家寡人”的存在也不利于创造性的发挥，有可能阻碍技术进步。可是话又说回来，这些垄断企业具有雄厚的资金和人力，正是开发高科技新产品必不可少的条件。另外，由政府垄断的某些公用事业，虽免不了因官僚主义而效率低下，却并不以追求垄断利润为目的，对全社会还是有好处的。

市场上就凭几个人说了算——寡头垄断

所谓寡头垄断，是垄断的一种，它是指在一个市场上有少数几家企业供给产品，它们各占较大份额，彼此通过协定或默契制定价格。这些企业被称为“寡头”，所以这种垄断也就叫“寡头垄断”。

寡头市场是指少数几家厂商控制整个市场产品的生产和销售的这样一种市场组织。在这种市场上，几家厂商的产量在该行业的总供给中占了很大的比例，每家厂商的产量都占有相当大的份额，从而每家厂商对整个行业的价格和产量都有举足轻重的影响。它们之间又存在不同形式的竞争。

寡头垄断市场在经济中占有十分重要的地位，这一方面是由于进入这些行业所需的资金十分巨大，另一方面是已有的寡头也要运用各种方法阻止其他厂商的进入。雷克公司是一个昙花一现的航空公司，但它的知名度却不低。1977年，一个冒失的英国人弗雷迪·雷克闯进航空运输市场，开办了一家名为雷克的航空公司。他经营的是从伦敦飞往纽约的航班，票价是135

美元，远远低于当时的最低票价382美元。毫无疑问，雷克公司一成立便生意不断，1978年雷克荣获大英帝国爵士头衔。到1981年“弗雷迪爵士”的年营业额达到5亿美元，简直让他的对手们（包括一些世界知名的老牌公司）气急败坏。但是好景不长，雷克公司于1982年破产，从此消失。为什么会这样？原因很简单，包括泛美、环球、英航和其他公司在内的竞争对手们采取联合行动，一致大幅降低票价，甚至低于雷克。一旦雷克消失，他们的票价马上回升到原来的高水平。更严重的是这些公司还达成协议，运用各自的影响力阻止各大金融机构向雷克公司贷款，使其难以筹措用以抗争的资金，进一步加速雷克公司的破产。

在现实社会中，寡头垄断常见于重工业部门，如汽车、钢铁、造船、石化，以及我们正在谈论的飞机制造等部门。这些行业的突出特点就是“两大一高”——大规模投入、大规模生产、高科技支撑。这些苛刻的条件使得一般的厂商根本难以进入，再有钱的老板在这些行业门口一站，马上就会发现自己做的只不过是“小本生意”。而且，那些已经历长期发展（动辄几十、上百年）、具备垄断地位的“巨无霸”企业，为了保持对技术的垄断和丰厚的利益，也势必要采取种种高压手段打击竞争对手，绝不允许任何后来者与自己分享这一市场。这是现实，也是一种市场竞争的必然。

形成寡头市场的主要原因有：某些产品的生产必须在相当大的生产规模上进行才能达到最好的经济效益；行业中几家企业对生产所需的基本生产资源的供给的控制；政府的扶植和支持；等等。由此可见，寡头市场的成因和垄断市场是很相似的，只是在程度上有所差别而已。寡头市场是比较接近垄断市场的一种市场组织。

寡头行业可按不同方式分类。根据产品特征，可分为纯粹寡头行业和差别寡头行业两类。还可按厂商的行动方式分为有勾结行动的（即合作的）和独立行动的（即不合作的）两种类型。

寡头厂商的价格和产量的决定是非常复杂的问题。主要原因在于：在寡头市场上，每个寡头的产量都在全行业的总产量中占较大份额，因此，每个厂商的产量和价格的变动都会对其他竞争对手以至整个行业的产量和价格产生举足轻重的影响。从而每个寡头厂商在采取某项行动之前，必须首先推测或掌握自己这一行动对其他厂商的影响以及其他厂商可能作出的反应，考虑到这些因素之后，才能采取最有利的行动。所以，每个寡头厂商的利润都要受到行业中所有厂商的决策的相互作用的影响。一般而言，不知道竞争对手的反应方式，就无法建立寡头厂商的模型。或者说，有多少关于竞争对手的反应方式的假定，就有多少寡头厂商的模型，就可以得到多少不同的结果。因此，在西方经济学中，没有一种寡头市场模型能对寡头市场的价格、产量的决定作出一般的理论总结。

欧佩克就是一种寡头垄断形式。在欧佩克诸成员国中，沙特阿拉伯是最大的或最有影响的一个。它的石油产量一般占欧佩克总产量的1/3，储油量也占欧佩克总储量的40%。通常都是由沙特阿拉伯先制定价格或与其他成员国协商后制定价格，其他成员国则遵照执行，即使石油销路不好时，它们宁可减少产量也不愿降价，以免引起彼此间的纷争，造成两败俱伤。这种寡头垄断我们可以称之为价格领袖式寡头垄断。

“冰冻三尺，非一日之寒”，寡头市场有着长期发展所形成的优势，也有着明显的劣势。总的来说，就经济效率而言，由于长期以来寡头市场的市场价格高于边际成本，企业利润有着稳定、可靠的保障，加之缺乏竞争者的加入，因此寡头企业在生产经营上缺乏积极性，这会导致其效率降低。但是，从另一方面看，由于寡头企业规模较大，往往便于大量使用先进技术，所以又有效率较高的一面。鉴于此，许多国家都在试图“扬长避短”，在发挥其高效率一面的同时，制定相应政策法规抑制其低效的一面（比如保护与寡头企业密切关联的其他中小企业的权利，打击垄断等），从而促进寡头市场的竞争。

保暖内衣的冷与热——垄断竞争

垄断竞争市场是一种处在完全竞争和完全垄断之间的，既有垄断又有竞争的市场结构。引起垄断竞争的基本条件是产品差别的存在，它是指同一种产品在质量、包装、牌号、配方或销售条件等方面的差别。一种产品不仅要满足人们的实际生活需要，还要满足人们的心理需要。于是，每一种有差别的产品都可以以自己的产品特点在一部分消费者中形成垄断地位。

但是这种产品差别是同一种产品的差别，这样各种有差别的产品之间又存在替代性，就引起了这些产品之间的竞争。

竞争分纯粹竞争和垄断竞争两种。在纯粹竞争中，大量的小卖主向同一市场供应同类产品，其中无一人能影响市场价格，而必须接受由所有卖主提供产品的总供给量和所有买主对产品的总需求量所决定的市场价格。各个卖主都趋向于按现时市场价格将其产品调整到能够给他带来最大利润的那种数量，而不至发生市场价格的变动，但所有卖主如此调整的结果，使得总供给量发生变化，因而市场价格随之上升或下降。当经营者供应不同类的产品，即存在产品差异时，则会发生垄断竞争。20世纪80年代，可口可乐与百事可乐之间竞争十分激烈。可口可乐为了赢得竞争，对20万13～59岁的消费者进行调查，结果表明，55%的被调查者认为可口可乐不够甜。本来不够甜加点糖就可以了，但可口可乐公司花了两年时间耗资4000万美元，研制出了一种新的更科学、更合理的配方。1985年5月1日，董事长戈苏塔发布消息说，可口可乐将中止使用了99年的历史老配方，代之而起的是“新可口可乐”。当时记者招待会上约有200家报纸、杂志和电视台的记者，大家对新的可口可乐并不看好。

24小时后，消费者的反应果然印证了记者们的猜测。很多电话打到可口可乐公司，也有很多信件寄到可口可乐公司，人们纷纷表示对这一改动的愤怒，认为它大大伤害了消费者对可口可乐的忠诚和感情。旧金山还成立了一个“全国可口可乐饮户协会”，举行了抗议新可口可乐活动，还有一些人倒卖老可口可乐以获利，更有人扬言要改喝茶水。

此时百事可乐火上浇油。百事可乐总裁斯蒂文在报上公开发表了一封致可口可乐的信，声称可口可乐这一行动表明，可口可乐公司正从市场上撤回产品，并改变配方，使其更像百事可乐公司的产品。这是百事可乐的胜利，为庆祝这一胜利，百事可乐公司放假一天。

面对这种形势，1985年7月11日，可口可乐公司董事长戈苏塔不得不宣布：恢复可口可乐本来面目，更名“古典可口可乐”，并在商标上特别注明“原配方”，与此同时，新配方的可口可乐继续生产。消息传开，可口可乐的股票一下子就飙升了。这个案例说明，老的可口可乐已在部分消费者中形成了垄断地位，哪怕可口可乐公司总裁也不能动摇这种地位。与此同时，案例也说明在可口可乐、百事可乐、矿泉水以及茶水等饮料之间还是存在竞争的。这种市场就是垄断竞争市场。

垄断竞争市场与完全竞争市场相比，价格和平均成本要低，产量要多，说明资源的利用程度要高。而且因为存在竞争，也有利于创新。但是销售成本会有所增加。1996年，俞兆林先生发明了导湿保暖复合绒，并将这一发明利用在内衣上，从此服饰领域多了“保暖内衣”这一新概念。“保暖内衣”这个服装领域的新宠儿，一时间成了人们谈论冬季保暖话题的流行词。1999年更是成为市场追捧的对象，各种保暖内衣市场可谓是炙手可热、尽占春色。于是，这一新生行业由1999年只有几十家生产商，在2000年猛增至500家，总销量由1999年的不足700万套，上升到2000年的3000多万套！甚至是鱼龙混杂、泥沙俱下。同时，伴随激烈竞争而推出的各种营销手段更是层出不穷。有报道说："南极人"送袜，"南极棉"送被，"白熊"保暖内衣卖最低价，"俞兆林"买两套送一套、买一套送单件、买单件送手套，等等。各种广告宣传更是充斥大街小巷。而当行业内厂商激战正酣时，市场上消费者、行业管理人士的反应又怎样呢？根据市场调查发现，尽管价格较1999年已有明显下降，但2000年度市场反应仍十分冷淡，1999年度那种排长队提货的情景没有了，而产品专卖区更是十分萧条，有营业员说，与1999年的火爆场面相比，这里常常是数十分钟无人问津。保暖内衣何以面对如此"冰火两重天"的景象呢？这是因为保暖内衣从产品开发到市场化经历了从垄断到垄断竞争的市场结构变化过程。首先是行业的垄断利润使得其他厂商有了进入该行业的动力，同时各厂商为了有效地进入和占有应有的市场份额，除了采取"价格战"以外，他们还通过宣传各种保暖新概念，来加强自己的品牌优势以确立其市场竞争地位。

中国保暖内衣市场形成过程经历了两个阶段。首先，各厂商通过价格和非价格竞争来争取一个较大的市场份额和垄断利润；其次，垄断超额利润的存在使得新厂商的进入成为可能，使得垄断利润逐渐消失。特别是当保暖技术不再成为行业准入的主要障碍时，大量差异产品充斥市场，使得行业生产规模超出市场需求，表现在单个厂商身上则是市场的萎缩。

总体来说，产品差别是垄断竞争市场的本质特征。而这些差别有可能来自各个方面。因此，消费者在享受产品差别所带来的多样化的同时，不得不提防虚假差异甚至是伪劣产品所带来的侵害。这样，一个垄断竞争市场的形成必然需要一个严格的市场管理，要有一个严格的行业标准来规范市场，以防不法厂商借制造假差异来垄断市场，从而危害消费者利益。

企业扩张的快捷方式——兼并

企业兼并在当今社会已经屡见不鲜。当优势企业兼并了劣势企业，后者的资源便可以向前者集中，这样一来就会提高资源的利用率，优化产业结构，进而显著提高企业规模、经济效益和市场竞争力。

对于一个国家而言，企业兼并有利于调整产业结构，在宏观上提高资源的利用效率。对兼并的研究，一直是经济学家的重点课题。不过，在此需要指出，人们提起兼并的时候，往往会把这样几个词混淆："兼并""合并"与"收购"。

它们的共同点在于：这三种行为都是企业产权的有偿转让，即都是企业的买卖，都是企业为了谋求发展而采取的外部扩张措施。但具体来说，合并是指两家以上的公司归并为一个公司。兼并是指把其他企业并入本企业里，被兼并的企业将失去法人资格或改变法人实体。收购在操作程序上与合并相比要相对简单，只要收购到目标公司一定比例的股权，

进行董事会、监事会改组就可以达到目的。因此，一般情况下，可以这样认为：收购是兼并中的一种形式，即控股式兼并，而兼并又包含在广义的合并概念中，它是合并中的一种形式，即吸收合并。

企业兼并的主要形式有：

购买兼并，即兼并方通过对被兼并方所有债权债务的清理和清产核资，协商作价，支付产权转让费，取得被兼并方的产权。

接收兼并，这种兼并方式是以兼并方承担被兼并方的所有债权、债务、人员安排以及退休人员的工资等为代价，全面接收被兼并企业，取得对被兼并方资产的产权。

控股兼并，即两个或两个以上的企业在共同的生产经营过程中，某一企业以其在股份比例上的优势，吸收其他企业的股份份额形成事实上的控制关系，从而达到兼并的目的。

行政合并，即通过国家行政干预将经营不善、亏损严重的企业，划归为本系统内或行政地域管辖内最有经营优势的企业，不过这种兼并形式不是严格法律意义上的企业兼并。

企业兼并，是企业经营管理体制改革的重大进展，对促进企业加强经营管理，提高经济效益，有效配置社会资源具有重要意义。当今世界上，任何一个发达国家在其经济发展过程中，都经历过多次企业兼并的浪潮。以美国为例，在历史上就曾发生过5次大规模企业兼并。其中发生于19世纪末20世纪初的第一次兼并浪潮便充分发挥了优化资源配置的巨大威力，不仅使得企业走上了腾飞之路，更是基本塑造了美国现代工业的结构雏形。

当今世界航空制造业排行第一的美国波音公司有过多次兼并其他企业的案例，其中最著名的就是兼并美国麦道公司。在1996年，“麦道”在航空制造业排行世界第三，仅次于“波音”和欧洲的“空中客车”。该年“波音”以130亿美元的巨资兼并“麦道”，使得世界航空制造业由原来“波音”“麦道”和“空中客车”三家共同垄断的局面，变为“波音”和“空中客车”两家之间的超级竞争。新的波音公司在资源、研究与开发等方面的实力急剧膨胀，其资产总额达500多亿美元，员工总数达20万人，成为世界上最大的民用和军用飞机制造企业。这对“空中客车”构成了极为严重的威胁，以至于两家公司发生了激烈的争执。在经过艰苦的协商、谈判后，波音公司最终被迫放弃了已经和美国几十家航空公司签订的垄断性供货合同，以换取欧洲人对这一超级兼并的认可。但是不管怎样，前无古人的空中“巨无霸”由此诞生，并对世界航空业产生了巨大影响。

由于兼并涉及两家以上企业的合组，其操作将是一个非常复杂的系统工程。成功的企业兼并要符合这样几个基本原则：合法、合理、可操作性强、产业导向正确以及产品具有竞争能力。同时，企业兼并还要处理好“沟通”环节，包括企业之间技术的沟通，以及人与人之间的交流。只有这样，才能使企业兼并发挥它的优势，否则将会适得其反，在未能达到兼并目的的同时反受其害。有统计表明，全球一半以上的企业，兼并行为都没有达到预期的目标，从表面上看，企业规模是增大了，但却没有创造出更大经济效益，更有甚者，因为兼并使得企业失去了市场竞争力。

产业经营是做“加法”，企业兼并是做“乘法”。很多企业家看到了“乘法”的高速成长，却忽视了其隐藏的巨大风险，现实中有太多在产业界长袖善舞的企业家最后在资本运营中折戟沉沙。以互联网为例，在20世纪90年代初期，网民的计算机上同时使用着两种浏览器：一种是微软的Explore，另一种则是美国网景公司的Netscape。微软凭借强有力的竞争措施逐渐在浏览器市场上占据了优势地位，网景则处于相对的弱势地位。

1998年，美国在线（AOL）以42亿美元的价格收购了Netscape。当时，Netscape在微软所提供的免费浏览器面前已经显得非常渺小，但美国在线却对其前景颇为看好。在他们看来，依靠美国在线的雄厚财力和技术优势，可以使得Netscape重新焕发活力，成为与微软竞争的对手。然而，无情的事实证明这是一项失败的兼并。首先，该次合并在一开始就受到很多人的质疑，认为两个公司在程序设计上，技术差异太大，难以兼容；其次，美国在线急于求成，于2000年直接跳过Netscape5，推出基于一项新技术——以Mozilla0.6为原始码的Netscape6。但是，由于Mozilla0.6一时并不稳定，结果Netscape6进一步失去了自己原有的用户。这两大失误使得美国在线不得不于2008年3月1日起停止开发网景浏览器，作为一款曾经改变互联网、有着辉煌历史的浏览器，Netscape彻底退出了历史舞台。

不把所有鸡蛋放到同一个篮子里——范围经济

提起范围经济，很多人以为就是规模经济，其实这是不正确的。范围经济指由厂商的经营范围而非规模带来的经济，即同时生产两种产品的费用低于分别生产每种产品时，所存在的状况就被称为范围经济。只要把两种或更多的产品合并在一起生产比分开来生产的成本要低，就会存在范围经济。

范围经济一般指企业通过扩大经营范围，增加产品种类，生产两种或两种以上的产品而引起的单位成本的降低。与规模经济不同，它通常是企业或生产单位从生产或提供某种系列产品（与大量生产同一产品不同）的单位成本中获得节省。而这种节约来自分销、研究与开发和服务中心（如财会、公关）等部门。范围经济一般成为企业采取多样化经营战略的理论依据。范围经济是研究经济组织的生产或经营范围与经济效益关系的一个基本范畴。

企业进行多产品联合生产时，产品种类的数量是有限度的，并不是越多越好，总是存在一个合理的范围，表现为企业的一体化或多元化经营总是有限度的，而且理论上存在一个最优的经营组合。企业进行多产品联合生产时，在产品的组合上是可选择的，表现为某产品的生产对一个企业来讲不存在范围经济，但对另一个企业来讲也许存在范围经济，或者是，某产品的生产对两个企业来讲都存在范围经济，但在一个企业生产的范围经济比在另一个企业生产的范围经济要大。

专业化本身也存在一个经济与不经济的问题，即专业化不一定经济。范围经济和范围不经济的问题，实际上就是一体化（即非专业化）经济和非一体化经济的问题，或者说是专业化经济与专业化不经济的问题，企业何时存在专业化经济，何时存在专业化不经济，实际上就回答了联合生产何时存在范围经济，何时存在范围不经济，这就为联合生产合理范围的确定提供了一个量化标准。

范围经济与规模经济是两个不同的概念，二者之间并无直接关系。一个生产多种产品的企业，其生产过程可能不存在规模经济，但是可能获得范围经济；一个工厂用较大规模只生产某一种产品可能会产生规模经济，但是却不可能获得范围经济。范围经济强调生产不同种类产品（包括品种与规格）获得的经济性；规模经济强调的是产量规模带来的经济性。

那么，范围经济具有哪些优势呢？

（1）生产成本优势。主要表现为分摊固定成本、降低变动成本。分摊固定成本主要表现为分摊固定资产的折旧费用，从而降低单位产品的固定成本；降低变动成本，主要表现在降低采购成本、提高资源利用率等方面。

（2）差异化优势。差异化是指企业提供产品的多样性，包括产品的质量、功能、外观、品种、规格及提供的服务等，这种多样性能使消费者认同该产品并区别于其他企业提供的类似产品。范围经济形成的差异化优势特别明显，差异化一方面满足了顾客“多样化、个性化、差别化”需求，同时，差异化也是企业寻求范围经济的出发点和追求的目标。

（3）市场营销优势。在买方市场条件下，获得市场营销优势是企业成功的关键。市场营销的关键在于正确定位目标市场的需要和欲望，比竞争者更有效地提供目标市场所要求的满足。市场营销强调满足消费者的需要和欲望，从营销理论来说，就是从产品、价格、地点、促销、公共舆论、政治或权力等方面体现企业的竞争能力。而范围经济形成的成本优势和差异化优势，体现了企业在产品、品质和价格方面的竞争能力。同时又能在内部建立的营销平台上，利用原有的渠道销售多种产品，还能更好地利用企业已经形成的品牌优势，为新产品开拓市场，使消费者更容易接受，同时也对跟进者形成巨大的进入障碍。

（4）技术创新优势。首先，对范围经济的理解和受益，使企业管理层对新产品、新工艺的开发更加重视；其次，范围经济利益的驱动可以导致科技创新的良性循环，持续的创新活动将使企业在应用新材料、采用新工艺、培养创新团队、加强市场调研等方面获得突破，最终将形成企业强大的核心竞争优势。

（5）抵御风险的优势。范围经济在成本、差异化、市场营销和技术创新等方面获得竞争优势，实际上是增加了企业抵御风险的能力。同时，范围经济还强化了企业的“新陈代谢”和互补性。

其实，范围经济在生活中比较常见，比如一个火力发电厂在其附近建一砖厂，而生产砖的原材料就是发电过程中产生的煤渣。煤渣对于发电厂完全是废物，原来发电厂还要专门花资金清理它们，而现在砖厂不仅可以帮助清理掉煤渣，还可以把它们转变为有用的产品，拿到市场上卖钱。发电厂不仅节省了清理煤渣的费用，还通过砖的销售获得额外的收入。总收入的增加使得它相对于同行具有成本优势，即使电的销售价格低于竞争对手，它仍能得到高于对手的利润。

范围经济也并非一定要在一个企业的范围内存在，企业与企业间同样可以形成范围经济。在上面的例子中，如果砖厂不是发电厂所建，而是由另一个企业所建，就形成了企业间的范围经济。在这样的情况下，发电厂可能把煤渣以很低的价格卖给砖厂，它仍然可以节省清理费用，还能获得销售煤渣的收入。我们再从砖厂的角度来看，因为它的原材料是别的厂商的废料，肯定是成本极低，所以相对于其他的砖厂，它就享受到成本节约的好处，成本的降低使得它可以降低价格获得竞争优势。

生产互补可以发生在企业内部，也可以发生在企业之间。不管是哪种情况，两种产品的生产商都可以受益。很多企业在生产过程中都可能产生很多废弃物，或者边角料，这些看似没用的东西对别的企业或者生产别的产品可能有用甚至很重要。所以，企业不能仅从自己产品或行业的角度看待它们，而是要从更高的高度、更广的角度发掘它们的价值，尽力变废为宝。例如，某个生产防盗门的企业，利用边角料生产鞋架，就是这种思路的具体运用。再者，从降低生产成本的角度看，如果企业找到生产技术和生产机会充分利用别的企业在生产过程中所产生的废物或下脚料，或者是别的企业的闲置资源，就能找到降低成本的机会空间。

联合起来就能奏效？——价格联盟

价格联盟是指两个或两个以上具有竞争关系的经营者，以合同、协议或其他方式，共同商定商品或服务价格，以限制市场竞争，牟取超额利润所实施的垄断联合。价格联盟的明显特征是：它是两个或两个以上的经营者自愿采取的联合行动；是处于同一经营层次或环节上的竞争者之间的联合行动；联合行动是通过合同、协议或其他方式进行的；协议的内容是固定价格或限定价格；其共同目的是通过限制竞争以获取高额利润。

价格联盟一词对于我们而言，并不陌生。早在几年前，国内九大彩电企业结盟深圳，以同行议价形式共同提高彩电零售价格，并迫使彩管供应商降价。以钢铁、彩电为发端，其后又有空调联盟、民航机票价格联盟、电脑价格联盟，近一些的还有券商们的佣金价格联盟等，一时间甚嚣尘上。然而，这些价格联盟都无一例外地摆脱不了短命而亡的宿命。

由于行业协会制定的是行业自律价格，其实没有强制效力，行业协会也不可能对“违反”自律价格的商家进行处罚，因此这个自律价格其实只是一个空架子，没有什么实际意义。在利益面前，这种基于行业压力及商家道德的“盟誓”究竟有着多少约束力可想而知。

价格联盟被称为“卡特尔”，任何价格卡特尔一经形成必然走向它的反面。联盟一经形成，价格便富有极大的弹性，只要其中的某一个成员降低价格，必将从中获利。为追逐利益，联盟成员之间的价格争斗不可避免，这就必然导致卡特尔机制的瓦解。

即使价格联盟在短期内取得一定成效，缓解了联盟企业的燃眉之急，但其潜在和长期的危害却不可忽视。首先，制约了企业竞争。自由竞争是市场经济的基本属性，离开了竞争，市场就成为死水一潭。由于不同企业经营成本不同，却执行相同的价格，形成大家平均瓜分市场份额的局面，无形中保护了落后，鼓励不思进取，严重挫伤了企业发展的积极性。其次，损害了消费者的知情权和选择权，伤害了消费者的利益，并且不利于培养消费者成熟的消费理念。俗话说，没有成熟的消费者就不会有成熟的市场，因此，最终结果还是累及整个行业的长期发展。

在拉封丹的寓言《鼠盟》里，有一只自称“既不怕公猫也不怕母猫，既不怕牙咬也不怕爪挠”的鼠爷，在它的带领下，老鼠们签订协议，组成了对抗老猫联盟，去救一只小耗子。结果，面对老猫，“首鼠两端不敢再大吵大闹，个个望风而逃，躲进洞里把小命保，谁要不知趣，当心老雄猫”。鼠盟就这样瓦解了，协议变成了一纸空文。

寓言故事中使鼠盟难以形成的原因是猫的强大无比；使价格联盟难以实现的原因是市场供求力量的强大无比，不可抗拒。在市场经济中，决定价格的最基本因素是供求关系。供小

于求，价格上升；供大于求，价格下降，这是什么力量也抗拒不了的。在不完全竞争的市场（垄断竞争、寡头、垄断）上，企业只能通过控制供给来影响价格，想把自己硬性决定的价格强加给市场是行不通的。在汽车、民航这类寡头市场上，每个企业所考虑的只能是自己的短期利益，而不是整个行业的长期利益，因此，当整个行业供大于求时，不要寄希望于每个企业减少产量来维持一定的价格。

国内企业各种各样的“联盟”声不绝于耳，并且屡战屡败，而后又屡败屡战，很多企业乐此不疲。企业搞联盟是想在市场的海洋中寻求一个救生圈，而总是无终而果。每次联盟均告失败的事实说明：这种被不少企业看作制胜“法宝”的价格联盟是靠不住的。

我国如今的经济时代好像成了“联盟时代”，在种种共同利益的驱动下，一些企业动不动就打起“联盟”大旗，或是价格的抬价压价，或是限产保价，或是联合起来一致对外。仔细分析，这些企业联盟形式大致逃脱不了两种模式：

一是企业之间自愿建立的松散联盟；二是由主管部门主导、企业参加的联盟。

早在18世纪初，亚当·斯密就说过这样一句话："同业中的人即使为了娱乐和消遣也很少聚在一起，但他们的对话通常不是对付公众的阴谋，便是抬高价格的计划。"事实也一再证明，这种非寡头垄断同盟缺乏有效的约束机制，具有不确定性。

其实，企业之间的竞争还可进行一些非价格的竞争，如企业在提高产品质量、增加技术含量上下功夫，向品牌、技术竞争过渡；优势企业兼并劣势企业；劣势企业主动从行业中退出；再就是从国际市场上寻找出路。因此，中国的企业家们应该尽快地从联盟的阴影中走出来，以一种更加成熟的心态去谋求发展。

要想在激烈的市场竞争中占有一席之地，与其去组织什么价格联盟，不如革新技术，提升自己的市场竞争力。

第二篇

聆听华尔街的经商智慧：二十几岁要懂得的生产经营经济学

1966 “产品生命周期理论”

PART

01

生产与成本

究竟定价多少才能有收益——边际成本

边际成本是指增加一单位的产量而随即增加的成本。边际收益是指增加一单位产品的销售所增加的收益，即最后一单位产品的售出所取得的收益。它可以是正值也可以是负值。

日常生活中，人们常常会碰到需进行边际分析的问题。例如，7-11便利店都是24小时营业，而不是从早8点营业到晚9点。从经济学上来考虑：24小时营业当然要额外（边际）花费一些成本（如水电费、营业员的工资等），但是也会有一定的额外收益（就是多开11小时门的营业收入），只要额外收益比额外成本要高便可以干。

在经济学上，这“额外”的部分便称之为“边际”，而把由某项业务活动引起的边际收入去和它的边际成本（而不是全部成本）相比较的方法，就叫边际分析法。

从北京开往石家庄的长途车即将出发。客车的票面价格是50元。一个匆匆赶来的乘客见一家国有公司的车上尚有空位，要求以30元上车，被拒绝了。他又找到一家也有空位的私人公司的车，售票员二话没说，收了30元允许他上车了。哪家公司的行为更理性呢？乍一看，私人公司允许这名乘客用30元享受50元的运输服务，当然亏了。但如果用边际分析法分析，私人公司的确比国有公司精明。

当我们考虑是否让这名乘客以30元的票价上车时，实际上我们应该考虑的是边际成本的概念。边际成本是增加一名乘客所增加的收入。在这个例子中，增加这一名乘客，所需的汽车、汽油费、工作人员工资和过路费等都无须增加，对汽车来说多拉一个人少拉一个人都一样，所增加的成本仅仅是发给这个乘客的食物和饮料，假设这些东西值10元，边际成本也就是10元。边际收益是增加一名乘客所增加的收入。在这个例子中，增加这一名乘客增加收入30元，边际收益就是30元。

在这个例子中，私人公司让这名乘客上车是理性的，无论那个售票员是否懂得边际的概念与边际分析法，他实际上是按边际收益大于边际成本这一原则作出决策的。国有公司的售票员不让这名乘客上车，或者是受严格制度的制约（例如，售票

员无权降价），或者是根本不知“边际”的概念。

从经济学角度来分析这一现象，说明商品有两种价格，一是它的生产成本；二是消费者愿意出的价格。前者位于商品的边际成本线上，后者位于消费者的需求线上。这两种价格是彼此独立的，互相不产生影响。企业应该明白这样一个道理，即价格应定在边际成本之上。边际成本就是指在一定产量水平下，增加或减少一个单位产量所引起成本总额的变动数，用以判断增、减产量在经济上是否合算，这样的定价可以避免浪费，使商品得到最大的产出，造福于社会。

例如，某企业生产某种产品100个单位时，总成本是5000元，单位产品的成本是50元。若生产101个单位时，其总成本为5040元，则所增加一个产品的成本为40元，边际成本即为40元。当产量未达到一定限度时，边际成本随产量的扩大而递减，但当产量超越一定限度时，就转而递增。所以，当增加一个单位产量所增加的收入高于边际成本时，是合算的；如果低于边际成本就是不合算的。因此，计算边际成本对制定产品决策具有极其重要的作用。王永庆被誉为台湾的“经营之神”，其经营之道备受推崇。20世纪50年代初，王永庆表示要投资塑胶业。当地一个有名的化学家，公然嘲笑王永庆根本不知道塑胶为何物，开办塑胶厂肯定要倾家荡产！其实，王永庆作出这个大胆的决定，并不是心血来潮，铤而走险。他认为，烧碱生产地遍布台湾，每年有70%的氯气可以回收利用来制造PVC塑胶粉。这是发展塑胶工业可以降低成本的一个大好条件。

1954年，王永庆创办了台湾岛上第一家塑胶公司。3年以后建成投产，立刻就遇到了销售问题。首批产品100吨，在台湾只销出了20吨，明显供大于求。按照生意场上的常规，供过于求时就应该减少生产。可王永庆却反其道而行之，下令扩大生产！

这一来，连他当初争取到的合伙人，也不敢再跟着他冒险了，纷纷要求退出。王永庆决定背水一战，变卖了自己的全部财产，买下了公司的全部产权。王永庆有自己的算盘，他相信自己产品销不出去，并不是真的供过于求，而是因为价格太高，要想降低价格，就只有通过提高产量以降低成本。

第二年，他又投资成立了自己的塑胶产品加工厂——南亚塑胶工厂，直接将一部分塑胶原料生产出成品供应市场。事情的发展，证明了王永庆的计算是正确的。随着产品价格的降低，销路自然打开了。台塑公司和南亚公司双双大获其利！从那以后，王永庆塑胶粉的产量持续上升，他的公司也一跃成为世界上最大的PVC塑胶粉粒生产企业。当然，台塑的成功还有其他方面的努力，如内部管理等，但最关键的是台塑通过将自己的产量扩大，从而达到边际成本最低，这是台塑成功的法宝。

任何增加一个单位产量的收入不能低于边际成本，否则必然会出现亏损；只要增加一个单位产量的收入能高于边际成本，即使低于总的平均单位成本，也会增加利润或减少亏损。计算边际成本对制定产品决策具有重要的作用，当产量增至边际成本等于边际收入时，即为企业获得其最大利润的产量。因此，考虑边际成本有助于企业制定最佳决策。

增加投入并不意味着增加收益——边际收益递减

常言道“一分耕耘，一分收获”，说的就是经济学上成本与收益的关系。但是现实生活中，往往并不是这样，投入成本与收益的不对等，才是现实世界中的真相。在生活中，我们往往会发现边际收益递减的情况。比如，在农业生产中，一味地往田地里增加肥料，所获得的产量一般是：随着肥料的增加，农产品的产量先是递增的，当达到一个高度后，再增加肥料，农产品的产量是递减的，如果肥料太多就会把庄稼都烧死，最后连种子都收不回来。

作为生产者来说，总希望收益越多越好，为此总要增加生产要素的投入。但是，生产要素的投入与收益之间并不是成正比的关系，并不是投入越多，收益就越多。投入尽可能多的成本，当然希望得到尽可能多的收益，但事实往往令人失望，因为成本与收益并不总是正比递增的。

在技术水平不变的情况下，当把一种可变的生产要素投入到一种或几种不变的生产要素中时，最初这种生产要素的增加会使产量增加，但当它超过一定限度时，增加的产量将要递减，最终还会使产量绝对减少。根据这一法则，如果不断添加相同增量的一种投入品（其他投入品保持不变），这样所导致的产品增量在超过某一点后将会下降，这种增加的产量就会变得越来越少，甚至使总产量绝对地减少。这一现象普遍存在，我们将其称为边际收益递减规律。

“一个和尚挑水吃，两个和尚抬水吃，三个和尚没水吃”的故事，从边际收益变化的角度来看，由一个和尚挑水吃到两个和尚抬水吃，说明边际收益已经递减，当发展到三个和尚时，已经递减到没有水吃了。这应该是对边际收益递减规律最生动的写照。

当边际收益递减规律这一学说在18世纪提出之后，引发了两种观点的争论。一种观点从递减性出发，引申出了企业的利润趋于下降的趋势，从李嘉图以后的众多西方学者据此为资本主义的生产方式持有极大的同情；另一种观点通过强调技术进步的作用，强烈批判这一规律，认为它抹杀了技术进步对收益递减的反作用。

根据边际收益递减规律，边际产量先递增后递减，递增是暂时的，而递减则是必然的。边际产量递增是生产要素潜力发挥，生产效率提高的结果，而到一定程度之后边际产量递减，则是生产要素潜力耗尽，生产效率下降的原因所致。边际收益递减规律在短期内是无法超越的，人们只能遵守它，而别无他选！

但是在一个充分长的时期内考察某种产品的生产，边际收益递减规律是否可以被超越呢？

从长期来看，技术进步的因素要发挥作用，人们是可以突破边际收益递减规律的制约的。大力进行技术创新和制度创新就是突破边际收益递减的两个途径。

新中国成立以来，一方面人口翻了一番还多，而另一方面可耕地的面积却因种种原因一直在减少，按照边际收益递减规律，在有限的土地上连续追加投入，得到的产出的增加将越来越少，这似乎很可怕。然而，自改革开放以来，令人不可思议的是，我国再也没有出现所谓的“粮食危机”。这不能不归功于技术创新和制度创新对边际收益递减规律制约的突破。技术创新主要是科学技术的迅猛发展，使得粮食单产不断取得突破，尤其值得一提的是杂交水稻这项技术因大幅度地提高了水稻的亩产量，而对全球的水稻供应产生了革命性的影响。其次是农业用地政策这一制度创新发挥的作用，在我国农业生产方面，1979年我国实行了一项土地制度创新，那就是土地大包干制度，这一土地制度创新对我国农业收益的增加发挥了积极的作用。

因此，技术创新和制度创新可以改变边际收益递减规律，但不论是技术创新还是制度创新都需要企业的艰苦探索。当技术创新和制度创新尚未完成，其他条件不变或仍然成立的情况下，我们应当认识到边际收益递减依然是作为一条规律而存在的。短期内，我们必须尊重边际收益递减规律，确定合理的投入限度；从长远来看，通过积极地实施技术创新和制度创新战略，打破边际收益递减规律的制约，可为企业谋取更大的利

润，从而获得更大的发展。

在三个和尚的故事中，因考虑了这个因素，故事也有了新的进展。随着时间的推移，三个和尚渐渐地引入了技术创新和制度创新。三个和尚的制度创新的故事：一个和尚挑水吃，总比两个和尚抬水吃或三个和尚没水吃要好，寺庙里的方丈从长计议，决定立下个规矩，鼓励三个和尚都能抢着去挑水。为了奖勤罚懒，方丈规定，三个和尚各自挑水，到吃晚饭的时候，看谁挑的水多就奖给谁一盘炒豆腐，谁挑的水少就只能吃白饭。于是三个和尚就拼命抢着挑水，展开了挑水竞赛。通过这项制度创新，尽管寺庙里的和尚不断增多，但再也没有缺过水了。

三个和尚的技术创新的故事：由于和尚们住的寺庙离河边比较远，一个和尚挑一趟水，疲惫不堪，挑的水还不够多，于是三个和尚协作起来，想出了一个新的办法。三个和尚合作挖了一条渠，还装了一个辘轳，第一个和尚负责摇辘轳，第二个和尚负责把水倒入渠中，第三个和尚休息，彼此轮换，通过这种安排，三个和尚既轻松又有喝不完的水，这是技术创新的力量给和尚们带来的福利。

企业永续发展的不竭动力——利润最大化

在市场经济中，利润最大化与成本最小化是企业永恒的主题。一个企业要达到利润最大化，就必须对投入要素进行最优组合以使成本最小。因此，企业要想取得最大利润，就要遵循成本最小化原则。

从经济学的角度看，在不同的社会条件下，利润的内涵有所不同，计算利润时也有一些比较复杂的方法，但在这里，我们可以先了解一个并不复杂的道理：一个从事生产或销售的厂商，如果他的总收益大于总成本，那么他就会有剩余。这个剩余就是利润。

生活中有一句俗话："有谁会嫌钱多？"甚至有人说得更加直接："有谁会嫌钱扎手？"它表明的意思不言而喻——"钱，当然越多越好。"与之相应，对于作为市场主体的企业来说，也有一个鲜明的目标：利润最大化。它已经成为企业高呼的口号，行动的指南。身处市场大潮之中的任何一个企业，都不能也不敢违背这一目标，而只能尽力去实现它。

那么，如何进一步深入理解利润最大化呢？如果我们单凭直观认为，对于一个企业来说利润越多越好，这样其实是没有什么意义的。原因很简单，企业的利润来自于自身的生产或者销售。在市场里，一个企业的生产和销售总是处于变化之中的，利润也在随之改变。因此，问题的关键就在于，企业应判断出自己的经营在何种状态时能够取得利润的最大值。这就意味着，在衡量如何实现"利润最大化"时，必须要有一个客观的标准。

实际上，经济学家们早已经给出了这一标准，即"边际收益等于边际成本"。边际收益是每多卖出一单位产品所增加的收入，边际成本是每生产一单位产品所增加的工人工资、原材料和燃料等变动成本。需要指出的是，边际成本往往随着企业的生产发生变化。厂商在生产过程中会时刻监督自己的经营状况，如果从某一刻起，再增加一单位产量时，该单位产量的边际收益大于边际成本，就说明增加产量可以增加总利润，于是厂商会继续增加产量；反之，如果增加的这一单位产量的边际收益小于边际成本，就说明增加产量将发生亏损，这时会减少产量。这样，只有在边际收益等于边际成本时，厂商的总利润才能达到最大值。在经济学里，通常用高等数学中的微积分对此加以分析。边际收益用MR表示，边际成本用MC表示，所以，当你看到“MR=MC”这一条件成立时，便说明企业实现了自己梦寐以求的目标，即利润最大化。我们举例加以说明。

假设有一家皮鞋厂，在一个销售期结束后进行盘点。它的总收益便是卖出皮鞋后的全部收入，它的平均收益便是每卖出一双皮鞋所增加的收入，规范地说，就是“卖出每单位产品所得到的收入”。大家不难看出，平均收益其实就是每双皮鞋的价格。假设该鞋厂生产一单位产品，也就是生产一双皮鞋增加的收益为20元（边际收益），而每多生产一双皮鞋的边际成本为15元。那

么，企业一定要增加生产以实现利润最大化，把能赚的钱尽量都赚到。但是，如果一双皮鞋的边际收益为20元，而边际成本却变为25元时，鞋厂每生产一单位产品就会赔5元，那么，企业就一定要减少生产，因为它正在“贴钱卖货”。只有当边际收益与边际成本相等（都为20元）时，企业既不会增加产量，也不会减少产量，这时就说明企业实现了利润最大化。

在这个例子中，设定皮鞋的价格不变，因此其边际收益也不改变，但是生产皮鞋的边际成本却在发生变化。那么，这又是为什么呢？在这里，还需要对边际成本的变化加以说明。

以汽车客运为例。它的边际收益是指增加一名乘客所增加的收入，即乘客买票所支付的费用。如果乘客买票需要10元钱，那么汽车的边际收益就是10元。由日常经验我们知道，增加一名乘客，汽车的磨损、油费、司机和售票员的工资等基本可以看作无须增加。也就是说，为这名乘客支付的边际成本可以认为没有变化，多拉一个少拉一个都一样。在这种情况下，当然是乘客越多越好。

但是，现实生活中，边际成本往往是在不断变化的。比如铁路货运，铁路货运的计算单位是吨·千米。假设某一铁路区段在运输饱和时，每吨·千米的成本是5分钱，在此可以暂将其边际成本视为0.05元/吨·千米。如果在这一饱和的基础上，再增加运量，其收益自然会增加，但是其利润却会下降。为什么呢？因为对于铁路来说，这往往意味着重大的技术改造，如更换大马力的机车、铺设铁轨辅线等，而这些技术措施都需要巨额投资，都要计入成本当中。也就是说，在运输饱和的情况下，如果要增加运量，其边际成本就不会是0.05元/吨·千米，相反将会迅速增加。如果运输定价维持不变，铁路货运的利润将会迅速降低。这种情况对于生产型的企业来说，道理也是一样的。当产量很低时，再多生产一件产品的成本（如机器损耗、电力等）会呈下降趋势；但是当超过生产规模时，边际成本便会急剧上升（导致其上升的因素包括机器的超负荷运转、工人的加班费等）。

企业作为市场中的微观主体，是以营利为目的的。所以，在研究企业问题时，考虑最多的就是成本问题。在现实生活中，许多企业家并不清楚什么是“MR”和“MC”，并没有刻意追求边际收益和边际成本的相等，也照样赚了不少利润。在市场之中，有一些成功的企业家确实如此。但是，规律就是规律，它的特点就是不管人们是否清楚，它总是在起着作用。那些实现了利润最大化的企业，有意也好，无意也罢，必然都遵循了这一规律。反过来，如果企业在生产中能够主动、自觉地按“利润最大化”规律办事，分析企业生产的边际成本和边际效益，就可以有效避免盲目、走弯路所造成的浪费。

无法挽回的成本支出——沉没成本

通常，沉没成本主要是指厂商花在机器、厂房等生产要素上的固定成本。从固定生产要素的无形损耗程度上看，这些固定要素会因技术进步或产品的更新换代而引起贬值，从而产生无法补偿的损失。

人们在决定是否去做一件事情的时候，不仅要看这件事对自己有没有好处，而且也要看过去是不是已经在这件事情上有过投入。我们把这些已经发生的不可收回的支出，如时间、金钱、精力等称为沉没成本。简单来说，沉没成本代指已经付出且不可收回的成本。

举例来说，如果你预订了一张电影票，已经付了票款而且不能退票。但是看了一半之后觉得很不好看，此时你付的钱已经不能收回，电影票的价钱就是沉没成本。

大多数经济学家们认为，如果你是理性的，那就不该在作决策时考虑沉没成本。比如在前面提到的看电影的例子中，会有两种可能结果：

付钱后发觉电影不好看，但忍受着看完。

付钱后发觉电影不好看，退场去做别的事情。

两种情况下你都已经付钱，所以应该不再考虑钱的事。当前要作的决定不是后悔买票了，而是决定是否继续看这部电影。因为票已经买了，后悔已经于事无补，所以应该以看免费电影的心态来决定是否再看下去。作为一个理性的经济人，选择把电影看完就意味着要继续受罪，而选择退场无疑是更为明智的做法。

沉没成本从理性的角度说是不应该影响我们决策的，因为不管你是不是继续看电影，你的钱已经花出去了。作为一个理性的决策者，你只需考虑将来要发生的成本（看电影所投入的时间成本）和收益（看电影所带来的满足和快乐）。不管作出何种决定，钱都已经花了，它是个确定的常数，不应该影响我们其后的决策。在现实生活中，大多数人显然对“沉没成本”的态度并不理性。某企业在两个城市的交界处买了一块地皮。企业领导的起初用意是投资30万元办一座生产豆奶的食品加工厂。结果一生产就亏损，很不景气。如果就此打住，这30万元对于企业来说也不算什么。但是企业的领导很不甘心，不愿让这笔钱就此打了水漂，于是又投资70万从德国引进全套的进口设备，希望扩大生产规模，提高产品质量以赢得效益。结果还是一个字：赔。此时如果放弃这家工厂，将其折价处理，应该说损失还可以承受。但是领导的思维却是这样的：已经投入了100万，如果放弃损失太大，不如继续在这块地皮上投入，以期扭亏为盈，于是又作出决策：投入300万，在这里建立大型生产基地……然而，随着时间的推移，这个基地的产出已经成了笑谈。

对于企业来说，成本一旦沉没，就不再是机会成本。沉没成本具有无关性，即不管企业如何对之作出决策，都难以改变。所以应对“沉没成本”，最合理的方法就是管理者在继续作出各种决策时，不再考虑沉没成本。当然，话又说回来，一个企业无论如何都应该尽力减少沉没成本，这就需要企业首先要努力避免失误的决策，能从企业、市场的诸多方面对项目作出准确判断。管理者也应该认识到，在复杂的市场当中，投资决策的失误是难以避免的，一旦出现，则应避免将错就错，一错到底，这才是真正考验管理水准的时候。另外，通过合资或契约、采用非市场的管理结构等，对减少沉没成本都是十分有利的。

2000年12月，计算机芯片巨头英特尔公司（Intel Corporation）宣布取消整个Timna芯片生产线。Timna是英特尔公司专为低端的PC市场设计的整合型芯片，当初在将巨资投入到这个项目的时候，英特尔公司的预测是：今后计算机减少制造成本的途径将是通过高度集成（整合型）的设计来实现。针对这一分析，公司大力着手生产整合型的Timna芯片。可是后来，PC市场发生了巨大变化，PC制造厂商通过其他的系统成本降低方法，已经达到了目标，为Timna芯片投入的成本成了典型的沉没成本。在这种情况下，英特尔公司的高层管理者果断决定：让这一项目下马，从而避免在这个项目上消耗更多的资金。而后来的事实也证明，尽管Timna芯片给英特尔公司造成了损失，但及时放弃的做法使得公司得以将资源应用于其他领域，其收益很快便消除了沉没成本带来的不利影响。

沉没成本不仅对于企业，对于个人来说也很常见。在这里需要指出，有时候沉没成本只是价格中的一部分而非全部。比如，一台新买的电脑价值6000元，可是新鲜劲儿还没有过

去，一种升级款式的电脑（这就是技术进步带来的更新换代）价才5000元，而且还打出广告，说原来的那款用6000元买的电脑“再加2000元就可更换一台新产品”。在这种情况下，为原来的电脑付出的成本中有很大一部分已经变成“沉没成本”，除非你用这台电脑创造效益，收回部分投资。常见的还有二手车市场，一辆新车在使用几个月后准备卖出，在这么短的时间里，车当然不会有多少损耗，但是价格却不可能再回到原价。这时候，原价和现在卖价的差额就是沉没成本。并且，如果不能及时出手，时间越长，这个沉没成本就会越大。

以上两个例子中的做法都是不再理会沉没成本，这也正是大多数经济学家的建议。因为不管沉没的是什么，数量有多少，对未来而言，都已经没有意义。彻底放弃那些沉没的东西，才是最明智的选择，才是智慧的体现。

产品的“生老病死”——产品生命周期

一种产品进入市场后，它的销售量和利润都会随时间推移而改变，呈现一个由少到多再由多到少的过程，就如同人的生命一样，由诞生、成长到成熟，最终走向衰亡，这就是产品的生命周期现象。所谓产品生命周期，是指产品从进入市场开始，直到最终退出市场为止所经历的市场生命循环过程。只是相对于有血有肉的生命体而言，企业产品作为一种经济现象，其生命周期有着自己的特点和规律。

“产品生命周期理论”是在1966年，由美国哈佛大学教授雷蒙德·弗农在其著作《产品周期中的国际投资与国际贸易》中首次提出的。产品生命周期是指产品的市场寿命，即一种产品从进入市场开始，直到被市场淘汰的整个过程。

该理论认为，产品的生命是指其在市场里的营销生命。正如一个人要经历“诞生、成长、成熟、衰亡”这样的周期，相应地，产品也要经历“介绍（引入）、成长、成熟、衰退”的阶段。但是，这个周期在不同的技术水平里，其发生的时间和过程是不一样的，不同的技术水平之间往往存在着较大的时差。这一时差反映了同一产品在不同国家的市场上竞争地位的差异，由此决定了国际贸易和国际投资的变化。在整个产品生命周期中，其销售额和利润额的变化大体表现为如下的曲线。

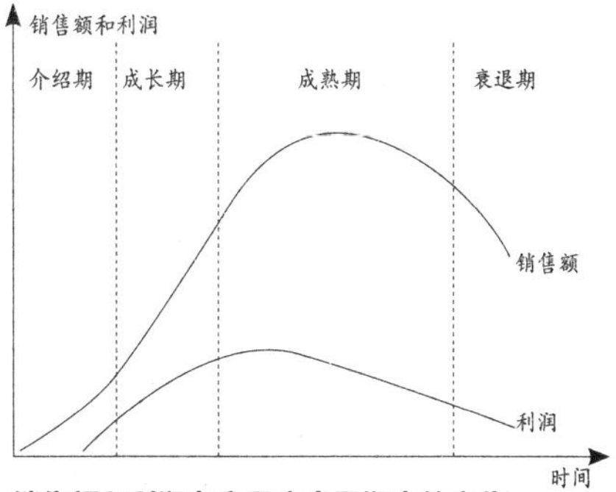

销售额和利润在产品生命周期中的变化

在介绍期，产品销售额和利润增长缓慢，利润多为负数；当销售额迅速增长，利润由负变正并快速上升时，进入成长期；当销售额增长放慢，利润增长停滞时，则进入了成熟期；当销售额快速递减，利润也较快下降时，说明产品已经进入衰退期。伴随着产品寿命周期的各个阶段，企业也要采取相应的措施。这里特别要指明的是，当产品进入成熟期时，要对产品进行改革，增加其新用途、新特征，从而尽量延长其寿命，避免过早地进入衰退期。

值得注意的是，不同的产品，其生命周期也常常各不相同。时装的生命周期往往只有几个月，而汽车的产品生命周期已经能够达到100年。各种产品的生命周期的曲线形状也有差异。有的产品一进入市场就快速成长，迅速跳过介绍期；有的产品可能越过成长期，直接进入成熟期；还有的命运可能悲惨一些，在经历了介绍期后，未成长起来，直接迈向衰退期。

目前，随着科技的飞速发展和市场竞争的加剧，各个公司都在努力赶超同类产品，使得产品的更新换代不断加快，其显著特征就是产品的生命周期不断缩短。特别是在微电子、电子计算机和新材料等高科技产业，其新产品和新工艺的开发已经达到了空前的速度。IT产业技术创新以18个月为一个周期，每过18个月，芯片的集成度和运算速度提高一倍，而此前的芯片价格下降一半。

因此，在当今的形势下，研究产品生命周期的规律，必须与技术创新紧密地结合起来。我们以手机市场的产品生命周期

为例加以说明。

（1）引入期。一般在这个过程里产品的销售量较少，而且增长比较缓慢。作为电子产品，一款新手机在进入市场后需要区分两种情况。一种是有着创新技术的新产品，某些特征属于首次出现，在营销策略上便需要及早确立市场“领头羊”的地位。一般来说，具有创新意义的新产品会获得很大的成功机会。另外一种则是属于市场同质化的产品，当面对市场上众多产品的时候，在引入期应该更关注对价格的定位以及相对应的推广策略。

（2）成长期。在这一期间，产品得到市场认可，销量开始快速增长。当然，如果产品没有受到市场认可，就可能立即进入衰退期，即成为失败的“短命产品”。在成长期里，竞争者们虽然也发现了这块“肥肉”，但由于产品的创新技术难以马上跟进，因此，厂家依然能够保持价位，并尽力延长这个阶段。竞争品一旦出现后，竞争对手就很可能改进了原有创新的不足，同时会以价格战来冲击市场。在面对这种情况时，作为原来的领先者，也只有通过降价来进一步激发市场份额，提高销售量。

（3）成熟期。在这一期间，产品的销售量达到了某一程度，并将放慢增长甚至停止增长。此时消费者对其已经有了全面认知，其销售渠道基本也达到了最大化，因此，这一时期应该是厂商最为轻松的阶段。虽然价格经过调整后已经比较低了，但由于销量较大，利润依然可观。产品的成熟期往往是该产品最长的生命阶段，厂家会通过各种形式的变化或组合来吸引新的消费者。比如，很多产品在步入成熟期后，将着重宣传原来被消费者忽视或者遗忘的销售卖点等，以实现销售量的提升。此刻由于竞争产品不断增加，市场有可能出现生产过剩的苗头，而这也预示着此产品可能开始步入衰退期。

（4）衰退期。在这一时期，产品的销售下滑趋势无法阻止。其原因基本在于技术过时、消费者兴趣发生了变化以及竞争的加剧。但需要指出的是，有时候厂商无法清醒地认识衰退期，或者说无法接受这个事实，对已经处于衰退期的产品继续投入大量资金，结果只能是“越投入越亏损”，最终造成沉没成本。尤其是像手机这样的快速消费品，降价频率快，在衰退期“清货”越慢，零售价格就会越低，也就会更容易导致亏损。所以，此时最好的办法就是快速降价和清货，宁肯亏一些，也要尽快处理完毕。

虽然产品生命周期模型提供了许多有价值的信息，但是目前这种理论还是营销决策的辅助参考工具，而不是主要决策工具。这是由于产品生命周期的曲线变化充满了很多变数，产品的销售成功与否和各种外界因素都有关联。例如，当手机销量衰退时，其原因也许是因为覆盖的销售门店数量不够所致。如果这时贸然判断手机已经进入衰退期，采取“降价清库”行为，就有可能会导致利润骤降甚至亏损。

因此，决策者除了借助产品生命周期理论以外，还需要对各种影响产品销售的因素进行全面考虑，以努力形成准确的、全方位的判断。

PART

02

经营战略

消费者的需求是无限的——开发潜在需求

为什么某些人不屑一顾的产品，却有人愿付出巨大的代价来得到它？为什么有的人为一顿饭一掷千金，却会对另外的商品斤斤计较？答案其实很简单：顾客的买与不买，取决于他对商品的需求程度。

消费者先有需求，生产者适应消费者的需求进行生产和生产者先生产出来再让消费者有需求，这两者是不一样的。我们把前一种情况称为“消费者主权”，即消费者的需求引导生产者生产；后一种情况就是“生产者主权”，即生产者的生产引导消费者的需求。举个例子来说，在火车没有生产出来之前，人们想都没想过乘坐这样的交通工具，因此，乘坐火车的需求是被生产者创造出来的。火车的先进性一旦为人们所认知，乘坐火车消费就成了人们的必备选择了。由此可以看出，当生产者化被动为主动，市场需求就是无限的了。在市场经济条件下，生产出来的产品，消费者如果不买，你也没办法。生产者主权就是要生产者主动开发消费者的潜在需求，生产者的产品如果能满足消费者潜意识中存在，但是自己没有意识到或者不知如何去满足的需求，就可以把消费者潜在的需求转变为现实的购买行为，从而开辟新的市场。

为什么消费者有潜在的需求等待开发呢？是因为有些消费者因为某种后顾之忧，把一部分钱储蓄起来，不用于目前的生活消费，因而形成潜在需求；另外一些消费者虽然有一定的生活收入来源，可是由于目前手持货币数量的限制，不能购买某种他所需要的商品，也形成了潜在需求。当然，更多的顾客在没有看到自己所需要的产品之前，对其他类产品并不感兴趣。

消费者的需求来自欲望，购买物品进行消费正是为了满足

某种欲望。开发潜在需求就是创造消费者的新欲望，或者唤起那些沉睡的欲望。当消费者有实现新欲望的支付能力时，欲望就变成了现实购买行为。成功的企业不能仅仅满足于被动地适应消费者的需求，还要主动地去开发消费者的潜在需求。

欲望的无限性就是企业开发潜在需求的基础。欲望是要用物品或劳务去满足的，消费者往往只知道欲望而不知道如何满足，或者是欲望处于潜伏状态，消费者还不知道有这种欲望。如果生产者能开发出一种产品满足消费者不知如何满足的需求，或者激起了消费者某种潜伏状态的欲望，这就成功了。

以电动剃须刀为例，希望刮胡子快、便捷、安全，是消费者的潜在需求。当他用上吉列刀片时，已经相当满意了。如何才能更快、更便捷、更安全，他想不出可行之策也就满足于现状了。现在生产者生产出了比吉列刀片更快、更便捷、更安全的剃须工具，这就满足了潜在需求。市场上增加了一种新产品，生产者也成功了。当没有电动剃须刀时，这种需求是潜在的。当这种产品开发出来时，这种潜在需求就成为现实的购买行为了。其实，现代经济社会就是生产者不断开发消费者需求的过程。现代社会要使人过得更好，要使人更多的欲望得到满足，这就有了无限需求，有了无限的市场。

当然，仅仅是生产出产品来，消费者并不一定接受。也许他们对新产品不了解，也许这种潜在的欲望并不能一下激发出来。所以，生产者还要对消费者进行劝说。只有消费者被说服了，接受了这种新产品，这才算成功。劝说消费者就是做广告。比如，电动剃须刀刚出来时，也许消费者不愿意用或不敢用。他们也许习惯了刮脸刀片，没觉得有什么不方便，也许怕新产品不安全，把脸刮破了。这时生产者就要用劝说性广告，让消费者接受这种产品。肯定会有人先购买，他们用后感觉很好，这种产品于是就普及了。现实生活中无数的新产品就是这样走进消费者生活当中的。

很多经营者认为，世界上没有卖不出去的产品，只要生产者善于开发消费者的潜在需求，还有什么东西卖不出去呢？

小需求催生大产业——长尾理论

2004年10月，美国人克里斯·安德森提出了“长尾”的概念。他将集中了人们主要需求的流行市场称为“头部”，而有些需求是小量的、零散的、个性化的，这部分需求所形成的非流行市场就是“尾巴”。长尾效应的意义在于“将所有非流行的市场累加起来就会形成一个比流行市场还大的市场”，这就是“长尾理论”。

过去人们只能关注重要的人或重要的事，如果用正态分布曲线来描绘这些人或事，人们只关注曲线的“头部”，而忽略处于曲线“尾部”、需要更多的精力和成本才能关注到的大多数人或事。例如，在销售产品时，厂商关注的是少数几个所谓的“VIP”客户，无暇顾及在人数上居于大多数的普通消费者。而在网络时代，由于关注的成本大大降低，人们有可能以很低的成本关注正态分布曲线的“尾部”，关注“尾部”产生的总体效益甚至会超过“头部”。安德森认为，网络时代是关注“长尾”、发挥“长尾”效益的时代。

长尾理论是网络时代兴起的一种新理论，由于成本和效率的因素，当商品储存流通展示的场地和渠道足够宽广，商品生产成本急剧下降以至于个人都可以进行生产，并且商品的销售成本急剧降低时，几乎任何以前看似需求极低的产品，只要有卖，都会有人买。这些需求和销量不高的产品所占据的共同市场份额，可以说与主流产品的市场份额相当，甚至更大。

“长尾理论”描述了这样一个新的时代：一个小数乘以一个非常大的数字等于一个大数，许许多多小市场聚合在一起就成了一个大市场。“长尾理论”终结了被公认为无比正确的“二八定律”时代。“长尾理论”诞生后，人们不再只关心20%的拥有80%的财富的那一群人了，因为80%的那群人占有的市场份额与20%的人占有的市场份额是相同的。

要使长尾理论更有效，应该尽量增大尾巴。也就是降低门槛，制造小额消费者。不同于传统商业的拿大单、传统互联网企业的会员费，互联网营销应该把注意力放在把蛋糕做大。通过鼓励用户尝试，将众多可以忽略不计的零散流量，汇集成巨大的商业价值。

在对目标客户的选择上，阿里巴巴总裁马云独辟蹊径，事实证明，马云发现了真正的“宝藏”。其实，用经济学的话说，他是在利用“长尾效应”。

马云与中小网站有不解之缘，据说这与他自己的亲身经历有关。当年，竞争对手想要把淘宝网扼杀在“摇篮”中，于是同各大门户网站都签了排他性协议，导致几乎没有一个稍具规模的网站愿意展示有关淘宝网的广告。无奈之下，马云团队找到了中小网站，最终让多数的中小网站都挂上了他们的广告。此后，淘宝网歪打正着地红了，成为中国首屈一指的C2C商业网站。马云因此对中小网站充满感激，试图挖掘更多与之合作的机会，结果让他找到了重要的商机。

在中国所有的网站中，中小网站在数量上所占比重远远超过大型门户网站，尽管前者单个的流量不如后者，但它的总体流量仍是相当庞大。而且，中小网站由于过去一直缺乏把自己的流量变现的能力，因此，其广告位的收费比较平民化。这恰好符合中小企业广告主的需求。过去，一个网络广告如果想要制造声势，只能投放在门户网站上，但其高昂的收费令中小企业很难承受。

在日常经济生活中常有一些颇有趣味的商业现象可以用“长尾理论”来解释。例如，在网上书店亚马逊的销量中，畅销书的销量并没有占据所谓的80%，而非畅销书却由于数量上的积少成多，而占据了销量的一半以上。

再如彩铃等数字音乐的出现，让深受盗版之苦的中国唱片业，找到了一个陡然增长、心甘情愿进行多次小额支付的庞大用户群。此前，有意愿进行金额可观的正版音乐消费的客户群，其数量少得可怜。

如果说“长尾理论”是一种理论观点的探讨，甚至是经济生活中的一种经济业态，无可厚非，但如果以它引导企业行为，其效果未必是乐观的。

首先，“长尾”绝不意味着仅仅是把众多分散的小市场聚合为一个大尾巴，而是还需要一个坚强有力的头部，以及头部与尾巴之间的有效联系。

其次，无论怎么说，相对畅销品来讲，“长尾”是非热销产品，属遗留产品或滞销品，无论在企业还是在市场上，都属“处理品”，任何企业都不可能有意或大力生产这些产品，更不可能把这些滞销品和处理品作为企业的利润来源甚至是利润支撑，否则，那就是本末倒置，舍近期大利去追逐远期小利。

再次，在传统商业现有的游戏规则下几乎不可能。因为传统商业目前仍然是以“销售量带来的收益持平或者超过成本”这一商业常识作为指导，如果在自己的“零售网络”中最终聚集的用户数量还是非常少的话，依然无法通过这种产品赢利，这时要在“长尾市场”中做生意，不是为时已晚，就是压死企业的“最后一根稻草”。

“长尾理论”是把“双刃剑”，只有正确认识它且能正确运用它的人，才能利用它来为自己创造财富，否则就会一败涂地。因此，对待“长尾理论”的正确态度是，要慎重，要因产品制宜，一般情况下，单一企业不宜使用。

抓住最关键的少数——二八法则

1897年，意大利经济学者帕累托偶然注意到19世纪英国人的财富和收益模式。在调查取样中，他发现大部分的财富流向了少数人手里。同时，他还发现了一件非常重要的事情，即某一个族群占总人口数的百分比和他们所享有的总收入之间有一种微妙的关系。他在不同时期、不同国度都见过这种现象。不论是早期的英国，还是其他国家，甚至从早期的资料中，他都发现这种微妙关系一再出现，而且在数学上呈现出一种稳定的关系。这就是著名的二八现象：社会上20%的人占有80%的社会财富。也就是说财富在人口中的分配是不平衡的。反映在数量比例上，大体就是2:8。这就是应用很广的“二八法则”。

二八法则可引申为，在任何特定的群体中，重要的因子通常只占少数，而不重要的因子则常占多数。因此，只要控制重要的少数，即能控制全局。商家往往会认为所有顾客一样重要，所有生意、每一种产品都必须付出相同的努力，所有机会都必须抓住。而“二八法则”恰恰指出了在原因和结果、投入和产出、努力和报酬之间存在这样一种典型的不平衡现象：

80%的成绩，归功于20%的努力；市场上80%的产品可能是20%的企业生产的；20%的顾客可能给商家带来80%的利润。

在企业经营中，二八法则是企业提高效率、实现科学系统管理的制胜法宝。二八法则在企业的实际应用中，主要体现在如下几个环节：

（1）“二八管理法则”。企业主要抓好20%的骨干力量的管理，再以20%的少数员工带动80%的多数员工，以提高企业效率。

从企业管理的角度讲，二八法则实际侧重的是“榜样的力量”。企业80%的效益是由20%的核心员工来完成的，这20%的骨干员工在企业中是顶梁柱，通过他们积极主动的工作与活动，来带动整个团队的活力，从而为整个企业创造价值。

（2）“二八决策法则”。抓住企业普遍问题中的最关键性的问题进行决策，以达到纲举目张的效应。

从企业决策的角度来讲，二八法则主要侧重于抓典型、抓关键问题进行有效、正确地决策。企业的运行过程中，几乎每天都有很多问题需要决策，但是能够左右企业的发展方向和企业成败的关键问题只有几个，能够善于认清“关键问题”，进行正确的“关键决策”无疑会影响整个企业的发展。

（3）“二八融资法则”。管理者要将有限的资金投入到经营的重点项目，以此不断优化资金投向，提高资金使用效率。

二八法则在企业资金运作中主要体现在：将有限的资金和资源，投放到关键的项目，也就是优化投资结构、加快企业资金的周转和利用率。现代化企业拼的是速度，“以速度冲击规模”是现代企业所倡导的全新理念。当你在一味地抱怨自己企业资金不足的时候，早已经有很多企业家把眼光放在了提高资金周转速度、提高资金利用率上了。可见，优化资金投向、提高资金使用效率，“以速度冲击规模”，是企业健康、良性发展的关键。

（4）“二八营销法则”。经营者要抓住20%的重点商品与重点用户，渗透营销，牵一发而动全身。

二八法则在营销环节中，主要体现为两个方面，一是重点产品，二是重点客户。即企业80%的销售是由20%的重点商品完成的；企业80%的销量是由20%的核心客户完成的。无论是厂家还是商家，都要明白这个道理。比如，我们的冰箱产品线规划，几十款冰箱产品，产品线很长、很丰富，虽然丰富的产品线是为了满足不同区域、不同消费者的需求，但是经过每个月的销售结构统计你会发现，一定是有20%的产品占到总体销量的80%。而我们的客户也是一样，展台上摆放20多款冰箱产品，其实每个月主要销售的也就是那么几款。

明白“二八法则”在营销中的应用原理至关重要，作为经销商来讲，要根据自己区域的特点，找准核心产品进行主推；作为厂家和代理商来讲，一定要将自己的客户进行A、B、C分类，认清哪些是完成80%销售任务的核心客户，然后对核心客户进行重点的支持和关注。

遵循“二八法则”的企业在经营和管理中往往能抓住关键的少数顾客，精确定位，加强服务，达到事半功倍的效果。美国的普尔斯马特会员店始终坚持会员制，就是基于这一经营理念。许多世界著名的大公司也非常注重二八法则。比如，通用电气公司永远把奖励放在第一，它的薪金和奖励制度使员工们工作得更快、也更出色，但只奖励那些完成了高难度工作指标的员工。摩托罗拉公司认为，在100名员工中，前面25名表现是好的，后面25名表现差一些，应该做好两头人的工作。对于后25人，要给他们提供发展的机会；对于表现好的，要设法保持他们的激情。

“二八法则”反映了一种不平衡性，但它却在社会、经济及生活中无处不在。只要细心观察，你就会发现：

——20%的罪犯的罪行占所有犯罪行为的80%；

——20%的汽车狂人，引起80%的交通事故；

——世界上大约80%的资源，是由世界上15%的人口所消耗；

——世界财富的80%，为25%的人所拥有；

——80%的能源浪费在燃烧上，只有其中的20%可以应用到车辆中，而这20%的投入，却回报以100%的产出；

——在一个国家的医疗体系中，20%的人口与20%的疾病，会消耗80%的医疗资源。

还有很多其他情况也会出现“二八法则”。例如：你的电脑80%的故障是由20%的原因造成的；你一生使用的80%的文句是用字典里20%的字组成的；而在考试中，20%的知识能为你带来80%的分数；同样的道理，你20%的朋友，占据了你80%的与朋友相处的时间……

女性会成为消费的主力军吗——“她经济”

清华大学三位博士和三位硕士建立了时代蔚蓝网站，最初想发展成为专业的学术图书网站，但是“卖书太不挣钱了”，在两轮风险投资介入之后，时代蔚蓝的发展思路逐渐有了转变。

“我们开始面向女大学生卖化妆品。”时代蔚蓝CEO高强说，“这个转变给网站带来了意想不到的收获，女大学生的消费潜力远远超过我们的想象。而且网站一旦被女性客户认可，传播的速度惊人。”

数据显示，我国每年在校女大学生化妆品消费额有20亿元。“女大学生的消费潜力很大，除化妆品、饰品、服装

外，女生还不断为男朋友买东西，市场太大了，而且前景相当光明。”高强形容，网站改卖化妆品后，利润就“走上了好的方向”。

有位女大学生发帖子，把自己购买的彩妆罗列出来，结果让人瞠目结舌，仅眼影一类就有100多盒。女性爱美，不管有没有消费能力，为了美丽不计成本。女性认为购买护肤品、化妆品、服装、饰品可以变美丽，有了这种心理之后，女性的消费能力是不可想象的。统计显示，目前我国女性每年化妆品消费额达80亿元，加上服装、珠宝、饰品、汽车等，市场很大。“她经济”正受到越来越多人的关注。“她经济”是教育部2007年8月公布的171个汉语新词之一。“她经济”就是“女性经济”，随着女性经济和社会地位提高，围绕着女性理财、消费而形成了特有的经济圈和经济现象。由于女性对消费的推崇，推动经济的效果很明显，所以称之为“她经济”。

其实，“她经济”早已引起了经济学家的注意。据调查，中国4.8亿的女性消费者中，有21%是单身女子，这一消费群体正在迅速成为都市经济中的新亮点。她们大多年龄在20～35岁之间，大多受过高等教育，有一份不错的工作，薪水足够让自己不时地挥霍一下，不会为了经济压力而随便结婚。“她们更有花钱的激情和冲动，并且成为拉动时尚消费的绝对主力。”

“她经济”正扑面而来！据国内市场研究机构CTR的调查数据显示，大约每3位企业中高层管理者中就有1位是女性，每4位女性当中就有1位具有大专以上学历，每10位女性当中，就有1位个人月收入在5000元以上。随着女性的社会地位、文化素质和消费能力的不断提高，女性群体已经成为中国市场上不可忽视的“她力量”。现代女性拥有了更多的收入和更多的机会，她们崇尚“工作是为了更好地享受生活”，喜爱疯狂购物，以信用卡还贷，成为消费的重要群体。

据统计，近八成已婚女性掌握着家庭的“财务大权”。此外，女性是时尚最坚定的追随者，她们的消费额是男性的7倍，正逐渐成为消费市场的绝对主流。女人在经济生活中占有举足轻重的地位，她们在市场中撑起的何止是半边天？

“她经济”时代，女性拥有更多的收入和更多的机会，展现出更旺盛的消费需求和更强的消费能力。由于社会地位和经济地位的提高，女性的自我关爱程度也不断提高，以女性消费为核心的消费趋势的转变，使越来越多的商家开始从女性的视角来确定自己的消费群。一些经济专家认为，女性经济独立与自主、旺盛的消费需求与消费能力意味着一个新的经济增长点正在形成。

随着经济的发展，女性的消费方式已从满足温饱向提升和体现生活品质转变。消费范畴也从原有的食品、首饰、化妆品等扩展到了汽车、旅游、商品房、奢侈品等多个领域。女性作为绝对的主力消费群体，对于企业来讲，深藏商机。

有人说：“女人是这个经济大开放社会的中心动力，是花蕊，如果没有‘她’，经济只是一堆残枝败叶。”为此，越来越多的商家瞄上了“女性”这一强有力的目标市场。服饰、美容、保健、书刊、学堂……贴着“女性”标签的消费产品及服务越来越多，让人看得眼花缭乱。

时下，各地女子医院犹如雨后春笋般冒出来，以“女子医院”为概念的新型医疗机构“忽如一夜春风来，女子医院遍地开”。对女人而言，治病不能仅仅靠各种药物和医学仪器对身体进行治疗，要认识到女性尊严、心理因素、家庭和社会等因素，对治疗疾病和女性健康美丽具有重要的影响。“女子医院”充分考虑到女性患者的特殊感受，除了一些诊疗服务由女医生进行外，还为会员建立个人私密档案、提供VIP专用诊室和私人医生等服务，以便更好地保护女性的隐私和维护女性的尊严。

再比如女子银行，主要的服务和产品更适合女性的理财要求。女子银行有很多增值服务是特别针对女性的。女子银行与美容、购物、健身、家居、珠宝首饰等专业服务机构联手推出了专门针对女性审美、艺术和消费习惯的增值服务，包括为女性客户提供生活、服饰、仪容、艺术等建议和社交活动。

直到几年前，当瑜伽馆出现后，一种伴随瑜伽这种健身方式而来的“修身养性”理念，逐渐被一些女性认可，同时她们很快接受了这种可以“内外兼修”的健身方式。这时，有商家觉得，女性的需求，是需要开发的。女子美容院、女人保健品、专为女性量身定制的图书、女子学堂……如今，贴着“女性”标签的消费产品越来越多，“她经济”大有“星星之火可以燎原”之势。

“她经济”这个说法非常贴切，在一个越来越讲究市场细分的时代，商家必然会更加重视女性这个消费群体，必然会花更多心思研制并开发适合女性的新产品、新服务。今天的女性，在经济上更加独立和自主，她们旺盛的消费需求和消费能力，势必会孕育出一个又一个新的企业创收点。

“红海”竞争中寻找新的出路——蓝海战略

经济学认为，现存的市场由两种海洋所组成，即红海和蓝海。红海代表现今存在的所有产业，也就是我们已知的市场空间；蓝海则代表现在还不存在的产业，这就是未知的市场空间。所谓蓝海战略，就是企业突破红海的残酷竞争，不把主要精力放在打败竞争对手上，而主要放在全力为买方与企业自身创造价值飞跃上，并由此开创新的市场空间，开创属于自己的一片蓝海。

“红海”是竞争极端激烈的市场，但“蓝海”也不是一个没有竞争的领域，而是一个通过差异化手段得到的崭新市场领域，在这里，企业凭借其创新能力获得更快的增长和更高的利润。蓝海战略要求企业突破传统的血腥竞争所形成的“红海”，拓展新的非竞争性市场空间。与已有的，通常呈收缩趋势的竞争市场需求不同，蓝海战略考虑的是如何创造需求，突破竞争。蓝海的目标是在当前的已知市场空间的红海竞争之外，构筑系统性、可操作的蓝海战略，并加以执行。只有这样，企业才能以明智和负责的方式拓展蓝海领域，同时实现机会的最大化和风险的最小化。

蓝海战略其实就是企业超越传统产业竞争、开创全新的市场的企业战略。如今这个新的经济理念，正得到全球工商企业界的关注。

有人这样理解，我没涉及过的领域就是蓝海；我的产品进入过去没进入的渠道就是蓝海；我用的营销策略过去没用过就是蓝海。这些都是不正确的。一位营销人士给一个功能性食品设计了一套营销方案，要把这个产品开发成功能饮料，原因是保健品的竞争太激烈，把它开发成饮料是基于蓝海的思想。开辟新途径，但意料之外的是保健品的红海也避开了，产品又进入了快速消费品的纷争，这就反映出了问题：如果蓝海与红海只相对于自身的话，根本就没有突出新意，你的蓝海可能早已是别人的红海，实际上无非是从一个红海跳到另一个红海，从一场战争进入到另一场战争。

那么什么才是蓝海战略呢？它提出了六项原则：

（1）重建市场边界。①跨越其他产业看市场：一家企业不只与自身产业对手竞争。如日本电信运营商NTT DoCoMo于1999年推出i-mode手机一键上网，将只使用语音服务的顾客变为使用语音和数据服务（音乐、图片、资讯）的顾客。②跨越产业内不同的战略集团看市场：突破狭窄视野，搞清楚什么因素决定顾客选择，例如高档和低档消费品的选择。如曲线美健身俱乐部专为女性服务，剔除奢华设施，小型化社区布点，会员依次使用一组器械，每周三次，每次半小时完成，每月只需30美元。③重新界定产业的买方群体：买方是由购买者、使用者和施加影响者共同组成的买方链条。如诺和诺德公司是一家胰岛素厂商，将胰岛素和注射笔整合创造出NovoLet注射装置，便于病人随身携带使用。④跨越互补性产品和服务看市场：互补性产品或服务蕴含着未经挖掘的需求，简单方法是分析顾客在使用产品之前、之中、之后都有哪些需要。如北客公司发现市政府并非关注公交车本身价格而是维护费用，通过使用玻璃纤维车身，提高车价却降低维护成本，创造了与市政府的双赢。⑤跨越针对卖方的产业功能与情感导向：市场调查反馈的往往是产业教育的结果，如快美发屋针对男性，取消按摩、饮料等情感元素，以“气洗”替代“水洗”，专注剪发，使理发时间缩减到10分钟，费用从3000降到1000日元。⑥跨越时间参与塑造外部潮流：从商业角度洞悉技术与政策潮流，如何改变顾客获取的价值，如何影响商业模式。如苹果公司通过iPod和iTunes提供正版音乐下载服务，提高海量音乐库、高音质、单曲下载及低费用（0.99美元/首）。

（2）注重全局而非数字。一个企业应该具备自身的长远目光，伟大的战略洞察力是走入基层、挑战竞争边界的必要条件。蓝海战略建议绘制战略布局图将一家企业在市场中现有战略定位以视觉形式表现出来，开启企业组织各类人员的创造性，把视线引向蓝海。

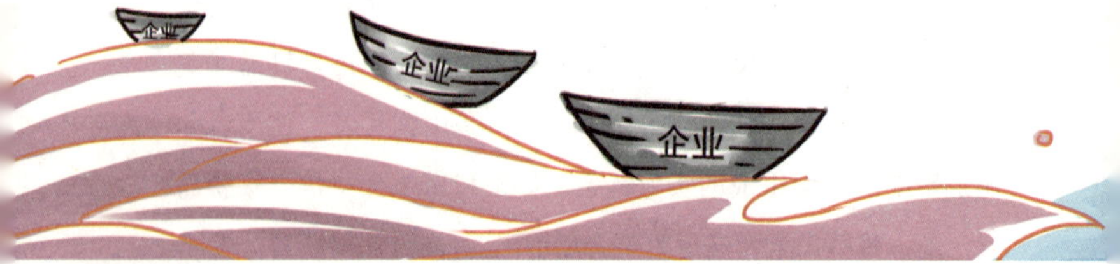

（3）超越现有需求。通常，企业为增加自己的市场份额努力保留和拓展现有顾客，常常导致更精微的市场细分，然而，为使蓝海规模最大化，企业需要反其道而行，不应只把视线集中于顾客，还需要关注非顾客。不要一味通过个性化和细分市场来满足顾客差异，应寻找买方共同点，将非顾客置于顾客之前，将共同点置于差异点之前，将合并细分市场置于多层次细分市场之前。

（4）遵循合理的战略顺序。遵循合理的战略顺序，建立强劲的商业模式，确保将蓝海创意变为战略执行，从而获得蓝海利润。合理的战略顺序可以按买方效用、价格、成本、接受分为四步骤。

（5）克服关键组织障碍。企业经理们证明执行蓝海战略的挑战是严峻的，他们面对四重障碍：一是认知障碍，容易沉迷于现状的心态；二是有限的资源，执行战略需要大量资源；三是动

力障碍，缺乏有干劲的员工；四是组织政治障碍，来自强大既得利益者的反对，“在公司中还没有站起来就被人撂倒了”。

（6）将战略执行建成战略的一部分。执行蓝海战略，企业最终需要求助于最根本的行动基础，即组织基层员工的态度和行为，必须创造一种充满信任和忠诚的文化来鼓舞人们认同战略。当人们被要求走出习惯范围改变工作方式时，恐慌情绪便会增长，他们会猜测这种变化背后真正的理由是什么。

实际上，创造蓝海战略并非那么轻而易举。要创造一种趋势很难，要打造一个行业也很难。这在化妆品和保健品领域就能够看得到，20年前化妆品和保健品的市场规模和消费份额都是很弱小的，即使是现在，中国的很多边远地区的人们还不清楚洗面奶是什么东西，更不要说花钱去买所谓的保健品了。

消费者认可化妆品、保健品也有一个漫长的过程，对此宝洁公司和众多的保健品厂商付出了巨大的财力和时间上的忍耐。消费者从陌生到认可这种变化是不可能凭空生成的，需要时间的考验和失败经验的积累。

对于企业而言，蓝海战略提供了崭新的理念，只不过在运用蓝海战略时，还是需要多一点谨慎为好。

为何商家也扎堆——集聚效应

麦当劳和肯德基是世界餐饮行业中的两大巨头，分别在快餐业中占据第一和第二的位置。其中，麦当劳有30000多家门店，肯德基有11000多家分店。原本是针锋相对的对手，但是在经营上却有异曲同工之处。例如，经常光顾麦当劳或肯德基的人们不难发现这样一种现象，麦当劳与肯德基这两家店一般在同一条街上选址，或在相隔不到100米的对面，或同街相邻门面。若按常理，这样的竞争会造成更剧烈的市场争夺，以至于各个商家利润下降，但为什么两家偏偏还要凑作一堆？

事实上，平常人往往想象不到的是，不仅消费者愿意扎堆凑热闹，商家也愿意扎堆。至于扎堆的原因，就在于有“集聚效应”。集聚效应是指各种产业和经济活动在空间上集中产生的经济效果以及吸引经济活动向一定地区靠近的向心力。

集聚效应是一种常见的经济现象，如产业的集聚效应，最典型的例子当数美国硅谷，聚集了几十家全球IT巨头和数不清的中小型高科技公司。国内的例子也不少见，在浙江，诸如小家电、制鞋、制衣、制扣、打火机等行业都各自聚集在特定的地区，形成一种地区集中化的制造业布局。类似的效应也出现在其他领域，北京、上海这样的大城市就具有多种集聚效应，包括经济、文化、人才、交通乃至政治等。

产业集聚包括如下几个因素：首先，必须是与某一产业领域相关的。一般来说，产业集群内的企业和其他机构往往都与某一产业领域相关，这是集聚效应的形成基础。其次，产业集聚的企业及其他机构具有密切联系。产业集群内的企业及相关机构不是孤立存在的，而是整个联系网络中的一个节点。最后，产业集群是一个复杂的有机整体。产业集群内部不仅包括企业，而且还包括相关的协会、银行、中介结构等，这是产业集群的实体构成。

产业集聚是创新因素的集聚和竞争动力的放大。麦克尔·波特认为，产业在地理上的集聚，能够对产业的竞争优势产生广泛而积极的影响。从世界市场的竞争来看，那些具有国际竞争优势的产品，其产业内的企业往往是群居在一起而不是分居的。集聚为什么有助于产生竞争优势？

（1）产业集聚对提高生产率的影响。同一个产业的企业在地理上的集中，能够使得厂商更有效率地得到供应商的服务，能够物色并招聘到符合自己要求的员工，能够及时得到本行业竞争所需要的信息，能够比较容易地获得配套的产品和服务。这些都使群聚区内的企业能以更高的生产率来生产产品或提供服务，有利于获得相对于群聚区域以外的企业更多的竞争优势。

许多同行业的企业集聚一起，为各种投入品的供应商提供了稳定的市场，群聚区内大量的专业化的供应商存在，为一个产业所需要的各种投入品的供应带来了便利。此外，从本地取得投入品的交易成本低，且存货数量还可大为降低。相互毗邻，供应商定价过高或违约的风险也会相应降低。地域上的接

集聚效应

近还能促进彼此交流，并使得供应商能够提供附件以及安装、排除故障等服务。而随着企业分工的深化和技术上的专门化，企业招聘到适用的员工的成本也在上升。集聚意味着更多的机会和较低的流动风险，带来人才的集聚。企业为此所付出的搜寻成本和交易成本都大为降低。产业集聚区域不仅集聚了供应商，而且集聚了客商，或者说，一个集聚区本身就是这个产业的一个规模很大的市场。

由于同一产业的企业在地域上的集中，有关市场的、技术的以及其他与竞争有关的各种信息在区域内大量积累和迅速传递，这对于企业的竞争来说是十分重要的。在美国硅谷，集聚着大量的半导体电路、数字技术等新技术公司，跨国公司纷纷在这里设立分支机构，甚至将公司总部移到这里来，一个很重要的因素就是在硅谷能够得到本行业最新的与竞争有关的各种信息。企业的集中，使得一个行业获得配套产业的支持以及配套产品更为便利。

企业的地理集中，能够获得政府及其他公共机构的投资，可以在基础设施等公共物品上降低成本。除了政府投资之外，与群聚区同时产生的一些中介服务性的机构、行会组织、教育培训机构、检验认证机构，也对企业的生产率带来积极的作用。

（2）集聚对创新的影响。由于集中的顾客群降低了设立新企业的投资风险，投资者容易发现市场机会。在产业集聚的地方工作，企业能更容易地发现产品或服务的缺口，从而受到启发建立新的企业。再加上产业集聚区域的进入障碍低于其他地区，所需要的设备、技术、投入品以及员工都能在区域内解决，因而开办新的企业要比其他地区容易得多。企业所需要的客户、市场信息，可能在其成立之前就已经具有了。

集聚对创新的贡献还在于同行业之间的非正式交流。这种非正式交流不是通过契约的形式来实现的。例如，不同公司员工之间面对面的接触、工作之余的聊天等，使得不同的思想不断在交流中相互碰撞产生新的火花。

（3）集聚对竞争的影响。竞争是企业获得竞争优势的重要来源。集聚带来了竞争，加剧了同行业企业间的竞争。竞争不仅仅表现在对市场的争夺，还表现在其他方面。同居一地，同行业相互比较有了业绩评价的标尺，也为企业带来了竞争的压力。绩效好的企业能够从中获得成功的荣誉，而绩效差的企业会因此感受到压力。不断的比较产生了不断的激励。同行业企业的聚集，导致剧烈的竞争，竞争对手的存在是有积极意义的。

竞争的结果不是一种零和博弈而是一种正和博弈，竞争者为了不断地从对手那里得到信息和激励，不断地改进管理，以更加有效的方式组织生产，不断地发现新的市场机会。竞争的结果是，产业群聚区内的企业比起那些散落在各个地方的企业，更具有竞争优势，更容易通过竞争进入这一行业的前沿地带。

专注于自己的核心业务——外包

在21世纪初期，世界已进入了知识经济时代。工作时代流水线所体现出的企业分工协作已经扩展到企业、行业之间，那种传统的纵向一体化和自给自足的组织模式可以说不灵了。将公司部分业务或机能委托给外部公司正成为一种重要的商业组织方式和竞争手段。这就是外包。

现在好多家庭，尤其是双职工家庭，由于工作繁忙，时间紧迫，就请钟点工来照顾孩子、清洁家庭、整理庭院。这种把核心业务（工作）自己做，而把其他业务（照顾孩子、家庭清洁等事情）包给别人的方式，其实也是一种外包。如今对钟点工的需求量大幅上升，说明现在人们更有经济头脑，请钟点工减轻自己的日常家务负担，就可以集中精力工作，赚更多的钱。

实际上，外包的方式在企业中应用最为广泛。外包业是新近兴起的一个行业，它给企业带来了新的活力。外包将企业解放出来以更专注于核心业务。外包合作伙伴为企业带来知识，增加后备管理时间。在执行者专注于其特长业务时，为其改善产品的整体质量提供了更大的空间。外包协会曾经进行的一项研究显示：外包协议使企事业节省9％的成本，而能力与质量则上升了15％。

今天，全球竞争中的成功者已经学会把精力集中在经过仔细挑选的少数核心本领上，也就是集中在那些使他们真正区别于竞争对手的技能与知识上。通过业务外包，即把一些重要但非核心的业务或职能交给外面的企业去做，这样能大量节省成本，有利于高效管理。

外包使一些新的经营业务得以实现。一些小公司和刚起步的公司可因外包大量运营职能而获得全球性的飞速增长。

一方面，有效的外包行为增强了企业的竞争力。例如，一个生产企业，如果为了原材料及产品运输而组织一个车队，在两个方面其成本会大大增加：管理成本增加，因为它在运输领域不具备管理经验；因管理不善，运输环节严重影响生产和销售环节的工作，从而导致生产和销售环节的成本增加。如果把运输业务外包给专业的运输企业，则可以大幅度降低上述成本。

另一方面，企业也因市场竞争的激烈面临巨大的挑战，市场竞争的加剧，使专注于自己的核心业务成了企业最重要的生存法则之一。因此，外包以其有效降低成本、增强企业的核心竞争力等特性成了越来越多企业采取的一项重要的商业措施。例如，经济不景气时，企业会裁掉一些非核心业务的部门，这往往是不得已而为之，负面影响很大，不利于如团队的稳定、增加额外支出等，但如果一开始这些非核心业务就是外包给专业的组织去做，那么损失一定会减少到最小。

现在，很多企业的人力资源也实行外包的形式。如果某一天，当你发现经常从楼下的星巴克帮你带杯咖啡的同事每月并不在公司领薪水，而是通过一家外部机构得到工资和报销费用，你不用吃惊。这是新型的人力资源外包。你会发现，你身边拥有“双重身份”的同事越来越多：他既是为公司工作的职员，又是某家人才派遣公司的合同工。

这也许是最新的“三角关系”了：人才派遣机构与企业建立服务与被服务的民事关系，与被派遣雇员建立劳动关系，而企业与雇员之间则只是一种劳务关系。当企业有相关的人力需求时，派遣服务商会为它招募、筛选并确定合适的雇员，签订劳动合同之后，派遣到企业工作，其间的社保福利、工资计发、档案管理、员工关系、用工风险全部由派遣机构承担，一旦合同到期，雇员便成为“自由人”，结束聘用，等待下一次派遣。这种人力资源外包模式越来越多地为企业所接受。

但是，在实际应用中，有些企业或人对外包产生了错误的认识。他们认为“把不懂的业务全部包出去已经成为企业管理新思潮”。这是一个非常普遍又危险的误区。

企业把部分业务外包出去，可以获得的好处有很多。一方面可以降低成本，另一方面可以专注于自身核心能力的发展。但绝对不是把“租户不懂的业务”花点钱一包了之。企业层面的业务外包并不是生活中普遍意义的接受服务。一提到服务，很多人有这样的感觉：所有的事情都由服务商来搞定，自己只用生产就行了，比如修理家用电器、到医院看病等，自己

不懂，花钱让专业的人搞定。但是，对于企业，自身对包出去的业务，可以“不专”，但不能“不懂”。如果企业对外包出去的业务“不懂”，很容易就会丧失对业务的监控、管理和对结果的考核能力，最终得到的结果就会与初衷背道而驰。“不懂业务”从另一个层面来说是指不具备和服务供应商的议价能力，如此一来又如何达成降低成本的目的呢？

众多的研究表明，服务发包商与服务供应商之间最为良好的关系，并不是简单的买卖关系，而是一种合作伙伴关系。一旦外包服务合同关系成立，随之就要确立外包项目的管理模式，要建立诸如项目管理的组织结构、职责界定、交流机制和交流渠道等一系列的内容。如果是长期项目，还要有不断总结改进的机制。这一系列的复杂情况决定了简单的买卖关系很难产生成功的服务外包结果。如果企业不懂，又如何在项目开展过程中与服务商进行博弈与合作，进而保证满意结果的达成呢？可见，外包并不是简单地包出去，而要进行复杂的运作，讲究一定的方式方法。

总之，接受外包这种新的经营理念是一种必然趋势，外包服务势在必行。企业可以充分利用外包，甩掉不必要的包袱，抓住核心，从而得到又好又快的发展。

PART

03

企业管理

优秀的管理就是生产力——企业管理

企业为实现经营目标，依照现代管理的原则、程序和方法，对生产经营活动进行计划、组织和控制的过程就是企业管理。只有依靠优秀的管理水平，才可能使企业的运转效率达到最优。

时至今日，现代企业的发展日新月异。在企业内部，它们有着精细的分工和紧密的协作，普遍利用了先进技术，如一条大型汽车流水线需要成百上千名工人有条不紊地工作；在企业外部，则是复杂多变的竞争环境，如新产品、价格战……层出不穷。所有这一切，都需要企业具有很高的管理水平。

如今，我国的企业正面临着国际市场的竞争，尤其需要先进的管理水平作为保证，以便及时调整生产经营方式，适应外部环境变化，在激烈的市场竞争中获胜。了解外国企业的管理风格，并和自己进行对比，是很有益处，也很有必要的。需要指出的是，一个国家的企业管理特色，往往与这个国家的民族文化密不可分。我们以美国、德国、日本为例加以说明。

美国企业管理特色：个人激励+实用

“世界上最重要的工业生产国”和“多样性的移民国家”，这就是美国的两大特点。美国社会崇尚个人奋斗，与之相应，企业里面也是注重个人主义。强烈的个人奋斗精神与管理创新结合起来，促成了美国企业的管理模式：“激励”+“实用性绩效”。

在美国人的心目中，在市场当中白手起家的人也是英雄。汽车大王福特、石油界的洛克菲勒、微软的盖茨……都有着浓烈的美国式个人主义。由此，美国的企业管理注重实用和务实，任何一项技术或者措施能否被企业采纳，关键即看其是否具备“实用”和“效用”。所以，美国人在家里就可以上班，原因就在于只要能够完成职责，企业就不会特别在意形式。当然，这种看似“松散”的个人主义管理，对员工其实也是一种很好的激励，因为它为美国式的个人奋斗、个人创新提供了很大的空间，而最终的绩效考核就是看其实用性如何。

德国企业管理特色：核心技术+严谨质量

德国民族稳重诚实，事无巨细都体现出“认真”二字。毛泽东说过，“世界上怕就怕‘认真’二字”，而德国人的认真已经深入骨髓。这种性格同样体现到企业管理上来，德国企业的职员工作非常严谨，产品质量完全可信。

强烈的质量意识早已成为德国企业文化的核心内容。西门子公司的经营理念是“两个胜利”，即“以新取胜”和“以质取胜”，千方百计提高员工的质量意识。在中国各地设立的西

门子分公司，每年会选择一批人去德国，在公司自己的培训学校深造两年，结业后颁发证书，获“德国技师”称号，而其高昂的费用全由公司支付。当然，附加条件也是有的，那就是受培训者必须为本公司服务8年才可离开。德国企业的技术研发也有其独到之处，体现在“集中优势兵力”，他们在有限领域深入研究，从而具有非凡的独创性。

日本企业管理特色：团队+培训

日本岛狭人多，资源匮乏，曾被认为“除了阳光和水，什么都没有”。然而这也培养了日本人强烈的团队意识。日本企业是以整体取胜，企业组织呈现出一种整体默契配合的状态，从而使得整个组织运转的效率达到最高。日本企业实施“全面质量管理”，“人人都是主人翁”，每个员工都参与到所有工作环节的改进和提高中来。与美国人相反，日本企业非常讲究整体，不突出个人作用。“为大家舍小家，为整体舍个体”，这是日本社会的价值观，也是日本企业最核心的企业文化。

日本企业也很重视员工培训。一般在面试时，并不看重个人的具体技能，而是强调基本素质。员工在进入企业后，只要表现得到肯定，一般都会有接受培训的机会，而且，当有一个新的工作岗位或者提拔机会的时候，公司会尽量使用接受过培训的员工。

与上述国家相比，我国的企业管理呈现出什么样的特色呢？这仍然要结合我国的传统文化加以说明。

我国的历史文化博大精深，是取之不尽、用之不竭的宝贵资源。在我国的传统哲学中，儒家思想对世人的影响最为深刻。与之相应，我国企业一向崇尚中庸、和谐，关注企业中人、事之间的互动联系，以和为贵，注重职工、股东、顾客以及社会大众之间的关系融洽。在我国的企业里，处理好人际关系是一项非常重要的内容，像那种具有很强的能力，但却会带来冲突的员工，在企业组织里往往难以得到重用，有干劲却缺乏冷静的人往往也如此。与西方企业相比，我国企业更热衷于追求平衡，强调不偏不倚，而西方则一贯追求自我，强调个人价值的实现；我国企业在管理上更侧重于“感性、亲情”，而西方企业更侧重于“理性、规则”；我国的企业多讲“人际”，而西方企业更多侧重于“工作”。

那么，我国企业在借鉴外国企业管理经验的时候，应该注意什么事项呢？首要之处，就是在学习国外的先进经验的同时，一定要结合本民族、本企业的文化特征，从而形成自己的管理特色。外国特别是发达国家的先进管理方法，有的可以直接为我们所用，这有利于我们节省成本，少走弯路。同时也要看到，各个国家的企业管理是具有其民族特色的，如果生搬硬套美国或日本等国的管理经验，就有可能在企业组织中造成冲突和混乱。我国企业一定要在吸取优秀企业管理优点的基础上，结合企业的实际情况，兼容并蓄，建立起独具特色的、具有竞争力的管理模式。

怎样才能激发企业发展的活力——效率与产权明晰

在中世纪的英国，草地是所有村民共同拥有的，每个人都有同样的使用权。每个人都尽量多地在草地上放羊，放的羊越多，自己的收入越多。但没有一个人想对土地进行维护，因为自己花费时间与资金维护草地，好处由所有人享受，自己无法独自占有。放牧的羊太多，又没有人维护，草地最终荒芜了。

打破这种现象的是“圈地运动”。16世纪以后，英国的工商业迅速发展，对羊毛的需求急剧增加，价格上涨。但这种公有地制度的存在限制了养羊业的发展，于是一些有权的新兴资产阶级贵族用暴力把公有土地变成自己私人的土地。“圈地运动”导致许多农民流离失所，被称为“羊吃人的运动”。但私有产权的建立迅速提高了牧场的效率，使英国成为世界上第一个工业化国家。产权的变革成为英国市场经济的起点。

为什么把原来的公有牧场变为私人牧场就提高了效率，成为市场经济的起点呢？这是因为产权是排他地占有、使用某种资产并取得收益的权利。一个完整的产权应该包括四种权利。占有权，即排他地拥有某种产权。这就表明产权的所有者是明确的主体（自然人或法人），它对财产的占有是排他性的。使用权，即可以在法律允许的范围之内使用属于他的资产。这就表明产权的所有者可以独立地作出使用资产的决策，决定自己的资源配置。转让权，即可以自由地买卖资产的权利。转让资产也是使用资产的一种形式，因此也可以把转让权作为使用权的延伸。受益权，即有权获得占有与使用资产带来的利益。受益权是双重的，既要享受正确使用资产带来的利益，也要承担错误使用资产带来的损失。

这四种权利统一在一个所有者身上，即某种财产有一个明确的所有者，就称为产权明晰。这个所有者应该是具体的自然人，而不能是一个抽象的整体。英国中世纪的公有地就属于产权不明晰。整个村子的所有人都是共同的所有者，占有权不具有排他性。使用权和转让权也属于所有人，由于达成一致意见的谈判成本太高，改变为更有效的用处或转让都无法实现，每个人都有从草地获得收入的权利，但没有人对草地负责任。这就是在产权不明晰时没有效率的原因。

产权明晰为什么有效率呢？我们把产权作为效率的基础就在于，产权明晰解决了有效使用资源的两个关键问题。

一是实现了使用财产的权、责、利一致。所有者有权决定财产的使用（权），获得并享受这种使用而得到的利益（利），同时就承担了使用不当的损失的责任（责）。当这三种权利集中于所有者一人时，他的利益与财产的使用密切相关，这就激励他把财产用于最有效的用途，并努力实现财产给他带来的利益，避免使用失误带来的损失。换言之，人趋利避

圈地运动

害的本性引导他把财产用于最有效的用途。

二是保证了财产在转让中流动到最有效地使用它的人手中。财产是在使用和流动中增值的。假设，有人有一家饭店，每年可盈利100万元，按现值法评估，假设利率为10%，则该饭店价值为1000万元。如果另一个人认为，自己经营可以使这家饭店每年盈利200万元，该饭店的价值就达到2000万元。如果这两个人经过谈判自愿按1500万元的价格进行转让，饭店由第二个人所有并经营，就由1000万元增值为2000万元。那么，这家饭店的使用更有效率了。这种自愿的交易是双赢的，对第一个人来说，价值1000万元的饭店卖了1500万元，获利500万元，对第二个人来说，价值2000万元的饭店只用了1500万元就买到了，获利500万元。双方的利就来自饭店更有效使用的增值。产权中的转让权及各人使用财产的效率不同引起财产流动，流动的最后结果是财产被使用效率最高的人所拥有。

圈地运动使牧场有了明确的所有者，他对草地的权责利一致，同时也可以卖给更有效率的人，草地的使用效率就提高了。这正说明了产权明晰是市场化的中心问题。

无论对于一个社会，还是一个企业，产权明晰都是效率的基础。我们判断一种产权，不是从伦理的角度，说它“好”还是“不好”，而是从效率的角度说它“有效率”还是“无效率”。产权是实现效率的工具，工具无所谓好坏，只在于能否实现目的。

在产权明晰时，所有者可以作出使用自己所拥有资源的决策（这是他的权利），获得由这种使用资源的决策带来的利益

（这是他的利益），承担这种决策带来的财产损失（这是他的责任）。这三者的统一激励他最有效地使用资源，这就保证了效率。

明晰的产权是有效激励机制和交易的基础，正是在这种意义上，明晰的产权是企业效率的基础。计划经济下的国有企业之所以无效率就是因为产权不明晰。国有企业名义上属于全民所有，实际上没有一个明确的所有者，其真正的所有者与使用者是政府，各级政府官员决定这些资产的使用。使用者的利益与使用的效率没有直接关系——既不能从有效的使用中获得利益，也不用承担无效使用的责任。真正的所有者（全民）无法激励和制约使用者（政府官员），即缺乏一套有效激励机制。同时，企业属于同一个所有者（全民或国家），也不存在提高效率的产权交易。

产权不明晰同样存在于民营企业之中。许多采用家族制的民营企业同样受产权不明晰之苦。民营企业在发展之初采用家族制是有效的，但当它发展到一定程度之后，家族制就成为企业做大做强的障碍。像希望集团这样的民营企业都是在解决产权问题后才走向成功的。发达国家的市场经济是以私人经济为主体的，产权理论正产生于这个经济背景，这说明民营经济同样存在产权明晰的问题。

产权明晰并不是包治企业百病的灵丹妙药，并不是说只要产权明晰就有效率。但实现产权明晰是企业解决各种问题并提高效率的基础。正因为如此，企业家都应该重视产权问题。

分槽喂马的用人策略——人力资源管理

对于企业而言，人才能够适应企业发展，完成企业目标，为企业带来效益。对人才重视与否在很大程度上决定了企业的前途。专家认为，对于企业的发展而言，企业效率、企业文化和管理者的素质固然重要，但相比之下，人力资源管理却显得更为关键。

人力资源管理，是指为了完成管理工作中涉及人事方面的任务所需要的各种技能，它包括：工作分析，制订人力需求计划，人员招募、培训及开发，薪酬管理，福利管理，绩效评估和沟通等。一般说来，人力资源的发展经历了人事管理、人力资源管理以及现在新兴起的人力资本管理。但不论名称有何不同，其关键都在于企业对待职员的理念的变化发展。

调查表明，那些陷入困境甚至破产的企业，多数都在人力资源管理上存在这样或那样的问题和缺陷。它们大体可作如下分类：

（1）人力资源管理滞后于企业发展。有些企业已经上了规模、提了档

次，但人力资源管理的水平还在原地徘徊，甚至停留在“劳资管理”的原始阶段。

（2）激励手段缺乏创新。普遍依赖薪酬作用，而其效力却越来越弱，往往造成员工对于金钱的忠诚大过对于企业的忠诚。

（3）用人机制虽然灵活，却缺乏系统性建设，员工职业发展缺乏规划，对企业的信任度减弱。

“商场如战场”，一个人力资源管理水平低下的企业，可想而知会有怎样的战斗力。一个企业由最初的几个人做起，由小到大，最后发展为拥有几千人的规模。然而，一旦人力资源管理跟不上企业的发展，成为企业管理的短板，企业整体运作效率便随之降低，数千名职员逐渐沦为一盘散沙，偌大的企业在经历辉煌之后很快就轰然倒塌，而员工们“树倒猢狲散”。优秀企业一夜崩塌的例子，在现实当中并不鲜见。

加强人力资源管理，对于企业来说，永远是重中之重。世界著名的运动品牌公司耐克，其上海联络处的人力资源经理曾经直截了当地对人们说，当大部分企业都强调招聘是“招最合适的人”时，耐克的招聘却是“招最优秀的人”，并且要用品牌魅力来吸引住他们。耐克提供的薪酬一般都高于同行业的平均水平，但是耐克更注重为优秀的人才提供优秀的企业文化和工作环境，让他们把有限的精力投入到专做实事、提升自我上来。在耐克，没有太多的留才政策，却自然而然地“锁住”了员工。一直以来，耐克的员工流失率非常低，很多员工在耐克工作长达十几、二十几年之久。耐克的做法与许多企业急功近利，招募人才时追求短期效益，恨不得拿来就能创收的行为形成鲜明对照。

薪酬是企业对员工进行激励的一个重要手段，但是，单纯依赖薪酬，而放弃对人力资源的长远开发，必将造成员工对企业忠诚度的下降。世界500强之一，法国化妆品牌“欧莱雅”就绝不仅仅依靠金钱的激励作用。除了优厚的薪资福利、股权认购、年终分红和利润共享的激励策略外，欧莱雅以灵活机动的晋升机制吸引着全球各地的人才，长久地保持着朝气与活力。对于表现优秀的员工，欧莱雅毫无疑问将优先为其提供职位晋升的机会。欧莱雅有着众多的事业部以及各种产品线，当某个职位出现空缺时，欧莱雅会优先考虑留给公司内部表现突出的人。同时，欧莱雅还为优秀经理人提供赴巴黎总部进行培训的机会。经理人不仅仅是将它看作去学习某项技能，而是上升为一种荣誉。欧莱雅对于人才长久的开发与培养，使得员工对公司有着极高的忠诚度。

那么，对于一个企业来说，又该如何提高人力资源管理的水平呢？这需要从以下几个方面着手：

第一，提高对人力资源管理的认识，促进人力资源管理从劳资管理、人事管理向人力资源管理、人力资本管理转变，这是一个观念的根本变革。

第二，建立人力资源管理体系，促进人力资源战略管理与企业战略管理方向相一致。

第三，建立科学的绩效管理制度，有效管理员工绩效，促进企业目标的实现。

第四，对员工职业发展进行统一规划，建立培训体系。

随着经济的不断高速发展，经营者已经越来越明确这样一种观点：在一切资源中，人力资源是现代管理的核心。在今天，企业要想求得长远发展，就必须采用现代化的科学方法，对人力资源进行有效的协调、控制与管理，充分发挥人的主观能动性，使人尽其才，人事相宜，以达到企业的发展目标。而且从长远看，不断提高人力资源开发与管理的水平，将会更有利于企业的长久发展。

激励员工努力工作的武器——效率工资

汽车大王亨利·福特对企业经营有一套自己的方法。20世纪初的美国，企业最大的问题之一是工人怠工现象严重。尽管有工头在监工，而且处罚严重，一旦发现怠工马上开除。但工人多，工头少，工人怠工的手段千奇百怪，总是防不胜防。这时，福特发明了自动流水装配线。这种新生产工艺，无疑可以大大降低成本，提高效率。但如果工人仍然怠工，自动流水装配线不能正常运行，提高效率也是不可能的事。福特绞尽脑汁想找出一种消除工人怠工的方法。监督是难以奏效的，为什么不换一个角度让工人自己不愿怠工呢？于是福特在1914年宣布，把福特汽车公司工人每天的工资由2.34美元提高到5美元。2.34美元是当时汽车工人的市场工资，即由劳动市场上供求关系自发决定的工资水平。在这种工资水平时，企业可以雇用到自己需要的工人，工人可以找到工作。5美元高于市场工资，称为效率工资，意思是这种高工资能够带来更高的效率。

效率工资如何能带来高效率呢？

首先，这种工资能吸引最好的工人。在实行2.34美元的市场工资时，可以招到所需要的工人数量，但不能保证工人的质量。市场上汽车工人的素质并不一样，对工资的最低要求也不同。职业道德好、技术水平高、身体强壮的工人要求的最低工资要高一些，如每天4美元；职业道德差、技术水平低、身体不强壮的工人要求的最低工资低，如每天2美元。当实行每天2.34美元的工资标准时，素质好的工人不来应聘，来的都是素质差的工人。但在实行每天5美元的工资标准时，素质好与不好的工人都会来应聘。只要用一个简单的测试，就可以把好工人留下。福特公司采用这种效率工资的确吸引了全国各地优秀的汽车工人来应聘。这样，整个工人的素质就大大提高了。

其次，实行效率工资时，工人自动消除了怠工。工人是理性人，是否怠工同样取决于成本与收益。在每天领2.34美元的工资时，尽管怠工被发现有被开除的风险，但开除并不可怕，无非是换一家工厂，再找份同样工资水平的工作而已。开除对工人来说成本几乎为零，工作时休闲的收益大于成本，怠工自然是有市场。在这种情况下，工头再多，处罚再严也是没有作用的。当监督不能成为一种有用的威胁手段时，监督就没用了。但福特公司支付每天5美元的工资时，如果被这家公司开除，在其他企业就找不到工资如此之高的工作，这时怠工被开除的风险成本就增加了，理性的经济人当然就不会怠工，并积极工作以求保住这个金饭碗。

最后，减少了工人的流动性。一般，新进厂的工人需要一些必要的培训，以适应本企业的生产特点。培训是有成本的，工人流动性大，增加了培训成本，尤其是一些熟练工人的离去对企业的损失更大。但市场经济中，工人有自由流动的权利。工人很可能由于各种原因而流动，如家搬到了离企业远的地方，与工头或其他同事关系不和谐，或者仅仅是工资比较低。当实行市场平均工资时，工人的流动性相当大，反正各个企业工资一样多，在哪里工作，收入也没什么差别，工人考虑的是其他因素。但当实行效率工资时，流动会使自己失去获得高工资的机会，流动性就大大降低了。

效率工资使福特公司工人的素质大大提高，工作勤奋而流动性小。在这种条件下，自动流水装配线充分发挥出效率，汽车成本大大下降，使价格下降，从而进入家庭，成为经济中一个主要的行业。

在现代市场经济中，效率工资同样有意义。外企能招到最好的员工，而且效率高，正在于他们支付高于一般工资水平的工资。东南沿海所谓“民工荒”并不是劳动力供给短缺，而是工资太低。我国有3／4以上的农民，越来越多的农民工正进入城市转变为产业工人，在相当长一段时间内劳动力不会短缺。许多企业招不到工人，不是市场上劳动供给少，而是企业支付的工资太低。

不过在运用效率工资时，要注意以下几点：

一是效率工资针对的是普通工人。用监督惩罚的那种方法对待企业的普通劳动者，吃亏的最终是企业自己。给工人高工资其实是双赢的，当年的亨利·福特如此，今天按这个原则来做的任何人都如此。依靠压低工人工资降低成本来进行价格竞争，仅仅是企业刚刚开始起步时不得不采用的方法。如果不通过提高工资、提高工人技术水平和提高效率来发展，企业的低成本之路不会走得长远，因为任何优秀的工人也不会拿着低工资在这个企业一直工作下去。

二是效率工资是相对而言的。如果企业随整个社会工资水平提高而提高工资水平，并不是效率工资。效率工资是相对高于本地区、本行业市场工资的工资水平。要维持这种工资水平必须以工资换效率为前提。

三是效率工资不仅指名义工资水平，还包括其他福利及工作条件。例如，尽管你与本地区、本行业的工资水平一样，但如果给员工的福利更好，工作条件更优越，或者向员工提供培训与学习的机会，都可以作为实现效率工资的方式。要把工资理解为广义的收入和工作条件，不要仅仅理解为货币工资。

实际上，实行效率工资对企业和员工来说是一种合作双赢的博弈：员工获得了更多的收入，从而激发了更高的工作热情，而企业也获得了永续发展的动力。

把企业无限做大——股份制

股份制企业不由一个人所有，而由若干股东共同所有，所以股份制被称为社会所有制，但它完全不同于无主所有、产权不明晰的公有制。无论其股东有多少，其产权是明晰的，有明确的所有者。

股份制的所有者不是一个人，而是有许多人，从而就可以集中无数人的财力把企业无限做大。从法律上来说，股份制企业的所有者（股东）并不承担无限责任，而是承担有限责任，即其责任以其最初所购买的股份为限。例如，一个股份制企业破产了，欠债1000万元，一个在这个企业购买了100股的股东，如果每股100元，共投入1万元，他的损失最多就是这1万元，企业其他的债务与他无关。这就使股东的投资风险是有限的、可控的，为许多互不认识的人合作办大企业，从事风险投资创造了条件。

早在十六七世纪市场经济在欧洲出现时，从事对外贸易这种高风险行业的企业就采取了共担风险、分享利润的股份制形式。当十八九世纪企业规模不断扩大时，股份制又成为大企业首选的形式。今天，股份制已成为市场经济企业最主要的产权形式。股份制之所以能得到如此广泛运用，是因为它具有其他产权形式所没有的优点。

每个股东并不是平等的，股东所拥有的股权界定了其权责利。每个股东有多少股权就有多少权利。这就是说，股份制企业股东大会实行一股一票制。在股东大会上，投票权决定了其权利。与权利相对应，有多少股权也就承担了多少责任。股东通过分红获得利益，分红的多少也由股权多少决定。同时，每个股东对自己的股权拥有完全处置权，可以在市场上自由买卖。股权的自由买卖就是产权的转让。正是在这种转让过程中，股份制企业由经营效率最高的人控制，这就使资源流入使用最有效的人手中。总之，产权明晰带来效率的权责利一致和转让在股份制中完全实现了。

谁都承认股份制是一种最有效的产权形式，但在现实中，许多股份制企业徒有其名而无其实，并没有实现产权带来的效率。那么，股份制如何才有效率呢？

首先，股权应该多元化，一股独大或一股独占并不是真正的股份制。股份制是一种社会所有制，它以出售股票的形式向社会筹资，每个人都可以购买股票，成为共同的所有者之一。股份制企业正是靠许多人的参与，而得以筹集大量资本，共担风险、共享利益，把企业无限做大。购买股票不受个人拥有的资金量限制，钱少少买，钱多多买，钱少钱多都可以成为股东。这就有利于把社会上的资金筹集起来用于投资。股份制企业是开放企业，就是指它向社会每个成员开放，每个人都可以购买股票成为股东。这样，它的股权必然是多元化的。而且股权的多元化也是效率的来源。购买了股票的人有权参加股东大会“用手表决”，也可以在市场上出卖股票“用脚表决”，这就迫使企业经营者为吸引更多人成为股东而提高效率。

其次，股权应该相对集中。股份制企业中的权责利是由股权决定的，如果每个股东的股权都相同，这又会引发合伙制中合伙人之间权利平等的弊病。有许多股权平等的人，其决策肯定困难而难以统一，股东之间的协调费用肯定大于股份制带来的效率。而且在股权分散的情况下，如果每个股东都是小股东，很难作为所有者对企业负责。一方面，小股东对企业决策的发言权几乎微不足道；另一方面，他们的利益也很小，把时间和精力用于自己利益甚小的决策也是非理性的。如果股份制企业的股东都是这种小股东，就很难实现所有者对企业的最终决策权和控制权，起不到所有者应有的作用，成为事实上的无主所有。在这种情况下，企业就会被并非所有者的经营者，即通常所说的“内部人”控制。企业经营者与所有者的利益并不一致。所有者的利益是企业资产的增值及分红最大化，经营者的利益是自己短期收入与权利的最大化。经营者按自己的目标来经营企业会损害所有者的利益，从而损害效率。

为了避免股份制企业的无主所有、内部人控制，使所有者真正实现自己的权利，起到提高效率的作用，在众多股东中必须有相对控股的大股东。这里所强调的控股不是控制51%股权以上的绝对控股，而是相对控股，即相对于许多小股东而言，他的股权相对大，大到多少，取决于股权分散的情况。一般而言，股权越分散，相对控股所需要的股份就越少。在现代市场经济中，许多大公司的股东有几百万，甚至上千万之多。在这种情况下，也许只有5%～6%的股权就可以实现相对控股。相对控股对提高股份制企业的效率至关重要。一方面，相对控股的股东可以作为所有者的代表实现对企业的控制，避免内部人控制，以及由此引发的各种问题；另一方面，只有较少的股份就可以控制一个企业，使股份制企业可以轻而易举地在股权的转让中流到最有效地运用资源的人手中。希望控制一个企业的人可以通过在股市上购买该公司股票而成为相对控股者，这称为接管。接管作为一种压力，还可以迫使原来的相对控股者提高资源使用的效率。股份制企业正是在接管与反接管的斗争中提高了效率。

最后，股份制企业应该实现所有权与经营权分离。股份制企业是大型或特大型企业，其管理和协调比中小企业复杂得多。它要靠一个团队进行科学化、专业化管理。所有者并不一定都具有这种管理和协调能力。因此，实现所有权和经营权分离就成为必然。这种两权分离是所有股份制企业的共同特点，也是高效率的来源之一。

在两权分离的情况下，所有者作出企业的重大决策，体现了所有者的意志，代表了所有者的权利。但所有者并不从事日常的经营管理工作。由一个所有者任命的管理团队，按所有者的决策来进行管理。经营者是职业经理人，有丰富的经营管理专业知识和经验，可以保证企业有效运行。所有权和经营权分离是一种社会分工，所有者出钱，经营者出力，把所有者的金钱和经营者的能力结合在一起，实现了社会资源的最优组合。

可以说，股份制是私有制长期演变的结果，它适应了现代市场经济的需要。如果遵守股份制，股份制将会真正体现效率！

晋商票号的身股制——分享制

《乔家大院》是一部反映晋商的电视剧。晋商中有一个人叫雷履泰，他创办的票号“日升昌”以“汇通天下”而著称于世。“日升昌”年汇兑白银100万～3800万两，历经100余年，累计创收白银1500万两。清朝道光年间，晋商以票号业开始迈向事业的顶峰。从1823年“日升昌”诞生到辛亥革命后票号衰落的近百年期间，票号经手汇兑的银两达十几亿两，其间没有发生过内部人卷款逃跑、贪污等事件。

这种奇迹的发生得益于晋商票号的分享制，晋商票号中员工的待遇相当好。一是实行供给制，所有员工吃住都在票号内，本地员工节假日可回家，外地员工也有不同的假期。在票号内的吃住以及回家旅费都由票号承担。此外是每个员工的收入，包括两方面，一是每年养家用的工资，出徒之后就可享有，一般为70两左右；二是分工，这就是票号中独具特色的身股制。

票号实行股份制，东家所出的资本称为“银股”。拥有银股者是票号的所有者，他们决定大掌柜的任用，并承担经营的全部风险。经营者拥有的是“身股”，这种股不用出钱，当员工工作一定时间后，就可以开始享有。

按身股制，票号的员工可以分到多少钱？据资料记载，在每个账期（4年）内，高者可达到1700两银子，低者也有200～300两银子。如大掌柜有10厘身股，每4年可以分到10000两银子左右。

身股制可以说是创造票号辉煌的动力所在。身股是分红的标准，这种激励机制针对所有员工，其作用是把所有员工的个人利益与企业的整体利益联系在一起，让员工树立一种“企业兴、员工富”的观念，从而为企业的整体兴旺而奋斗。这种分享制不同于平均主义的大锅饭，每个人分红的多少取决于对企业的贡献。职务不同，承担的工作不同，责任不同，贡献也不同，体现了按业绩分配的激励原则。

其实，员工持股又称为员工配股计划，是一种常见的激励方式。其目的就是让员工在观念上改变身份，并通过股份分红或股票增值来分享企业成长所带来的好处。当员工持有股份时，他们的身份就变了。企业的兴衰不仅决定他们的收入，还决定他们手中股票的价值。作为员工时，他们仅仅是作为雇员为企业工作，领取工资，不满意或另有高就可以随时离开，员工对企业的关心度要低得多。当员工成为股东时，企业就是他们的事业。因此，对员工而言，持股是一种有效的激励。

身股制是分享制的一种形式。分享制就是全员参与分红，身股是分红的标准。这种激励机制针对的是所有员工。二战后，日本企业普遍采用了这种分享制。这是日本企业成为世界上效率最高的企业的重要原因之一，也对日本经济振兴做出了贡献。

这种管理模式有很多优点。员工积极性高、责任心强。因为如果增加了用工成本，影响了工作效率，就会影响收入分配。传统的员工分享制度是年终企业给雇员分红，现代分享制度除了分红之外，还包括雇员有权购买企业的股票，拥有企业股权，甚至还有的雇主向雇员提供虚拟的股份，被称之为“幻影股份计划”，其目的是激励雇员创造最佳工作业绩。

当然，员工分享制的成功与否还取决于环境，应该从企业实际出发。

企业发展要与时俱进——现代企业制度

从前有一个鞋匠，带了几个徒弟，专门给人做鞋。平时师徒几个人做的鞋刚好能够满足人们的需求。但也有忙的时候，这时鞋匠就要雇人帮忙，由于雇的人并不会做鞋，因此鞋匠就给这些人分工，让他们有的人专门做鞋底，有的人专门做鞋帮，让徒弟们监督他们并将鞋缝好。由于每个人只从事一道或两道工序，每个人都能游刃有余。紧张的年底过去了，于是雇的这些人也就回去了。后来，随着鞋匠的鞋日渐畅销，鞋匠的制鞋规模日渐扩大，他几乎天天都需要雇用人。而每天去找受雇用的人，很耗费时间和精力。后来他和受雇用的人约定，双方签订长期合同，受雇用的人接受鞋匠的一定的工资，但必须遵照鞋匠的安排按时工作，鞋匠的徒弟们就成为监督他们的工头。于是企业产生了，鞋匠成了老板。上面这个故事形象说明了企业的发展历程。企业实际上是一种由不同的生产要素所有者通过合约联合起来的等级组织，其运作的特征是强制，规则、指令、习俗和监督是组织内权力体系推动系统运转的基本方式。当单个生产者参与到该组织中，组织的权力中心则根据市场信号决定生产什么、生产多少以及如何生产。那么，以企业的方式代替单干的形式，会有什么好处呢？

假定有若干工人在建筑工地上搬砖。当确定了每块砖搬到目的地的单价以及打碎砖的赔偿费，搬砖人就必须考虑到搬砖的成本与收益，因此他们有极大的动力去搬更多的砖。然而，这种单干的形式并不是最有效率的方法。如果有人出钱去买一辆平板车，然后将单干的人组织起来，有人装车，有人推车，有人卸车，搬砖的效率自然会成倍提高。

从搬砖的例子可以看出，通过企业化的专业分工和合作，团队生产总量不等于单个个体产出的简单总和。另外，尽管用车搬砖的团队能提高生产效率，但单单观察多搬的砖头无法确定谁的贡献更大一些。当到手的报酬不能反映各成员的劳动时，干多的人会觉得自己吃了亏，而出工不出力的人也变得有利可图。

因此，我们必须从制度上解决企业内的出工不出力行为，必须通过合理的制度设计达到提高企业生产效率的目的。而解决企业内部问题的根本，在于责权利是否统一。许多传统国有企业效率低下，就在于“大锅饭”的思想在作祟，员工的责权利并不明晰。而建立现代企业制度的重点就在于明确员工的“责权利”，这样才能有效提高企业的生产效率。

从企业制度演变的过程看，现代企业制度是指适应现代社会化大生产和市场经济体制要求的一种企业制度。现代企业制度是指以完善的企业法人制度为基础，以有限责任制度为保证，以公司为主要形式，以产权清晰、权责明确、政企分开、管理科学为条件的新型企业制度，主要包括以下内容：

（1）企业通常实行公司制度，即有限责任公司和股份有限公司制度，按照《公司法》的要求，形成由股东代表大会、董事会、监事会和高级经理人员组成的相互依赖又相互制衡的公司治理结构，并有效运转。

（2）企业以生产经营为主要职能，有明确的盈利目标，各级管理人员和一般员工按经营业绩和劳动贡献获取收益，住房分配、养老、医疗及其他福利事业由市场、社会或政府机构承担。

（3）企业具有合理的组织结构，在生产、供销、财务、研究开发、质量控制、劳动人事等方面形成了行之有效的企业内部管理制度和机制。

（4）企业有着刚性的预算约束和合理的财务结构，可以通过收购、兼并、联合等方式谋求企业的扩展，经营不善难以为继时，可通过破产、被兼并等方式寻求资产和其他生产要素的再配置。

现代企业制度的建立，就是通过产权制度体制，解决产权所有者对公司经营投入热情不足的问题；通过企业治理结构的创新，在所有者、经营者和生产者之间形成相互制衡的机制，调动经营者的积极性；通过分配制度的改革，使员工的劳动贡献与报酬挂钩，解决员工的后顾之忧，为企业发展奉献全部智慧和力量。

在企业治理过程中通过建立法人治理结构，建立与之相适应的决策、激励与约束等基本治理机制，同时全面完善各项管理制度，建立先进的企业文化，达到产权明晰、责权明确和管理科学的基本要求，使企业内部机构间资源和信息等的流动尽可能少地受到各种人为障碍，极大地降低内部控制和监督成本，减少资源浪费。因而，建立现代企业制度是我们实现企业价值最大化的首选战略措施。

第三篇

信息时代需要学点经济知识：二十几岁要懂得的生存竞争经济学

PART

01

信息

我们并不了解真实的世界——信息不完全

孔子被困在陈、蔡之间，只能吃没有米粒的野菜汤度日，七天没吃到粮食，白天也只得睡觉。一天，颜回讨到一点米回来做饭，饭快熟时，孔子看到颜回抓取锅中饭吃。一会儿，饭熟了，颜回拜见孔子并端上饭食。孔子装作不知颜回抓饭之事，说："今天我梦见了先君，把饭食弄干净了去祭先君。"颜回回答说："不行，刚才灰尘落进饭锅里，扔掉沾着灰尘的食物是浪费的，我就抓出来吃了。"孔子叹息着说："所相信的是眼睛，可眼睛看到的还是不可以相信；所依靠的是心，可是心里揣度的还是不足以依靠，看来了解人真的很不容易。"孔圣人尚不易辨识真实的世界，而作为凡夫俗子的我们要洞穿世间万物就显得更不容易了。我们总是愿意选择相信眼前的世界，但是这却并不是最真实的世界，因为我们无法看到所有的信息。

古典经济学有一个重要假设，就是完全信息假设，即假设市场的每一个参与者对商品的所有信息都了如指掌。实际生活中却常常不是这么回事，我们一直生活在一个信息不完全的世界中。

我们知道，“天天平价、始终如一”是沃尔玛驰骋全球零售业沙场的营销策略，也是沃尔玛成功经营的核心法宝。但古往今来商家皆牟三分利！10元钱进货的商品8元钱卖，会不会有这样的事情呢？实际上，商店不可能把所有的商品都如此打折销售。我们能够注意到的是，只有部分商品如此打折，并且是轮流打折。这一次是饮料打折，下一次是衣服打折，还有可能是日用品打折。其他商品的价格和别的超市没有区别，这就是沃尔玛的真实营销状况。去沃尔玛超市，消费者不可能知道究竟有什么商品在打折促销，当他来到沃尔玛，不可能只买自己预期的打折商品，很可能还会买其他商品。

在经济生活中，消费者掌握的商品信息往往是不完全的。以不完全信息为基本出发点，可以使我们对市场经济有更真实的了解。

在生活中，我们也经常能发现信息不完全，并由此导致误解的实例。一个年轻的小伙子带着女友到公园游览。他们在途中的一个凉亭停歇，小伙子看到不远处有卖冷饮的摊点，就问女友要不要雪糕。女友回答说不想要，小伙子就径直去了冷饮摊点。一会儿，他带了雪糕和可乐边吃边走了过来。女友很不高兴，埋怨男友不体贴：“为什么你只买自己的份？”小伙子一脸无辜：“你不是不想吃吗？”女友更不高兴了：“可我没说我不要可

乐。”接下来一路气氛凝重，两人玩得都不开心。

即使是一对恋人之间，也存在信息不完全的情形。可见，信息不完全在经济生活中所具有的普遍性。

实际上，信息不完全不仅是指那种绝对意义上的不完全，即由于认识能力的限制，人们不可能知道在任何时候、任何地方发生的任何情况，而且是指“相对”意义上的不完全，即信息不对称。因此，人们总是尽可能获取自己所要了解的完全信息。

政府只有在掌握完全信息的基础上，才能对事实有全面而真实的把握，以这些信息为根据所作出的决策才具有现实可行性。个人和企业也需要大量地掌握经济信息，才能在市场的变化面前适时地调整自己的策略，以实现利益的最大化。

在获取完全信息的过程中，信息商品为人们所推崇。作为一种有价值的资源，信息不同于普通商品。人们在购买普通商品时，先要了解它的价值，看看值不值得买。但是，购买信息商品无法做到这一点。人们之所以愿意出钱购买信息，是因为还不知道它，一旦知道了它，就没有人会愿意再为此进行支付。这就出现了一个难题：卖者让不让买者在购买之前就充分地了解所出售的信息的价值呢？如果不让，则买者就可能因为不知道究竟值不值得而不去购买它；如果让，则买者又可能因为已经知道了该信息而不去购买它。在这种情况下，要想做成生意，只能依靠买卖双方之间并不十分可靠的相互信赖。

信息是不完全的，这就决定了竞争是不完全的，决策个体之间存在直接的相互作用和影响，私人信息发挥着重要作用。在信息不完全和非对称条件下，完全理性转化为有限理性，即经济个体是自私的，按最大化原则行事，但他通常并不具有作出最优决策所需要的信息。因此，经济个体的能力是有限的，理性也就是有限的。

如今，信息经济学是经济学中兴起的分支，它抛弃了完全信息假设，而以不完全信息假设正视社会和市场，这一假设对我们认识经济世界有重要作用。

劣币为什么会驱逐良币——柠檬市场

阿克洛夫在1970年发表了一篇名为《柠檬市场：质量不确定性和市场机制》的论文，他本人也于2002年获得诺贝尔经济学奖。“柠檬”在美国俚语中表示“次品”或“不中用的东西”，“柠檬市场”是次品市场的意思。当产品的卖方对产品质量比买方掌握更多信息时，柠檬市场会出现，低质量产品会不断驱逐高质量产品。

“劣币驱逐良币”是柠檬市场的一个重要应用，也是经济学中的一个著名定律。金属货币作为主货币有较长的历史。由于直接使用金属做货币有不便之处，历史上人们将金属铸造成便于携带和交易，也便于计算的“钱”。人为铸造的金属货币，有了一个“面值”，或称为名义价值。这一转变，使得铸币内在的某种金属含量（如黄金含量）产生了与面值不同的可能，如面值1克黄金的铸币，实际含量可能并不是1克，人们可以加入一些其他低价值的金属混合铸制，但它仍然作为1克黄金进入交易流通中。

16世纪的英国商业贸易已经很发达了，玛丽女王时代铸制了一些成色不足（即价值不足）的铸币投入流通中。当时在英国很受王室看重的金融家兼商人托马斯·格雷欣发现，当面值相同而实际价值不同的铸币同时进入流通领域时，人们会将足值的货币贮藏起来，或是熔化或是流通到国外，最后回到英国偿付贸易和流通的，则是那些不足值的“劣币”，英国由此受到巨大损失。鉴于此，格雷欣对伊丽莎白一世建议，恢复英国铸币的足够成色，以恢复英国女王的信誉和英国商人的信誉，以免在贸易中受到不足价值铸币的“驱逐”。

这就是劣币驱逐良币效应，产生这种现象的根源在于当事人的信息不对称。因为如果交易双方对货币的成色或者真伪都十分了解，劣币持有者就很难将手中的劣币花出去，或者，即使能够花出去也只能按照劣币的“实际”而非“法定”价值与对方进行交易。

“劣币驱逐良币”的现象在市场上是普遍存在的。在信

息不对称的市场中，因为产品的卖方对产品的质量拥有比买方更多的信息，在极端情况下，市场会止步萎缩和不存在，从而产生柠檬市场效应。柠檬市场效应则是指在信息不对称的情况下，往往好的商品遭受淘汰，而劣等品会逐渐占领市场，从而取代好的商品，导致市场中都是劣等品。本来按常规，降低商品的价格，该商品的需求量就会增加；提高商品的价格，该商品的供给量就会增加。但是，由于信息的不完全性和机会主义行为，有时候，降低商品的价格，消费者也不会作出增加购买的选择，提高价格，生产者也不会增加供给的现象。“二手车市场模型”可以形象地解释这种现象。

假设有一个二手车市场，买车人和卖车人对汽车质量信息的掌握是不对称的。买家只能通过车的外观、介绍和简单的现场试验来验证汽车质量的信息，而这却是很难准确判断车的质量好坏。因此，对于买家来说，在买下二手车之前，并不知道哪辆汽车是高质量的，他只知道市场上汽车的平均质量。当然，买家是知道市场里面的好车至少要卖6万元，坏车最少要卖

2万元。那么，买车的人在不知道车的质量的前提下，愿意出多少钱购买他所选的车呢？所有典型的买家只愿意根据平均质量出价，也就是4万元。但是，那些质量很好的二手车卖主就不愿意了，他们的汽车将会撤出这个二手车市场，市场上只留下质量低的卖家。如此反复，二手车市场上的好车将会越来越少，最终将陷入瓦解。

由传统的市场竞争机制得出来的结论是“优胜劣汰”，可是，在信息不对称的情况下，市场的运行可能是无效率的，并且会得出“劣币驱逐良币”的结论。产品的质量与价格有关，较高的价格诱导出较高的质量，较低的价格导致较低的质量。“劣币驱逐良币”使得市场上出现价格决定质量的现象，因为买者无法掌握产品质量的真实信息，这就出现了低价格导致低质量的现象。明代的刘伯温讲过这样一个故事。四川有三个商人，都在市场上卖药。其中一人专门进优质药材，按照进价确定卖出价，不虚报价格，更不过多地取得盈利。另外一人进货的药材有优质的也有劣质的，他售价的高低，只看买者的需求程度来定，然后用优质品或次品来应对他们。还有一人不进优质品，只求多，卖的价钱也便宜。于是人们争着到专卖劣质药的那家去买药，他家店铺的门槛每个月换一次。一年以后，他就非常富裕了。那个兼顾优质品和次品的药商，前往他家买药的稍微少些，过了两年也富裕了。而那个专门进优质品的药商，不到一年时间就穷得吃了早饭就没有晚饭了。在这个故事中，卖优质药材的穷得揭不开锅，卖劣质药材的反倒很快致富，这和柠檬市场上的“劣币驱逐良币”现象十分相似。

其实我们可以发现，柠檬市场无处不在。比如人才市场，由于信息不对称，雇主愿意开出的是较低的工资，这根本不能满足精英人才的需要。信贷市场也是个“柠檬市场”，信息不对称使贷款人只好确定一个较高的利率，结果好企业退避三舍，资金困难甚至不想还贷的企业却蜂拥而至。认识了“柠檬”现象，在很多时候可以使我们免受其害。

为什么买的不如卖的精——信息不对称

大家都知道“东床坦腹”是指乘龙快婿，究竟这两者之间有什么渊源呢？其实这与大书法家王羲之有关。晋代太傅郗鉴想在丞相王导府上物色个女婿，便派他的门生到王家代自己挑选。门生来到东厢房王家子弟齐集的地方一个个相看了一番，回去向郗鉴报告说：“王家的小伙子都很好，难分上下。不过，听说您要选女婿，他们个个都打扮得衣冠楚楚、举止矜持，希望能被选中；只有一个后生躺在东边的床上，敞开衣襟，露着肚皮，满不在乎，好像根本不知道您要选女婿似的。”郗鉴听了，高兴地说：“这个人正是我要选的佳婿。”于是郗太傅就把女儿许配给了这个人。后来经过打听，原来那个躺在床上坦露肚子的就是日后成为大书法家的王羲之。此故事作为美谈流传了下来，渐渐地人们就把别人的好女婿称为“东床佳婿”“东床坦腹”“东床”和“东坦”等。

王羲之敢于将自己的真实面展示给别人，而郗太傅也能慧眼识人。这和经济学中的信息对称有异曲同工之妙。信息对称就是指相关信息为所有参与交易各方共同分享，在市场条件下，要实现公平交易，交易双方掌握的信息必须对称。换句话说，倘若一方掌握的信息多，另一方掌握的信息少，二者不“对称”，这交易就做不成；或者即使做成了，也很可能是不公平交易。

在现实经济中，信息不对称的情况是十分普遍的，信息不对称的影响非常大，甚至影响了市场机制配置资源的效率，造成占有信息优势的一方在交易中获取太多的剩余，出现因信息力量对比悬殊过大而导致利益分配结构严重失衡的情况。

人们在购买商品的过程中，对商品的个体信息认知也会产生信息不对称的情形。一般而言，卖家比买家拥有更多关于交易物品的信息。有些商品是内外有别的，而且很难在购买时加以检验。例如，瓶装的酒类，盒装的香烟，录音、录像带等。人们或是看不到商品包装内部的样子（如香烟、鸡蛋等），或是看得到、却无法用眼睛辨别产品质量的好坏（如录音、录像

“东床坦腹”

带）。显然，对于这类产品，买者和卖者了解的信息是不一样的。卖者比买者更清楚产品实际的质量情况。

可以说自交换产生以来，人类社会一直处于信息不对称的情况之下。传统的经济学理论都是建立在信息对称的假设基础之上。当人们打破了自由市场在信息对称情况下的假设，才终于发现信息不对称的普遍性，研究信息经济学的学者因而获得了1996年和2001年的诺贝尔经济学奖。

信息不对称引起信息多的一方欺骗信息少的一方的可能性。政府与公众信息不对称将使行政权力失去监督，滋生政府腐败；企业委托人与代理人信息不对称会引起机会主义行为；劳动力市场上信息不对称会使雇主和求职者受到侵害；人与人之间信息不对称是诚信丧失的根源……所以，信息不对称问题是经济学的热门话题。

生活中，我们也可以发现随处可见的信息不对称。比如，如果你加倍努力干好工作，你的老板理应多付你工资，但因为他对你的努力程度只是有个模糊概念，所以你的业绩奖金只是你薪水的一小部分。如果老板能完全看清楚你的能力与努力，他就可以将你的薪水与表现挂钩。再举一个例子：比如你想在附近的餐馆吃饭，但是不知道哪家最好，所以最好的办法是找一个大家都熟悉的品牌店，因为大家都知道品牌店不会差。由于顾客不会一家家去寻找最好的餐馆，所以一般来说老字号餐馆能够收费更高。

当然，经济生活中存在着大量信息不对称问题，但人们总是能够想出高超的解决办法，用以提高信息的质量，或减少因信息不对称所造成的损失。举个例子来说，当你需要购买电脑但同时对电脑硬件又不了解时，你会找懂行的朋友咨询，参考网站和杂志，希望借此能得到实用信息，在想购买的产品中作出理性的选择。正是通过不断地搜寻信息，以求获得最全面的信息，给自己的决策提供有价值的参考。

不过，信息不对称也不见得完全是坏事。比如国防机密，所有信息都公之于众，反倒会妨害国家安全。夫妻双方信息完全对称，各自连自己的一点隐私都没有，生活往往并不幸福。距离产生美，糊里糊涂地爱，也许更幸福。其实仔细想想，信息对称，这世界反倒无趣了。在信息化的今天，还是给各方留一点私人空间为好。

只要我们收集对方信息所花费的成本小于所得的收益，减少信息不对称就是理性的。或者说，寻找更多信息增加的成本小于由此增加的利益，寻找更多信息就是理性的。绝对理想的东西在现实世界中是不存在的，我们追求次优化或较完美的状态，是我们认同不对称信息的重要原因。

现实世界是不完美的，信息不对称也是正常的。我们没有必要去追求完美，也没有必要在任何情况下都要实现信息完全对称。当然，也并不是说，信息不对称就是好的。在许多情况下，我们还是要努力获得对方更多的信息。比如，政府行为要尽可能公开化，买二手车还需要请专家鉴定等。

21世纪是一个信息社会，对于个人来说，拥有的信息越多，越有可能作出正确决策。对于社会来说，信息越透明，越有助于降低人们的交易成本，提高社会效率。但是，客观事实是，一小部分人垄断有关事物状态的信息，而另外绝大多数人则缺乏事物状态的信息。提高我们获取信息的能力，增加我们获得信息的渠道，以我们充满智慧和理性的头脑来指导行动，将尽可能减少信息不对称给我们造成的损失。

“穿井得人”的经济学原理——信息传递

据说，某部队的一次命令传递的过程是这样的：

少校对值班军官说：今晚8点左右，在这个地区可能看到哈雷彗星，这种彗星76年才能看见一次。命令所有士兵身穿野战服在操场上集合，我将向他们解释这一罕见现象。如果下雨的话，就在礼堂集合，我为他们放一部有关彗星的影片。

值班军官对上尉说：根据少校的命令，今晚8点，76年出现一次的哈雷彗星将在操场上空出现。如果下雨，就让士兵身穿野战服前往礼堂，这一罕见现象将在那里出现。

上尉对中尉说：根据少校命令，今晚8点，非凡的哈雷彗星将军将身穿野战服在礼堂出现。如果操场上有雨，少校将下达另一个命令，这种命令每隔76年才下达一次。

中尉对上士说：今晚8点，少将将带着哈雷彗星在礼堂出现，这是每隔76年才有的事。如果下雨，少校将命令彗星穿上野战服到操场上去。

上士对士兵说：在今晚8点下雨的时候，著名的76岁的哈雷将军将在少校的陪同下，身穿野战服，开着他那辆“彗星”牌汽车，经过操场前往礼堂。

这个故事的真实性已经无关紧要，细心观察可以在我们的生活中发现类似的事，这就是信息在传递过程中的失真。一个人说街上有老虎，人们不信；两个人说街上有老虎，人们开始有点相信；当三个人都说街上有老虎时，人们肯定相信了，这就是“三人成虎”。在信息传递的过程中，往往存在失真的可能性。《吕氏春秋》中曾有一个“穿井得人”的故事。春秋时宋国有一个姓丁的人家家里没有水井，需要一个人经常去很远的地方打水洗涤。于是丁家下定决心打一眼井。井打好后，丁家人非常高兴，逢人便说：“我们打井节省了一个人的劳动力。”人们辗转相传，越传越走样，传到最后竟然成了：“丁氏打井打出了一个人。”于是，宋国的人都在议论这件事，后来，宋国的国君也听到了这件事。宋君派人去丁家问个究竟。丁氏答道：“是节省了一个人的劳动力，并非打井打出了一个人！”这则寓言故事说明在信息传递的过程中，往往会发生以讹传讹的情况，这就要求人们必须加以辨别考察。

信息传递的模型是哈佛大学教授迈克尔·斯宾塞提出的，他因此与阿克洛夫同获2001年度的诺贝尔经济学奖。

当斯宾塞在哈佛大学读博士的时候，他观察到一个很有意思的现象：很多读MBA的学生在进哈佛之前很普通，但经过几年哈佛的教育再出去，就能比教授多挣几倍甚至几十倍的钱。这使人禁不住要问为什么，哈佛的教育难道真有这么厉害吗？斯宾塞研究的结果是：教育不仅仅具有生产性，更重要的是教育具有信号传递的作用。

这就是名牌的作用。名牌大学或明星企业也可能出现次品，但这样的概率相对来说要低得多。而且，一个名牌大学的建立，是其多年有效信息费用累计的结果，没有人愿意轻易地毁掉自己的信誉，所以，即使出现了问题，解决的成本也会相应要低一些。

所以，在市场经济中，在企业眼中，品牌是最有效的信息传递手段。同样是刚毕业的大学生，企业会优先选择名校毕业生。

当将信息传递引用到现在的市场经济中时，我们又会看到它们被赋予了新的意义。在市场上，商家是拥有信息的一方，也能决定向外界如何传递信息。此时，传递信息的成本要依靠商家自己来付出。他们需要主动通过广告等方式，在诸多同类产品中凸显出来，如此才可能有利可图。否则，如果一个企业没有卓有成效的信息传递，没有别具一格的形象推广，产品就

不能有效地推向市场。

1995年之前，康佳彩电公司事业刚刚有所起色，但由于在信息宣传上的不力，造成了消费者对康佳彩电存在很多认知盲点和误区，对企业形象的树立和产品的广泛传播造成了很大障碍，以至于经常有消费者将康佳彩电的产品同其他质量次等的产品混为一谈。

为了改变身处彩电业劣势的状况，提高自己的知名度，康佳彩电吸取了过去的教训，并在推广最新款彩电“彩霸”系列时，加大了广告宣传的力度，利用频繁出现的彩色广告和鲜明的标语，给消费者留下了深刻印象。它还聘请影星周润发、张曼玉做产品形象代言人，从而为品牌做了更有影响的宣传。

由此可见，尽管康佳彩电的质量很好，但是缺乏过硬的信息传递技术，很难提高品牌产品在市场上的影响力，从而让消费者缺乏对它的认识。

当今社会，任何一个企业，都能体会到信息的价值。它们从信息中寻找商机，再利用信息将自己的产品推销出去。也就是说，信息的生产、制造、传播对于一个企业十分关键。一系列的行为必然会导致企业考虑信息所带来的成本。这些成本，其实就是信息的收集、加工、传播需要花费的时间、占用的精力，甚至花费的金钱，等等。

问题是，在当代社会，通信发达，这令人们的注意力很难集中在一点。就如赫伯特·西蒙曾说的那样：“信息的丰富产生注意力的贫乏。”要想让人们注意到自己的特定产品，从而让自己获得最高的收益，企业不仅要在产品的设计、文字和印刷上增加成本投入，还不得不在信息传递和信息成本上投注越来越多的金钱。尤其是市场瞬息万变的现代，每一天都不断地有新品牌占据市场，产品想变得“卓越”的代价将越来越大。

随着经济学研究的深入发展，特别是社会信息化进程的加快，人们认识到，信息传递的失真会带来额外的成本。因此，我们必须认识到降低或避免信息失真成本的重要性。要充分利用现代信息技术，减少信息传递的中间环节。例如，在企业中，建立扁平化企业组织，这样能最大幅度降低信息失真成本。此外，要建立一套避免信息失真的保障制度，如对那些专门制造虚假信息的提供者给予相应的处罚。

做经济学世界中的“人精”——信息甄别

我们生活在信息社会中，每天都要接收到来自四面八方的信息，这些信息泥沙俱下，真假夹杂。提升自己甄别信息的能力，这是每一个经济人的基本能力。信息甄别是市场交易中没有私人信息的一方为了减弱非对称信息对自己的不利影响，能够区别不同类型的交易对象而提出的一种交易方式方法。《列王纪》上所罗门王判案的故事：两位母亲争夺一个孩子，双方都声称自己是孩子的亲生母亲，一时真假难辨，双方僵持不下。在那个没有亲子鉴定、DNA检测的时代，不可能用科技手段证明事实的真相。主持调解的所罗门王下令手下拿把刀来，告诉她们，将孩子一斩两半，两人各得一半。这时一位母亲的反应是“我得不到孩子，她也别想得到，斩就斩”，另一位母亲则哀求道“王啊，求你不要斩孩子，我把孩子让给她好了”，所罗门王此时已经知道心疼孩子的是真正的母亲，就把这个孩子判给了她。所罗门王判案是一次典型的信息甄别案例。在市场经济中，消费者面对琳琅满目的商品和纷繁的信息，甄别是一项非常复杂的工作。在所罗门王判案的例子中，其实所罗门王并没有将孩子劈为两半，而是发出“将孩子劈为两半”的信号来甄别谁才是孩子的母亲。

在我们的日常生活中，信息发送与信息甄别是比较常见的。市场中的卖方，如果手中的商品有可能不为顾客所熟悉，但是商品质量确实比较高，他就会主动将商品信息向买方传递，让买方了解商品的信息。我们在市场中可以看到这样的情形：卖西瓜的小贩，会问你要不要给你挑好的西瓜切个三角形口子，如果不是鲜红的瓜瓤就不要你的钱了，这就是信号发送。

市场中的买方，因为怕自己得不到商品的真实信息而吃亏，面对纷繁的信息来源，买方必须运用自己的信息甄别能力来作决策。比如你要买一件羽绒服，就要想方设法知道里面究竟是鸡毛还是鸭绒。

为了降低信息甄别的成本，买方往往会要求卖方提供有关私人信息的可靠证据。当你买一件较贵重的物品时，对实际价值与价格不能鉴别，正在犹豫要不要买，老板有可能将他进货的发票在你面前晃一下，以表示这样的价格他只赚点毛利。当你真的看到发票上的价格时，你便坚定了买的决心。

虚假信息的普遍存在，在商场上十分明显。所谓“兵不厌诈”，很多商家都对其竞争对手、客户，甚至政府机关输送大量的虚假信息。例如，有的商家为能销售低质产品，大力进行虚假宣传；个别商家为能逃税漏税，假造各种单据；还有商家为了挤兑对手，大肆向外界做虚假的宣传……

信息的不对称，导致了消费者必须为之付出更多的成本。也就是说，双方的较量中，信息如同资本、土地一样，是一种需要进行经济核算的生产要素。俗话说，隔行如隔山。现在，这座山就是信息不对称，而要获得准确的信息，消费者就要具备一定的能力——信息甄别能力。商家对商品信息和营销策略的占有，才保证了每一次交易的获利。所谓“买家没有卖家精”说的就是这个道理。

相信很多人都会收到类似中奖了的手机短信，如果不加甄别，往往会上当受骗。若不是某些人贪小便宜，在利益面前失去理智，也不会自惹麻烦。经济学则认为这一切很正常，因为在利益面前，任何人都会心动，经济学上的理性人永远不会失去理性，即永远都会朝着有利于自己的方向作出选择，他掌握的信息达到什么程度，他便会作出和他掌握的信息相一致的选择。

由此可见，在现实生活中，信息不对称带来的问题并没有让经济人得到真正理性的认识。信息不对称造成的劣势，几乎是每个人都要面临的困境。谁都不是全知全觉，那么怎么办？为了避免这样的困境，我们应该在行动之前，尽可能掌握有关信息。知识和经验都是你将来用得着的“信息库”，每个人都应尽量扩大自己的知识储备从而成为市场上真正的“人精”。

信息甄别在日常生活中同样非常重要。福州的陈女士收到这样一条短信：本行接银联通知：您在南街大洋百货刷卡消费7585元已确认成功。此笔金额将从您的银联卡上扣除，如有疑问请咨询我行城南客户受理中心0591－2271XXXX。中国建设银行福州银联管理中心。

收到这条短信，她的心咯噔了一下，她确实有张建行的信用卡，几天前还借给朋友使用过。陈女士很焦急，可是她现在联系不到那位朋友。

在这种情况下，应该如何甄别此条信息呢？既然陈女士联系不上她的朋友，她就应该通过其他途径甄别信息的真伪：可以自己去银行实地查询，也可以打银行的客服电话查询（当然不是短信上告知的电话）。

那么该如何降低信息虚假性带来的损害？这是让很多人

头痛的问题。经过上面的分析，信息的虚假性很难避免，众人可能因为很多原因对外散布虚假信息。为了提高信息甄别的质量，人们能做的就是不断采用各种方式筛选信息。一般来说，甄别信息的方法主要有以下几种：

（1）根据信息来源途径判别。第一手信息资料是相对可靠的，如果是道听途说，可靠程度就会降低。

（2）不盲目相信自己已获取的信息。根据自己的理性以及原有的经验来判断，不对获取的信息轻易下结论。

（3）多渠道获取信息。扩大信息获取的途径，广泛的信息量有助于自己作出理性的决策。

先听好消息还是坏消息——信息披露

信息的披露方式在很大程度上决定了结果如何。作为一个经济人，懂得如何披露信息是至关重要的。也就是说，在信息接收方面前，如何选择信息输出的策略，是极为关键的。

某知名网站的CEO就曾经说过，在互联网时代的今天，若想经营好网站就要懂得细节决定成败，特别是在网上，同用户交流的过程中，应当注意信息披露的方法。例如，当网站出现资金少、带宽小、访问慢等问题时，应当借助时机，一次性将问题摆出来。这样，除了能获得客户的体谅外，还能保证客户流失量最小。

在生活中，信息披露运用得巧妙，还能够带来意想不到的效果。农历年将至，公司很多人都在盘算能拿到多少年终奖回家过年。过去几年公司效益不错，每个人年终都是双月工资以上。但是最近，公司高层有传言说各部门都要按比例上报裁员名单。员工都在不断犯嘀咕，裁员千万不要裁到自己。正在此时，公司出面辟谣，表示公司虽然碰到了困难，但公司再困难也会尽全力避免采用裁员的手段降低成本，但是希望大家做好心理准备，一起勒紧裤腰带（没有年终奖）共渡难关。员工们还能苛求什么呢？不走人已经算是好消息了，之前的流言风波平息了，大家的心态也慢慢平和了。又过了几天，公司郑重宣布：年终奖以一个月薪水为准……多数人的脸上显露的是意外的欣喜。不用说，当多数员工获知年终奖照发的消息时，他们更加努力地工作，尽管他们的年终收益实际上是减少了。

在好消息与坏消息面前，不一样的披露方式往往会导致不一样的结果。这一过程，也让众人清楚了信息披露的方法不同所带来的效果也不同。因此，人们在日后的生活中可以加以运用，一定能获益匪浅。

而在上市公司，客观的信息披露是上市公司与投资者和社会公众之间进行信息沟通的桥梁。目前，投资者和社会公众对上市公司信息的获取，主要是通过大众媒体阅读各类临时公告和定期报告。投资者和社会公众在获取这些信息后，可以作为投资抉择的主要依据。真实、全面、及时、充分地进行信息披露至关重要，只有这样，才能对那些持价值投资理念的投资者真正有帮助。信息披露的完整性和充足度是形成股票市场有效性的必要和充分条件，这种信息披露的完整性和充足度不仅是对上市公司的客观要求，更是对市场监管的客观要求。

信息披露不是要隐瞒信息或发布虚假信息，而是利用不同的披露方式给信息接受方带来不同的心理感受。不同的信息披露方式，将会带来不同的结果。在此，就要提到西方经济学家萨勒提出的四个信息披露规则了。

第一种情况，当你拥有众多好消息时，要分开将它们发布。因为，根据西方行为经济学大师卡尼曼的前景理论，当将好消息在相隔一段时间后逐个发布出去，人们将经历多次感受到高兴的过程，带来的效用将远远大于将消息一同说出来所带来的总的效用。

即当某人在同一天听到很多的好消息时，其所带来的效用就会逐渐减少。就像吃包子一样，刚开始吃第一个觉得特别美味，然后吃第二个、第三个……等吃到第六个的时候，就有些痛苦了。再来第七个，人已经非常饱了，即使硬吃下去也没什么效用了。好消息也一样，若同一时间被其“集体轰炸”，也

就感觉不到消息有多么好了。

第二种情况，如果有几个坏消息，要将它们一并发布出去。因人们承受损失的痛苦也会有边际效用递减的情况，当你将两次不幸一同说出的时候，其痛苦就会小于分别经历这两次。

第三种情况，如果有一个大大的好消息和一个小小的坏消息时，由于两者带来的感受刚刚相反，可以一同告诉别人，好消息带来的幸福效用能冲散坏消息带来的痛苦，负面作用将减少很多。

第四种情况，一个大大的坏消息和一个小小的好消息出现时，就应当分别将两者公布。因为，这样好消息带来的效用就不会被坏消息导致的痛苦所淹没。按照前景理论，人们在损失和获得同样多的钱财时，前者更让人感受深刻，何况此处是一个大大的坏消息和一个小小的好消息。这样，获得消息的人仍能够感受到些许的幸福和满足。

信息也能卖出大价钱——隐私信息

“艳照门”事件无疑成为2008年娱乐圈的重磅鱼雷，突如其来地打破了娱乐圈里新年的平静。社会大众仿佛也被这“艳照门”事件激发得兴奋异常，在长达数月的时间里，人们都对此事件的关注度极高。另一方面，从艳照曝光到当事人的不露面、躲避，从女明星们深受其害到陈冠希的终生退出娱乐圈，这一场“艳照门”的暴风骤雨拷问了娱乐圈的道德底线，也对艺人的隐私问题如何保护以及无休止的炒作是否过度等提出令人们深思的疑问。

隐私实际上是不愿意让别人知道的私人信息。个人一般不愿意将隐私告诉别人，其他人也很难获知他人的隐私。听起来，“隐私经济”这词似乎并不陌生，在报纸杂志上，我们常常可以看到某某明星曾经整过容，某美女大学生为了生计甘当二奶，某某富商因其身体残疾离婚，某某老翁为了娇妻偷偷注射激素，等等。这些都是人们的隐私，只是不知道从何时起，原本的秘闻充斥在各式各样的杂志上，成为最鲜亮的卖点，并在一片“大爆隐私”“情感独白”的吆喝声中引发“洛阳纸贵”的现象。其实，这种现象可以用经济学来解释。

人们对隐私的消费，先源自需求，也就是有人想知道这些隐私。知道这些隐私做什么？无非是满足人们的好奇心和窥视心理。好奇心是人类的天性，满足好奇心和满足人类其他欲望一样没有差别，对隐私的了解也是人们的一种欲求。当这种隐私激发起的好奇心越强烈，人们就越愿意掏钱来得知这些隐私。就像八卦上的名人隐私一样，明星的名气越大，大众对他的关注越多，也就越好奇，这样的隐私也越值钱。

2005年5月，民间流传出一本据说收录了众多明星电话号码的通讯录，上面不仅有诸多演员、导演、主持人，还有著名电视栏目的记者、中央电视台台长，等等。名单中以北京明星居多，部分港台明星的电话也在其中。据行家说，该电话录以800元的高价被叫卖。另外，有人在北京街边的地摊上还会看到同其一起出售的“世界500强CEO通讯录”，而这两本通讯录售价竟高达2000余元。

隐私可以转化为财富，可以被出卖，而市场上的人也有了消费隐私的机会，所以隐私便“形成了自己的价值”。在这种市场需求的刺激下，有人想要花钱买，自然就会出现一部分人来提供。

众所周知，提供隐私最重要的来源就是“狗仔队”，是娱乐八卦记者和杂志。随着现在休闲和娱乐经济的发展，演艺明星的增加和崇尚艺人的文化氛围的形成，娱乐圈的酷男美女、闲资逸事都成了社会“好奇需求”的目标。

在世人日涨的需求刺激下，“狗仔产业”逐渐发展起来。越来越多的“狗仔队”涌上街头，并产生了狗仔报刊、狗仔杂志，像香港的《壹周刊》《8周刊》就是非常有名的专业的八卦刊物。它们以爆料艺人私生活为能事，以刊登明星的隐私来满足许多人的窥视欲，从而达到赚钱的目的。

尽管人们对隐私的消费是非理性的（非出于实际生存需要，而是内心冲动），但市场上需求和供给的存在，仍让“隐私经济”开展得如火如荼。尤其是明星的隐私，因其吸引人的眼球，蕴含着巨大的经济效益，“狗仔队”和娱乐杂志更是愿意不惜代价去获得他们的隐私，且大多数情况下，获得隐私的成本远远小于贩卖的收益。

据报道，香港最有名的娱乐杂志《壹周刊》自1990年创刊以来，引起极大轰动，1991年凭着7.5万份的发行量成为全香港读者人数最高的杂志，其读者群体多达31.5万人。1995年发行量增加一倍，高达16.25万份，读者多达106万人。根据2003年AC尼尔森的调查，《壹周刊》是香港同类刊物中第二高销量的周刊。

在走向市场经济的今天，买卖隐私似乎已经成了不可抗拒的潮流，有人愿买，有人愿卖，别人无可厚非。但隐私的买卖理应当和其他交易一样要受到法律和道德的约束。法律是一种硬约束，道德是一种软约束。要使这些行为不至于败坏社会风气，必须有严格的立法，并不断提高人们的道德修养水平。

为什么有人能利用信息致富——信息提取

有则“九方皋相马”的故事。秦穆公对伯乐说：“你的年纪大了，你能给我推荐相马的人吗？”伯乐说：“我有个朋友叫九方皋，这个人对于马的识别能力，不在我之下，请您召见他。”穆公召见了九方皋，派他去寻找千里马。三个月以后九方皋返回，报告说：“已经找到了，在沙丘那个地方。”穆公问：“是什么样的马？”九方皋回答说：“是黄色的母马。”穆公派人去取马，却是纯黑色的公马。穆公很不高兴，召见伯乐，对他说：“你推荐的人连马的颜色和雌雄都不能识别，又怎么能识别千里马呢？”伯乐长叹道：“九方皋所看见的是内在的素质，发现它的精髓而忽略其他方面，注意力在它的内在而忽略它的外表，关注他所应该关注的，不去注意他所不该注意的。像九方皋这样的相马方法，是比千里马还要珍贵的。”

穆公试了试马，果然是千里马。

这则寓言故事说明只有透过现象看本质，才能提取有效信息，才能发现真正有价值的东西。在生活中面对同样的信息，不同的人可能予以不同的解读，从而作出不同的决策，这种差别来源于对有效信息提取的不同。在美国有两家鞋子制造厂。为开拓市场，其中一家鞋厂老板派一名市场经理到非洲一个孤岛上去调查。那名市场经理一抵达，发现这里的人们都光着脚，一打听，才知道，他们没有穿鞋子的习惯。于是他立即给老板发电报说："这里的居民从不穿鞋，此地无市场。"而另一家鞋厂老板也派了一名市场经理过去。当这名市场经理抵达后，见到同样的情况时，心中却兴奋异常，也给老板发了一份电报："此岛居民无鞋穿，市场潜力巨大。"同样的境况，因为有效信息提取的不同而有不同的结论。这个故事应引起每个人的思考。现在市场上存在的信息多如牛毛，但仍有人感叹自己的信息来源不够充足。为什么会形成这样的矛盾？问题的关键就在于对有效信息提取的不同。市场上的信息无处不在，而我们所需要提取的是对自己有用的信息。这个信息提取的过程可能是长期的，但必须是正确的。只有确保了这种正确性，才能让信息为我们带来商机。

美国南北战争时期，受战事影响，市场上猪肉价格非常高。商人亚默尔观察这种现象很久了，他通过自己收集的信息认定，这种现象不会持续太久。因为只要战争停止，猪肉的价格就一定会降下来。从此，他更加关注战事的发展，准备抓住重要信息，大赚一笔。一天，他在报纸上挖掘到了这样一个信

这里市场潜力巨大！
唉，没有市场啊……

息：李将军的大本营出现了缺少食物的现象。通过分析，他认为，战争快要结束了，战争结束就说明他发财的机会来了。亚默尔立刻与东部的市场签订了一个大胆的销售合同，要将自己的猪肉低价销售，不过可能要迟几天交货。按照当时的情形，他的猪肉价格实在是太便宜了。销售商们没有放过这一机会，都积极进货。不出亚默尔的预料，不久后，战争果然就结束了。市场上的猪肉价格一下子就跌了下来。这时亚默尔的猪肉早就卖光了，而在这次交易中，他共赚了100多万美元！

现在，随着网络——“高速信息公路”的普及，我们正走入信息经济时代，但有几个人能像发现市场的营销经理和亚默尔那样，找到对自己有效的信息？如今，人们追求的已经不是信息的全面，而是信息的有效。越来越多的信息充斥着电脑的荧屏，我们绝不可能困在对全面信息的无限追求中，那将耗尽我们过多的时间和成本。只要能收取到对市场影响最本质的信息，就足够了。

我们生活在信息社会中，提升自己提取有效信息的能力，这是每一个人的必备功底。有句话说得好，“世界上从来不缺少美，而是缺少发现美的眼睛”，其实运用到经济生活中也是同样的道理：生活对大家都是平等的，成功也从来不是缺少机会，而是需要我们有一双敏锐的慧眼，来发掘有效信息。

PART

02

选择与决策

当鱼和熊掌不可兼得时——机会成本

经济学的机会成本是指为了得到某种东西而所要放弃的另一样东西。简单来说，可以理解为把一定资源投入某一用途后所放弃的在其他用途中所能获得的利益。我们在做一件事情上权衡利弊，然后作出最优选择，那个被放弃的而价值最高的选择，就是机会成本。

阳光明媚的午后，好容易处理完公司的财务报告，喝杯下午茶休息一下吧，来点甜点怎么样，豆沙糕还是巧克力薄饼？“豆沙糕还是巧克力薄饼”类似于古老的“鱼还是熊掌”，被这个问题难住的人里面你不会是第一个，也不可能会是最后一个。豆沙糕还是巧克力薄饼、茶还是咖啡、鱼还是熊掌，这种选择实际上就是一种机会成本考虑。

如果你喜欢吃豆沙糕，但你更喜欢吃巧克力薄饼，在两者之间选择，你就会选择巧克力薄饼；假如巧克力薄饼恰好没了，那么来点豆沙糕也无妨。因此，接受豆沙糕的机会成本是放弃巧克力薄饼。不妨给食用这两种食物的收益设个数：吃豆沙糕的收益是5，那么吃巧克力薄饼的收益是10。因为吃豆沙糕的经济利润是负的，所以我只能选择吃巧克力薄饼，而放弃豆沙糕。

当然，你选择巧克力薄饼的同时就要面对放弃享受豆沙糕这个机会成本。但你愿意这么做，因为你的选择应该是利益最大化的选择。吃豆沙糕还是巧克力薄饼？以上是经济学教给我们如何选择的方法。

值得注意的是，有些机会成本是可以用货币进行衡量的。比如，要在某块土地上发展养殖业，在建立养兔场还是养鸡场之间进行选择，由于二者只能选择其一，如果选择养兔就不能养鸡，养兔的机会成本就是放弃养鸡的收益。在这种情况下，人们可以根据对市场的预期大体计算出机会成本，从而作出选

择。但是，有些机会成本是无法用货币来衡量的，它们涉及人们的情感、观念等。

因此，我们必须不断地决定如何使用我们有限的时间或收入。当你决定是否购买汽车，或是否上大学时，在每一种情况下，你必须考虑作出一个选择需要放弃多少其他的机会。有时必须作出选择，但也会因此丧失许多既得利益。

不管怎样，我们在作选择的时候，应该时刻谨记机会成本的概念。经济学告诉我们，必须去面对机会成本的选择。如果去KTV和去电影院对你同样有吸引力，不妨掷硬币决定去哪儿。当然，如果是重大决策，还是多犹豫一些为好。如果是选择爱人，可不能用掷硬币的方法。机会成本越高，选择越困难，因为在心底我们从来不愿轻易放弃可能得到的东西。的确，有时作出一个选择真是太难了，可我们不得不选，而我们的人生轨迹将随着我们选择的坐标前行，回头看看我们的选择，仔细算算我们所付出的机会成本，值吗？

机会成本广泛存在于生活当中。一个有着多种兴趣的人在上大学时，会面临选择专业的困难；辛苦了五天，到了双休日，究竟是出去郊游还是在家看电视剧；面对同时间的面试机会，选择了一家单位就不能去另一家单位……对于个人而言，机会成本往往是我们作出一项决策时所放弃的东西，而且常常比我们预想中的还多。按经济学观点，做任何事情都需要一定的成本，下面以读研究生为例作一番分析。

先来算一下经济方面的机会成本。众所周知，如今的考研一定程度上来说就是考“钱”。据报道，一个应届大学毕业生的考研费一般在2000～4000元之间，在职考研者的花费也不会少于这个数字。还有心理压力成本。几乎每个考过研的人都认为那段时间（复习时间）非常难熬，来自社会、家庭以及自身的压力都很大。特别是对于家庭状况不是很好的考生，考研不仅意味着不能为家里创收，还得需要家里的补贴。再算算其他方面的机会成本。时间方面，考研者的时间成本都大于其直接用于考研的时间，考的次数越多，时间成本也越大。相反的例子莫过于比尔·盖茨了，他停学创业，而不是继续求学。如果真选择后者，说不定他也错过了时机，成就不了今日的微软。从某种意义上说，那些考研者是不是错过了很多机遇呢？

考研也应该考虑机会成本的问题。首先，仔细考虑一下，考上了这个专业的研究生，三年之后，你的就业方向和出路在哪里。这样的出路，是否令你感到满意，是否令你觉得为其付出三年的时光是非常值得的？再想一想，自己所要考的专业以及这个专业毕业生所从事的工作是否是你真正喜欢的，还是说只是迫于形势的压力而作出的无奈选择。要知道，一个人只有热爱他的工作，对他的工作时刻保有兴趣和激情，才可以作出好的成绩。最后要想，考上这个专业的研究生，是否能为你将来的就业增加一定分量的砝码，当然，这个砝码并非单指一纸文凭，还应该包括你自身学识的积累和能力的提高。

思考过以上的问题后，如果你当初的考研信念仍然坚定不移的话，那么考研仍是你的最优选择，那就静下心来全力以赴地准备考试吧！而如果你对自己是否考研产生了动摇，那么，奉劝你勇敢面对应该面对的问题，不要盲目作出选择。

信息不对称的产物——逆向选择

逆向选择是指在信息不对称的前提下，交易中的卖方往往故意隐瞒某种真实信息，使得买方最后的选择，并非最有利于买方自己，这时候买方的这种选择就叫作逆向选择。“一个人掌握的信息达到何种程度，就会采取相应的选择。”这是信息经济学的一个基本原理。在双方信息不对称的情况下，总体而言，谁处于信息劣势，谁就会处于博弈劣势。

在现实的经济生活中，存在着一些和常规不一致的现象。例如，在产品市场上，特别是在旧货市场上，由于卖方比买方拥有更多的关于商品质量的信息，买方由于无法识别商品质量的优劣，只愿根据商品的平均质量付价，这就使优质品价格被低估而退出市场交易，结果只有劣质品成交，进而导致交易的停止。

逆向选择违背了市场竞争中优胜劣汰的选择法则。在生活中，有些人常常会因虚假广告上当受骗，蒙受损失，这便是由于信息不对称造成的。下面我们就从“减肥广告”这个具体案例中了解究竟什么是逆向选择，以及逆向选择是怎样作出的。

铺天盖地的减肥产品一路咆哮着向市场压来，什么“一个半月能减48斤”“快速减肥”“签约减肥”“不反弹不松弛”……单从这些字眼来看，那些渴望瘦下来的人士无疑会心动。再加上那些华丽的包装、煽情的语言，还有一些不曾为人知的噱头。但是，等你尝试之后就会发现，根本不是那么回事。

商家正是利用消费者对减肥原理、减肥器械、“无效退款”等不了解或了解不深的情况，故意隐瞒一些真实信息，置买卖双方于信息不对称的情境下，以此诱惑消费者作出对他们并非最有利的逆向选择，从而损害了消费者的利益。

因虚假广告而上当，从表面看是因为受害者目光不够准确，一时冲动花钱当了冤大头，但是以信息经济学的眼光看，则是由于受害者掌握的信息不够充分，只能根据手头仅有的信息作出选择。消费者总是希望买到质优价廉的商品，但是现实生活中常常出现等到真正使用时才发现质量糟糕的状况，这就是因为消费者当初购买该商品时掌握的信息处于劣势，不能发现真相。

在日常生活中，逆向选择的案例还有很多。逆向选择在招聘场合也是经常发生的，所以才会有那么多的人找不到合适的工作，而单位又慨叹招不到合适的人才。我们看到招聘会里人头攒动，人声鼎沸；我们又看到企业求贤若渴，迫不及待。两相对比的反差，正是招聘中逆向选择的规律在起作用。很多企业总是发愁，一个个求职者的简历五花八门，好不容易筛选出一份简历来，面试过关了，等到工作时，却没有实际能力，徒给企业造成浪费和损失。尤其是高层次人才，讲起话来滔滔不绝，使听者觉得他见多识广，经验也好像非常丰富，可是一旦开始工作，总是漏洞百出。

爱情里的逆向选择表现为好女子总是嫁了比较差的男子，有句俗话“好汉无好妻，赖汉娶个花枝女”，说的就是这个意思。在大学校园里，我们也经常慨叹，一对对恋人是那么的不协调。这种结果就是逆向选择造成的。但每个人在选择自己的另一半时可不是这样，我们总是希望找到理想中的好对象，也总是喜欢把自己的优势表现得完美，以引起好女子或好男子的青睐。通常我们看到的征婚广告，都是这么介绍自己的：“年轻美貌、身体健康、才华横溢、爱好广泛，对爱情执着，对缘分珍惜。”

爱情本身也是一场交易，是男女双方各取所需的一场交易。在当代的信息社会里，如何才能实现一宗公平的交易呢？首先需要双方的诚信，需要双方都拥有足够的共同信息，互通有无，彼此了解。因为在信息大爆炸时代，假信息实在太多了，只有所获的信息是真实而可靠的，买卖双方的最终决策，才可能是最好的“抉择”。

但事实是在很多情况下，卖方知道的信息内容，买方不一定知道，而买方的价格底线，卖方也不知道。甚至，卖方有时候为牟取暴利，故意隐瞒某种对自己不利的信息，而由于信息不对称，买方无法排除干扰，往往作出逆向选择，导致其利益受到损害。在爱情婚姻市场上，当你是卖家的时候，你一定会刻意隐瞒一些对自己不利的信息，而只把那些最出彩的精华部分展示给对方。因为爱情的市场经济也是契约经济，契约经济讲究合同关系，所谓合同就是结婚证，以领取结婚证的时间为界限，在这之前，所有的爱情都会存在“逆向选择”的问题，所以在契约达成之前，买卖双方总是想绞尽脑汁瞒骗对方。

可以说，只要有市场，只要进行交易，就可能出现逆向选择。出现逆向选择的根本原因在于信息不对称，即买方和卖方所掌握的信息不一样。最佳也是最终的解决办法，就是尽量使交易双方信息对称，信息传递、沟通得愈充分，愈有利于交易的达成，也就愈有利于市场的健康发展。

无可奈何下的选择——霍布森选择

生活中，我们会面临各式各样的选择，事实上很多不过是假选择，但我们经常被表面上众多的选择项弄昏了头，其实质是，其他的选择项并不可行，摆在面前的只有一个选项或者没有选项。

1631年，英国剑桥商人霍布森从事马匹生意。他说：所有人买我的马或者租我的马，价格绝对便宜，并且你们可以随便挑选。霍布森的马圈很大，马匹很多，然而马圈只有一个小门。高头大马出不去，能出来的都是瘦马、赖马、小马，来买马的左挑右选，不是瘦的，就是赖的。霍布森只允许人们在马圈的出口处选，大家挑来挑去，自以为完成了满意的选择，最后的结果可想而知——只是一个低级的决策结果，其实质是小选择、假选择、形式主义的选择。

可以看出，这种选择是在有限的空间里进行着有限的选择，无论你如何思考、评估与甄别，最终得到的还是一匹劣马。后来，管理学家西蒙把这种没有选择余地的所谓“选择”讥讽为“霍布森选择”。

对于个人决策来说，如果陷入“霍布森选择”的困境，就不可能发挥自己的创造性。道理很简单，任何好与坏、优与劣，都是在对比选择中产生的，只有拟定出一定数量和质量的方案进行对比选择、判断才有可能做到合理。只有在许多可供对比选择的方案中进行研究，并能够在对其了解的基础上进行判断，才算得上判断。因此，没有选择余地的“选择”，就等于无法判断，就等于扼杀创造。一个企业家在挑选部门经理时，往往只局限于在自己的圈子里挑选人才，选来选去，再怎么公平、公正和自由，也只是在小范围内进行挑选，很容易出现“霍布森选择”的局面，甚至出现“矮子里拔将军”的惨淡状况。“当看上去只有一条路可走时，这条路往往是错误的。”毫无疑问，只有一种备选方案就无所谓择优，没有了择优，决策也就失去了意义。

实际上，“霍布森选择”一直在我们的生活中存在着。

虽然从理论上说你总是有许许多多的选择，但因某些限制的存在，减少了你选择的范围，事实上只提供了唯一的选择项。20世纪著名的汽车商亨利·福特曾经说：你可以订白色的、红色的、蓝色的、黄色的、黑色的，订什么颜色的汽车都可以，但是我生产出来的汽车只有黑色的。固执的福特再一次践行了“霍布森选择”。《庄子·齐物论》中有个“朝三暮四”的故事：宋国有一个很喜欢饲养猴子的人，名叫狙公。他家养了一大群猴子，时间长了，他能理解猴子的意思，猴子也懂得他的心意。狙公宁可减少全家的食用，也要满足猴子的要求。然而过了不久，家里越来越穷困了，狙公必须要减少猴子吃栗子的数量。但狙公又怕猴子不顺从自己，就先欺骗猴子说：“给你们的栗子，早上三个，晚上四个，够吃了吗？”猴子一听，都

“霍布森选择”

站了起来，十分恼怒。过了一会儿，狙公又说："给你们的栗子，早上四个，晚上三个，这该够吃了吧？"猴子一听，一个个都趴在地上，非常高兴。在这个故事里，无论是"朝三暮四"还是"朝四暮三"，栗子的总量并没有变化，所以猴子们的行为显得很愚蠢。生活中，我们也往往会遇到类似的陷阱，我们经常听到"自由选择"，实际上，这种自由总是或多或少受到限制和约束，这使得选择的范围大大缩小。

举一个简单的例子，对于一个"自由"的大学生来说，他毕业后可以工作，可以攻读研究生，可以出国留学，甚至可以成为自由职业者。但是，真实的选择并不是这么回事：因为囊中羞涩，出国留学的选择其实已经名存实亡；因为英语基础差，通过考研英语分数线的可能性很低，这无疑又使读研成为弃选项；因为家里强烈反对他做自由职业者，于是必须得放弃这种选择。这就是残酷的现实给选择套上的枷锁，因此，他必须在毕业后找寻一份正式的工作。

在商业竞争不发达的社会，"霍布森选择"很多见。比如，多年前中国人单调的服装样式，几年前昂贵的电话初装费，你根本没有选择的权利。这种烦恼令每个人头疼，这毕竟不是我们个人所能改变的。现代商品经济下，生产资料日益丰富，走进超市面对各种品牌的同类商品往往会使人有点无从下手，不知道自己该选择哪个，很担心自己的选择会选中了质量差的产品。谁能保证自己的选择就一定是正确的呢？而如果只有一种商品可供选择，人们对该商品的认知已经很清晰，不再有这些担心，人们至少可以选择买或不买。此外，如果只有一种选择，也可节省选择的机会成本。由此看来，“霍布森选择”也并不是一无是处。

当然，绝大多数人还是希望拥有更多的选择机会，更多的选择机会总是令人身心愉悦。因此，我们理应利用自己的智慧之眼，洞悉所谓的霍布森选择，为自己创造尽可能多的选择机会。

必须要找到最值得信赖的人——委托代理与道德风险

《克雷洛夫寓言》中有一则“狐狸建筑师”的故事。一头狮子特别喜欢养鸡，但由于鸡舍修建得不好，总是丢鸡。狮子决定请最好的建筑师狐狸来建一个坚固的鸡舍。鸡舍建得极为精美，看起来固若金汤，围墙又高又严密，但鸡仍然在一天天减少。原来狐狸就是偷鸡贼，它把鸡舍盖得非常严密，谁也进不去，却把一个秘密通道留给了自己。狮子委托狐狸建鸡舍是出于它的无知，用经济学术语说是狮子和狐狸之间的信息不对称。一旦狮子知道了狐狸的偷鸡本性，就会从维护自己的利益出发，炒掉狐狸。假设狐狸没有偷鸡的动机，鸡舍也不一定能盖好，如偷鸡的黄鼠狼有可能贿赂狐狸，让狐狸留下通道。

在以分工为基础的现代社会中，委托代理关系是普遍存在的。委托代理关系形成以后，由于信息不对称，就可能出现代理人的道德风险。

道德风险是20世纪80年代西方经济学家提出的一个经济哲

学范畴的概念，即“从事经济活动的人在最大限度地增进自身效用的同时做出不利于他人的行动”。或者说是，当签约一方不完全承担风险后果时所采取的自身效用最大化的自私行为。道德风险亦称道德危机，但道德风险并不等同于道德败坏。关于十二生肖的来历有个传说。天帝交给猫一个任务，让它挑选12种动物作为人的生肖，条件是它可以在十二生肖中位列第一。猫因为要忙于自己的事情，将这个任务交给了它认为能力最强、最可信赖的老鼠。老鼠将属于猫的第一把交椅留了下来，然后认真履行职责。由于动物们都想被选中，所以对老鼠行贿，老鼠把握不住自己，将这些动物一一拉进来。当它发现11个座位都已经排定时，自己还没有地方呢，干脆一不做二不休，把留给猫的第一把交椅给自己坐了。这也就是猫要抓老鼠的原因。猫委托老鼠办事，这是一种委托代理关系。而老鼠在接受委托后采用隐藏行为，由于代理人和委托人信息不对称，最终给委托人带来损失。

在经济活动中，道德风险问题相当普遍。可以说，只要

道德风险

市场经济存在，道德风险就不可避免。诺贝尔经济学奖获得者斯蒂格里茨在研究保险市场时，发现了一个经典的例子：美国一所大学学生自行车被盗比率约为10%，有几个有经营头脑的学生发起了一种对自行车的保险，保费为保险标的15%。按常理，这几个有经营头脑的学生应获得5%左右的利润。但该保险运作一段时间后，这几个学生发现自行车被盗比率迅速提高到15%以上。何以如此？这是因为自行车投保后学生们对自行车安全防范措施明显减少。在这个例子中，投保的学生由于不完全承担自行车被盗的风险后果，因而采取了对自行车安全防范的不作为行为。而这种不作为的行为，就是道德风险。

保险就是典型的委托代理关系。基于理性人假设，个人努力追求自己的效用最大化，因为任何预防性措施的采取都有代价，同时保险公司承担了保险的全部风险，所以理性的投保人不会在预防措施上投资，这样增加了风险发生的可能，给保险公司带来了损失。更为极端的是个人会促使损失的发生，从而获得保险公司的理赔。保险公司预测投保人投保后的这种行为，就会要求投保人交纳更多的保险金，这样降低了保险市场的效率。投保人相对采取预防措施下的收益也会降低。此外，保险公司为了激励投保人采取预防措施，可以采用设置免赔额，并且要求投保者也承担一定比例的损失的方式保护自己的利益，能够收到一定的效果。

那么，如何控制代理人的道德风险行为呢？有人说要加强审计、监督、检查和惩戒，但是问题在于：第一，代理人的很多行为并不涉及法律和纪律，比如他的工作热情不高、偷懒，你就没法用法律和纪律约束；第二，检查和监督是有成本的，如果检查和监督很细致、很频繁，监督成本就很高，很可能得不偿失。

其实，为有效防止代理人的道德风险，可以将代理人的报酬与他的绩效挂钩，就能提高他的工作热情。还有一些其他方法可用于控制代理人的道德风险行为，比如用相对业绩来确定经理人的报酬，即代理人的报酬不仅依赖于自己的业绩，而且依赖于相同行业的其他经理人的业绩。又比如市场声誉也能起到一定作用，具有良好市场声誉的代理人在今后能获得较高的报酬，而不良经营记录甚至破产经历则会给代理人的职业生涯带来不利的影响。

适合自己的才是最佳选择——最优决策

经济学是一门理性选择的学问，它与人自身最根本的利益息息相关，教人从对自己、对社会最有利的角度去分析、解决问题，给我们的生活提供了理性且有益的帮助，给我们以警示，让我们清醒。

实际上，世界上有许多美好的东西，追求不尽，每个人的价值观、客观条件各不相同，只有适合自己的才是最佳选择。经济学中，我们经常可以看到有不少人见到别人作出了某种选择，于是自己也跟别人作出同样的选择，全然不顾自身的条件，这种选择和决策往往不能得到令人满意的结果。

每个人对同样的问题有不同的认知，在经济生活中也是如此。面对一件相同的商品，不同的人可能会有不同的选择。有人作选择是从经济学的成本收益角度来看，比如人们选择一项投资，总是选择投入最少、收益最大的。有人作出选择是从物品的使用价值角度来实现的，如人们在沙漠中对水的珍视就比其他物品要高。还有人是从自己的兴趣爱好方面来作出选择，如有人喜欢集邮，花费千金也要集齐一套完整的邮票。但是，非得要说谁作出的决策或者选择是最优的，恐怕谁也不能说服谁。

其实，无论作出何种选择，适合自己的才是最佳选择。最佳选择是对自己而言，而非对他人而言。在别人看来并非是最佳选择，但对自己而言是最佳选择，这就够了。比如，小李和小黄都拥有100万元资本准备投资，小李对塑料刷颇有研究，小黄对装潢设计十分在行。如果小李将资本投入装潢设计行业，小黄将资本投入塑料刷业，对他们来说恐怕都不是最佳选择。

我们在作出选择的时候，往往追求最佳，但是自己却没有一个判断的标准，连自己都不知道什么才是最佳选择。其实，很多时候，我们在作选择时，认真思考之后并不一定能作出最佳选择，在短时间内作出来的往往却是现存的最佳选择。

有一个古老的命题：当你的母亲、妻子、孩子都掉进水中时，你先去救谁？不同的人会给出不同的答案，众说纷纭。这一次，一位农民给出了他的答案。他的村庄被洪水冲没，他从水中救出了他的妻子，而孩子和母亲都被洪水冲跑了！事后，大家七嘴八舌，有的说救对了，有的说救错了。当有人问农民当时是怎么想的，农民说：“我什么也没想。洪水来的时候妻子正在我身边，我抓住她就往高处游，当我返回时，母亲和孩子已经找不到了。”

如果这个农民在当时还仔细思考哪个选择才是最佳选择，到最后必然是没有了选择。因此，当面对需要付出差不多的机会成本的选择时，我们不用多犹豫，就选择那个离我们最近、最容易实现的目标。

不过，我们在考虑绝大部分问题的时候，理性是作出选择和决策的必要步骤。当我们还在为选择什么而犹豫不决的时候，我们更应该理性思考，从而作出最适合自己的最佳选择。

曾经，有个美女想知道如何才能傍到大款。她在一家大型网上论坛金融版上发了个帖子：“本人24岁，非常漂亮，是那种让人一眼就觉得惊艳的漂亮；谈吐高雅，举止端庄，想找个年薪百万的富翁做情侣。可是，怎样才能做到这一点呢？”

照理说，如此年轻优秀的美女，即使是百万富翁也会乐意选择她。但是，有个华尔街的生意人为她写了回帖，他说：“从生意人的角度来看，选择你是个很糟糕的决定（至少像我这样的有钱人不会选择你）。

“通过你的描述，我们可以理解男女之间的关系是一笔简单的‘财’‘貌’交易：甲方提供迷人的外表，乙方出钱，交易平等，绝无欺瞒。但是，这里有个致命的问题，你仅仅拥有美貌而已，时间长了，美貌会消逝，我的钱却不会减少。

“更残酷点说，从经济学的角度看，我是增值资产，你是贬值资产，不但贬值，而且是加速贬值！你现在20多岁，在未来的10年里，你仍可以保持窈窕的身段，虽然每年可能会略有退步，但美貌消逝的速度会越来越快，如果它是你仅有的资产，10年以后你的价值堪忧。所以，你仅仅想靠美貌来完成这个交易，估计是不太现实的，或者交易不会持续太久。与其苦苦寻找有钱人，你为什么不想办法把自己变成有钱人呢？”

这个商人不愧是以经济学理性思考的高手！其实，每个人都会面临选择和决策的问题，大致上会体现如下的规律：每个人都会自然地作出趋利避害的决策，选择对自己利益最大化的结果；人们会清楚认识到自己面临的选择约束条件，以尽可能实现自己付出的代价最小化。

现代社会可供选择的对象太多，我们该如何选择，也是在考验我们的“权衡取舍”智慧。选择与决策是一门高深的学问，以经济学的思维思考问题，根据自己的实际情况和条件，才能作出对自身利益最大化的最优决策。

马屁股与火箭助推器——路径依赖

路径依赖是指人们一旦选择了某个体制，由于规模经济、学习效应、协调效应以及适应性预期等因素的存在，会导致该体制沿着既定的方向不断得以自我强化。一旦人们作了某种选择，就好比走上了一条不归之路，惯性的力量会使这一选择不断自我强化，并让你轻易走不出去。

第一个提出“路径依赖”理论并使之声名远播的是道格拉斯·诺思，由于用“路径依赖”理论成功地阐释了经济制度的演进，道格拉斯·诺思于1993年获得诺贝尔经济学奖。诺思认为，“路径依赖”类似于物理学中的惯性，事物一旦进入某一路径，就可能对这种路径产生依赖。这是因为，经济生活与物理世界一样，存在着报酬递增和自我强化的机制。这种机制使人们一旦选择走上某一路径，就会在以后的发展中不断地自我强化。

“路径依赖”理论被总结出来之后，人们把它广泛应用在选择和习惯的各个方面。在一定程度上，人们的一切选择都会受到路径依赖的可怕影响，人们过去作出的选择决定了他们现在可能的选择，人们关于习惯的一切理论都可以用“路径依赖”来解释。

一个广为流传、引人入胜的例证是：现代铁路两条铁轨之间的标准距离是4.85英尺。原来，早期的铁路是由建电车的人设计的，而4.85英尺正是电车所用的轮距标准。那么，电车的标准又是从哪里来的呢？最先造电车的人以前是造马车的，所以电车的标准是沿用马车的轮距标准。马车又为什么要用这个轮距标准呢？英国马路辙迹的宽度是4.85英尺，所以，如果马车用其他轮距，它的轮子很快会在英国的老路上撞坏。这些辙迹又是从何而来的呢？从古罗马人那里来的。因为整个欧洲，包括英国的长途老路都是由罗马人为它的军队所铺设的，而4.85英尺正是罗马战车的宽度。任何其他轮宽的战车在这些路上行驶的话，轮子的寿命都不会很长。可以再问，罗马人为什么以4.85英尺作为战车的轮距宽度呢？原因很简单，这是牵引一辆战车的两匹马屁股的宽度。故事到此还没有结束。美国航天飞机燃料箱的两旁有两个火箭推进器，因为这些推进器造好之后要用火车运送，路上又要通过一些隧道，而这些隧道的宽度只比火车轨道宽一点，因此火箭助推器的宽度是由铁轨的宽度所决定的。

所以，最后的结论是：路径依赖导致了美国航天飞机火箭助推器的宽度，竟然是两千年前便由两匹马屁股的宽度所决定的。

路径依赖反映了历史对现在和将来发展的影响。路径依赖意味着人们过去的选择决定了他们现在可能的选择，任何体制和行为都离不开一定的历史社会环境，沿着既定的路径、体制和行为的改变可能进入良性循环，不断优化，也可能顺着原来的错误路径往下滑，甚至被“锁定”在无效或低效的状态，陷入恶性循环而不能自拔。

人们关于习惯的一切理论都可以用“路径依赖”来解释。它告诉我们，要想路径依赖的负面效应不发生，那么在最开始的时候就要找准一个正确的方向。每个人都有自己的基本思维模式，这种模式很大程度上会决定你以后的人生道路。而这种模式的基础，其实是早在童年时期就奠定了。做好了你的第一次选择，你就设定了自己的人生。

在国际IT行业中，戴尔电脑是一个财富的神话。戴尔计算机公司从1984年成立时的1000美元，发展到2001年销售额达到310亿美元，是一段颇富传奇色彩的经历。戴尔公司有两大法宝："直接销售模式"和"市场细分模式"。而据戴尔的创始人迈克尔·戴尔透露，他早在少年时就已经奠定了这两大法宝的基础。

戴尔12岁那年，进行了人生的第一次生意冒险——为了省钱，酷爱集邮的他不想再从拍卖会上卖邮票，而是通过说服自己一个同样喜欢集邮的邻居把邮票委托给他，然后在专业刊物上刊登卖邮票的广告。出乎意料地，他赚到了2000美元，第一次尝到了抛弃中间人，"直接接触"的好处。有了第一次，就再也忘不掉了。后来，戴尔的创业一直和这种"直接销售"模式分不开。

上初中时，戴尔就已经开始做电脑生意了。他自己买来零部件，组装后再卖掉。在这个过程中，他发现一台售价3000美元的IBM个人电脑，零部件只要六七百美元就能买到。而当时大部分经营电脑的人并不太懂电脑，不能为顾客提供技术支持，更不可能按顾客的需要提供合适的电脑。这就让戴尔产生了灵感：抛弃中间商，自己改装电脑，不但有价格上的优势，还有品质和服务上的优势，能够根据顾客的直接要求提供不同功能的电脑。

这样，后来风靡世界的“直接销售”和“市场细分”模式就诞生了。其内核就是：真正按照顾客的要求来设计制造产品，并把它在尽可能短的时间内直接送到顾客手上。

此后，戴尔便凭借着他发现的这种模式，一路做下去。从1984年戴尔退学开设自己的公司，到2002年排名《财富》杂志全球500强中的第131位，其间不到20年时间，戴尔公司成了全世界最著名的公司之一。正是初次做生意时的正确路径选择，奠定了后来戴尔事业成功的基础。

事实上，不仅仅是个人成就，其他方方面面同样也会遵循这种效应——人们会选择经常光顾一些熟悉的店铺，会选择同样的方式提高自己的工作效率，会喜欢在同样的商品上长年付出同样的价钱……

需要注意的是，在一直遵循对某种路径的依赖时，我们应当提醒自己，要随着条件和时间的变化进行必要调整。因为，当事物在某条固定的轨道上不停地运行时，恐怕效率已经降低，甚至消失了。若不及时地进行处理，路径依赖反而对经济生活决策产生不利影响。

PART

03

制度与规范

分粥的社会规则——制度

7个小矮人同住在一间小木屋中，他们想用非暴力的方式解决吃饭问题——分食一锅粥，但是没有任何容器称量。怎么办呢？大家试验了这样一些方法：

方法一：拟定一人负责分粥事宜。很快大家就发现这个人为自己分的粥最多，于是换了人，结果总是主持分粥的人碗里的粥最多最好。大家得出结论：权力导致腐败，绝对的权力导致绝对的腐败。

方法二：大家轮流主持分粥，每人一天。虽然看起来平等了，但是每个人在一周中只有一天吃得饱且有剩余，其余6天都饥饿难耐。结论：资源浪费。

方法三：选举一位品德尚属上乘的人，还能维持基本公平，但不久他就开始为自己和溜须拍马的人多分。结论：毕竟是人不是神！

方法四：选举一个分粥委员会和一个监督委员会，形成监督和制约。公平基本做到了，可是由于监督委员会经常提出多种议案，分粥委员会又据理力争，等粥分完，早就凉了！结论：类似的情况在政府机构比比皆是！

方法五：每人轮流值日分粥，但是分粥的人最后一个领粥。结果呢？每次7只碗里的粥都是一样多，就像科学仪器量过的一样。

这就是分粥的难题。要让分粥工作能够既有效率又公平，却不是一件容易的事情。所幸的是，7个小矮人通过实践与博弈，最终实现了效率与公平的共赢。

所谓“分粥”规则，是政治哲学家罗尔斯在其所著《正义论》中提出的。这个颇有趣味的小故事背后，罗尔斯所要揭示的却是社会财富的分配问题。罗尔斯把社会财富比作一锅粥，这锅粥当然不是敞开的“大锅饭”，所以罗尔斯假设7个小矮人共同分粥，这7个小矮人，实际上代表的就是政治经济学体制下的广大人民。而以上小矮人进行的不同的试验，代表的自然就是不同的制度。

在没有精确计量的情况下，无论选择谁来分，都会有利己嫌疑。经过多方博弈后，解决的方法就是第五种——分粥者最后喝粥，要等所有人把粥领走了，分粥者自己才能取剩下的那份。因为让分粥者最后领粥，就给分粥者提出了一个最起码的要求：每碗粥都要分得很均匀。道理明摆着——倘若分得不匀，最少的那碗肯定是自己的了。只有分得合理，自己才不至于吃亏。因此，分粥者即使只为自己着想，结果也是公正、公平的。

上述五种分粥制度假设的前提是所有的“分粥者”个个都

是自私鬼，没有一个是大公无私的。正因如此，他们一有机会便会“以权谋私”。美国《独立宣言》起草人之一托马斯·杰斐逊说：“自由的政府不是以信赖而是以猜疑为基础建立起来的。因此，在权力问题上，不是建立在对人性的信赖上，而是要用法律加以约束，防止其行为不端。”所以，制度至关重要，制度是人们选择、交易的结果。好的制度清晰而精妙，既简洁又高效，令人为之感叹。

从“分粥”的故事中我们可以认识到制度的重要性。所谓制度，就是约束人们行为的各种规矩。“没有规矩，不成方圆”，制度在维护经济秩序方面起着重要作用。首先，制度可以避免人们在交往过程中的不可预见行为。所谓不可预见行为，就是当事人在经济活动中的一个环节结束以后，不清楚下一步将会发生什么。有了制度以后，下一步该干什么规定得清清楚楚。也就是说，制度可以增强或保证人们在经济活动中的预期。例如，财务制度的建立，使得公司内部资金使用十分规范，人们只需按照相应的规定行事即可。其次，制度能避免机

会主义行为。“机会主义”在这里是指那些不遵循交易规则、一有机会就损人利己的经济行为。我国由计划经济向市场经济转型过程中，由于制度不健全，一些人钻价格双轨制的空子，把计划分配来的物资低价买来后，再拉到市场上高价卖出，从中牟取暴利，这就是典型的机会主义行为。有一位包工头每年年关，都要“消失”一段时间，然后等到除夕夜才出现。他之所以玩“消失”，就是为了逃避农民工讨工资。但在这年年关，这位包工头不再是开车远走他乡玩失踪。他的车子呢？已经卖掉了。原来，今年年关，政府出台了一项制度，只要拖欠农民工工资的包工头，下一年一概不再发包给他们。而这位包工头的主要服务对象就是政府部门组织的多项建设。他思前想后，没辙了，只得卖了车子，先付了农民工工资再说。可见，合理的制度确实可以对不规范的行为起到良好的约束与引导作用。阿里巴巴集团创办的支付宝，在曾经电子商务一度遭受信用质疑的时刻横空出世，化繁为简，填补了中国金融业在电子商务领域的缺陷，让每一个消费者都可以放心地进行网上交易。支付宝取得成功的原因就在于取得了消费者的信任，而它之所以能够取得信任，就在于通过了严格的制度，规范了网上交易的程序，买主和卖主的权益都得到了最大程度的保障。

生活中，无论是公司的制度，还是国家的制度，跟我们每一个人都有紧密的关系。往往一个新制度的产生，会给社会带来不可估量的影响。分粥规则对很多人带来了启发与思考。因此，要想制定合理的制度，就应该反思制度是否合理，制度是否简洁高效，制度是否处在激励与制约之间的平衡点上。

个人利益与集体利益的完美统一——激励相容

哈维茨创立的机制设计理论中“激励相容”是指：在市场经济中，每个理性经济人都会有自利的一面，其个人行为会按自利的规则行为行动；如果能有一种制度安排，使行为人追求个人利益的行为，正好与企业实现集体价值最大化的目标相吻合，这一制度安排，就是“激励相容”。现代经济学理论与实践表明，贯彻“激励相容”原则，能够有效地解决个人利益与集体利益之间的矛盾冲突，使行为人的行为方式、结果符合集体价值最大化的目标，让每个员工在为企业多做贡献中成就自己的事业，即个人价值与集体价值的两个目标函数实现一致化。

参与者理性实现个体利益最大化的策略，与机制设计者所期望的策略一致，从而使参与者自愿按照机制设计者所期望的策略采取行动。简单来说就是，没有人可以通过损害集体利益去实现自己利益的最大化。个人的利益和集体的利益是一致的，每个人努力为实现自己利益的目标工作，得到的结果也是集体利益的最大化。

就目前的实际情况而言，许多企业存在着激励不相容问题，在具体工作中表现为，企业认为职工“没有集体观念”“个人得失看得太重”等；另一方面，个人则认为企业“没有为个人的发展提供足够的空间”“制度设计不合理，抑制个人才能的发挥”“劳动成果没有得到相应的报酬与认可”

等。这些现实的矛盾与冲突，根本原因就在于激励相容机制的缺失，使得企业与个人在实现各自价值的过程目标函数产生了异化，进而表现出了企业与个人的“相互抱怨”。那么，如何才能设计出个人与企业价值的激励相容机制，从而实现两者价值最大化的“双赢”之道呢？

一是要设计合理的激励机制及手段。产生“相互抱怨”的企业都有一个共同的特点，即激励机制的缺失或扭曲。论资排辈、岗位僵死、固定的工资、平均的福利等现象在一些企业普遍存在，企业对个人的考核主要是根据资历、学历、职务或职称来确定。这种情况下，鼓励了员工片面地追求高学历、高职务、高职称，忙于应付各种考核，把相当一部分精力放在满足这些指标上，而忽视了实际能力的培养和发展。这就导致劳动报酬与劳动贡献发生偏离，影响了员工的工作态度，甚至出现怠工、出工不出力、出力不出活等现象。解决问题的途径就是要设计合理的激励机制及手段，要将劳动贡献与报酬直接挂钩，淡化资历、学历、职称等对收入的影响，破除学历、资历、身价等条条框框，不拘一格选拔人才、使用人才、培养人才。激励手段中要将个人的收入更多地以货币收入的形式表现，尽量抑制个人对非货币收入的动机，使个人与集体的两个目标函数一致起来，使两者的价值追求“相容”，为实现个人与企业的“双赢”打下良好的制度基础。

二是要为员工提供多渠道的职业发展路径。目前，大多数企业员工的薪酬待遇是随着个人管理地位的提高而增加的。也就是说，对于从事具体业务的人而言，要想收入提高，就需谋得较高的管理职位。这种收入分配的职务化，导致了员工个人发展路径的盲目化。一些员工本身优势在于专业项，但为了更高的物质收入，不得不把相当一部分精力从钻研业务中抽出来，去谋“职”、求“位”。为员工设计多渠道的职业发展路径就可以有效地解决这个问题。20世纪初，美国在一些企业实施的“双阶梯激励机制”，是为了给组织中的专业技术人员提供与管理人员平等的职业发展机会而设计的一种职业生涯系统和激励机制。在这种机制下，专业技术人员的职业生涯可以有两条平等的路径：一条是管理职业生涯路径，一条是技术职业生涯路径，走技术阶梯的人员能够与管理人员享有平等的发展机会和发展层级。这样，一方面，可以鼓励那些在业务技术上有优势和潜力的员工专心走业务技术的道路，为企业业务的创新与发展做出特有的贡献；另一方面，在一定程度上有效地扭转了员工把进入管理层作为唯一的职业发展道路的局面，为员工个人职业生涯打开了更多的通道。

三是要塑造健康向上的企业文化来凝聚优秀人才。没有良好的企业文化，员工与企业很难做到真正意义上的休戚相关。实践表明，企业仅仅靠条例、规章、制度是不能有效地解决组织运行中的诸多问题，尤其是不能使设计良好的公司治理结构发挥应有的作用，而企业文化作为各种规章制度发挥作用的根基，作为可以使人心服的“软件”，在人力资源潜能的调动中具有重要的作用。要在管理中贯彻“以人为本”的思想，强调对人性的理解和尊重，按人性的规律对人进行管理，将企业的经营思想、价值理念、行为方式等整合到员工的思想和工作中

激励相容

去，促使每个员工的积极性得以充分释放。

只有充分尊重劳动成果、激发个人潜能的制度设计，才是有效的、激励相容的制度。企业在设计激励相容机制时，要真正做到岗有所需、人有所值，实现人力资源配置最优化，切实把人力资源变为人力资本，保证企业价值实现的同时，能够使员工自身的优势和特长得到充分发挥，促进整体素质的提高、知识的升华和价值的实现。唯有如此，才能真正实现个人与企业价值的“双赢”。

让滥竽充数的人无处可藏——效率

人是理性的，即在付出劳动既定的情况下追求利益最大化，或者在获得利益既定的情况下力求付出的劳动最小化。这种利己性无可厚非，人总是在各种环境下善用所依存的条件实现自身利益最大化。在《韩非子》中就记载了南郭先生“滥竽充数”的故事。齐宣王爱好音乐，喜欢听人吹竽。每次听乐师吹竽，必定要挑选300个乐师一起合奏给他听。南郭先生听说齐宣王爱听合奏，便到齐宣王那里去推荐自己。齐宣王很高兴，以优厚的待遇将他留下来。事实上，南郭先生根本就不会吹竽，每次合奏时，他都是装腔作势。后来齐宣王死了，他的儿子齐湣王继承了王位，但是齐湣王喜欢听乐师独奏。南郭先生听到这个消息，赶紧逃走了。几千年来，人们一直把南郭先生当作以次充好、以外行充专家的典型，实际上，我们不得不说，在“合奏”的环境下，南郭先生的表现无疑是理性的：他不劳而获。齐宣王实行的是一种平均主义大锅饭制度，无论竽吹得如何，付出了多少劳动，都得到同样的一份食物，吹竽者当然出力越少越好。但是，南郭先生是个理性人，其他竽手也是理性人，并且会效仿。南郭先生不吹竽仍可获得同样的食物会成为一个榜样，引起更多人效仿，长此以往，乐团的竽声只会越来越小。这就是平均主义大锅饭所引起的集体无效率。这就是经济学家常说的，坏的制度使好人也会做坏事——使许多勤奋而有才华的吹竽手变懒。

要使南郭先生这样的懒人变得勤劳，靠的不是道德说教，而是大锅饭制度的改变。当齐湣王改变了大锅饭制度，要一个人一个人地吹竽时，南郭先生只有两条路，或者努力学吹竽，或者被淘汰。南郭先生最终选择了逃之夭夭。淘汰了南郭先生，就激励了其他人，效率必定提高。

人的懒惰或勤奋不是天生的，很大程度上是后天养成的。平均主义大锅饭制度可以把勤劳者变为懒人，而有效率的激励

朕要听独奏
快逃啊

制度也可以把懒人变为勤劳者。这就是经济学家常说的另一句话，好的制度使坏人也会做好事——懒惰的南郭先生不得不勤劳，否则就被淘汰了。

产生南郭先生的行为不是南郭本人的人性如何恶劣，而是齐宣王的平均主义大锅饭制度；使南郭先生逃跑的也不是他良心发现，而是齐湣王改变了制度。平均主义可以把勤劳者变为懒人，激励制度可以把懒人变为勤劳者。打破了大锅饭制度，虽然打破了南郭先生之流的“饭碗”，但是却为更多的人提供了公平。

其实，1958年下半年开始的“人民公社化”运动中，口粮由公社、生产队掌管，农民不在自己家里吃“小锅饭”，而要一起到公共食堂吃“用一个大锅煮的饭”，这种建立在绝对平均主义基础上的“大锅饭”制度，严重影响了劳动者的积极性：大锅饭制度养育了越来越多的“懒人”。

1978年冬，小岗村18位农民以“托孤”的方式，冒险在土地承包责任书上按下鲜红手印，实施了“大包干”。 这一“按”竟成了中国农村改革的第一份宣言，它改变了中国农村发展史，掀开了中国改革开放的序幕。自强不息的小岗人创造出了“敢想敢干，敢为天下先”的小岗精神 。

有激励才有动力——激励机制

一个老年人喜欢安静，他选择住在环境优美的市郊，但有一群孩子每天都到这里来玩，很吵闹。老人很厌烦这些小孩们，不希望自己在如此吵闹的环境中生活，但是如果直接撵他们走，恐怕也达不到他所预期的目标。于是他对孩子们说，你们来陪我，我很高兴，以后我每天给你们一人5块钱，孩子们都很高兴。几天后，老人说，以后给不了这么多了，每人只能给1块钱，孩子们不太高兴，但也勉强接受了。又过了几天，老人说，以后每天只能给1毛钱了。这次孩子们不干了，他们很气愤：这么少的钱，以后再也不来了！经济学的基本前提是承认人的本性是利己的，也就是说，人们行为的目标是个人利益的最大化。当老人对小孩们的激励逐渐减少时，小孩们都认为自己的利益已经受到损害，不愿意再陪老人玩了。在这些小孩看来，过来玩是因为有金钱的激励，当激励减少时，他们当然愤愤不平。老人就是成功运用反激励达到了自己的目的。

什么是激励机制呢？一种制度把个人利益与组织整体利益统一起来，让个人在实现自身利益的同时也实现了组织的整体

利益，这样的制度就是激励机制。

18世纪英国政府为了开发新占领的殖民地——澳大利亚，决定将已经判刑的囚犯运往澳大利亚。从英国运送到澳大利亚的船运工作由私人船主承包，政府支付长途运输费用。据英国历史学家查理·巴特森写的《犯人船》记载，1790到1792年间，私人船主运送犯人到澳大利亚的26艘船共4082人，死亡498人，死亡率很高。其中有一艘名为海神号的船，424个犯人死了158人。英国政府不仅经济上损失巨大，而且在道义上受到社会的强烈谴责。

对此，英国政府实施一种新制度以解决此问题。政府不再按上船时运送的囚犯人数支付船主费用，而是按下船时实际到达澳大利亚的囚犯人数付费。新制度立竿见影，据《犯人船》记载，1793年，3艘新制度下的船到达澳大利亚后，422名罪犯只有1人死于途中。此后，英国政府对这些制度继续改进，如果罪犯健康良好还给船主发奖金。这样，运往澳大利亚罪犯的死亡率下降到1%左右。

如果从我们熟悉的一般思维方式上寻找解决以上犯人死亡的问题，一般可以列举出两种做法：对船主进行道德说教，寄希望于私人船主良心发现，为囚犯创造更好的生活条件；或者政府进行干预，使用行政手段强迫私人船主改进运输方法。但以上两种做法都有实施难度，同时效果也许甚微。然而，新的激励机制顺应了船主们牟利的需求，也使得犯人平安到达目的地。这就是激励机制的重要作用。

作为经济学中的重要原理之一，激励现象存在于人们的任何决策和行为之中。就个人而言，根据行为科学理论，只有尚未满足的需要才有激励作用，已经满足的需要只能提供满意感。需要本身并不能产生激励，对满足需要的期望才真正具有激励作用。当我们因为一个小小的成就而尝到甜头，受到激励时，我们会做出相对比较大的成就。激励会使我们在追求成功的道路上产生良性循环，而幸福感就在循环中不知不觉产生了。

在工作过程中，在能力一定的情况下，激励水平的高低将决定其工作成绩的大小。综合运用多种激励方法是有效提高激励水平的一大法宝。激励机制是否产生了影响，取决于激励方法是否能满足个人的需要。主要的激励方式包括如下几种：

一是物质激励。通过满足个人利益的需求来激发人们的积极性与创造性。只对成绩突出者予以奖赏，如果见者有份，既助长了落后者的懒惰，又伤害了优秀者的努力动机，从而失去了激励意义。

二是精神激励。通过满足个人的自尊、自我发展和自我实现的需要，在较高层次上调动个人的工作积极性。精神激励主要有目标激励、荣誉激励、感情激励、信任激励、尊重激励。

三是任务激励。让个人肩负起与其才能相适应的重任，由社会提供个人获得成就和发展的机会，满足其事业心与成就感。

四是数据激励。明显的数据对人产生明显的印象，激发强烈的干劲。数据激励，就是把各人的行为结果用数字对比的形式反映出来，以激励上进，鞭策后进。

五是强化激励。对良好行为给予肯定，即正强化，使之能继续保持；对不良行为给予否定与惩罚，即负强化，使之能记住教训，不再犯同样的错误。

激励机制对个人的某种符合组织期望的行为具有反复强化、不断增强的作用，在这样的激励机制作用下，组织不断发展壮大，不断成长。此外，尽管激励机制设计者的初衷是希望通过激励机制的运行，能有效地调动个人的积极性，实现组织的目标，但是，无论是激励机制本身不健全，还是激励机制不具有可行性，都会对一部分人的积极性起抑制作用和削弱作用，这就是激励机制的致弱作用。

制度和纪律是不可触摸的铁网——热炉法则

火炉面前人人平等，谁摸谁挨烫，这就是“热炉法则”。三国时代孔明挥泪斩马谡的故事就是“热炉法则”的应用。马谡是诸葛亮很喜欢的一员爱将。诸葛亮在与司马懿对战街亭时，马谡自告奋勇要出兵守街亭。诸葛亮虽然很赏识他，但知道马谡做事未免轻率，因而不敢轻易答应他的请求。但马谡表示愿立军令状，若失败就处死全家，诸葛亮只好同意给他这个机会，并指派王平将军随行，并交代马谡在安置完营寨后须立刻回报，有事要与王平商量，马谡一一答应。可是军队到了街亭，马谡执意在山上扎营，完全不听王平的建议，而且没有遵守约定将安营的布阵图送回本部。司马懿派兵进攻街亭时，在山下切断了马谡军队的粮食及水的供应，使得马谡兵败如山倒，蜀国的重要据点街亭因而失守。面对爱将的重大错误，诸葛亮没有姑息他，而是马上挥泪将其处斩了。诸葛亮不因为马谡是自己的爱将就网开一面，从而保证了惩罚的平等性。事前预立军令状，做到了预防性。撤军后马上执行斩刑，体现了即时性。正是因为能做到这些，才使蜀国在实力最弱的情况下存活了那么长时间，军队也保持了长久的战斗力。

组织制定所有的制度、标准、规范都是为了执行，不执行，再好的制度也只不过是废纸一张，甚至比没有制度的危害性更大。那么，怎样才能严格执行呢？那就是运用“热炉法则”。“热炉法则”向我们形象地阐述了执行制度时惩处的原则：

（1）热炉火红，不用手去摸也知道炉子是热的，是会灼伤人的预防性原则。这就要求领导者要经常对下属进行规章制度教育，以警告或劝诫不要触犯规章制度，否则会受到惩处。

（2）每当你碰到火炉，肯定会被灼伤的必然性原则。只要触犯单位的规章制度，就一定会受到惩处。

（3）当你碰到热炉时，立即就被灼伤的即时性原则。惩处必须在错误行为发生后立即进行，绝不拖泥带水，绝不能有时间差，以便达到及时改正错误行为的目的。

（4）不管谁碰到热炉，都会被灼伤的公平性原则。对公平的追求来源于人类的天性，只有公平的制度才可能得到大家的认可及拥护。

（5）不管在任何时候碰到热炉，都会被灼伤的有效性原则。

制度明确规定了员工该做什么，不该做什么，就好像是标明了在哪里有“热炉”，一旦碰上它，就一定会受到惩罚。

海尔集团有个规定，所有员工走路都必须靠右行，在离开座位时则需将椅子推进桌洞里，否则，都将被课以罚款。在实践中，海尔就是这样做的。在奥克斯集团的各项纪律中，有一项规定是开会时不得有手机铃声，若违反，每次罚款50元。在奥克斯集团内，无论大会小会，都不会受手机铃声的干扰，即使是刚进奥克斯的新人也知道必须养成这样的良好习惯，绝不触犯。

这些企业之所以做这样的规定，用意无非是希望全体员工在心目中形成一种强烈的观念：制度和纪律是一个不可触摸的“热炉”。只有这样，才能做到令行禁止、不徇私情，真正实现“热炉法则”。

“热炉法则”不仅适用于企业管理，更适用于惩治腐败。纵观所有的腐败案件，大多都是由于权力过于集中，导致监督失控或形同虚设而造成的。有的领导干部往往自视甚高，一旦手中有那么一点权力，就把自己置身于团队之外、集体之外、制度之外，不受任何约束和监控，失去监督，甚至操纵权柄，放任自己，无视自己的违规行为，结果走上了犯罪道路。“热炉法则”强调公平公正，事先预警，事后严惩，不失为惩戒腐败的利器。

在运用“热炉法则”的同时，我们也应看到，“热炉法则”的缺陷。惩罚制度毕竟是手段而不是目的，使用过度就会适得其反。犯错误的载体人，是有血、有肉、有思想、有情感的，所以在达到处罚目的的同时，要充分考虑受罚员工的想法和承受能力，对不同状态的员工采取相应的方法与对策。通过处罚从而达到教育员工、规范行为、促进发展的目的。并从技能培训、企业文化建设和建立科学的奖惩机制入手，使员工心悦诚服、勇于认错。这样的话，热炉给员工的就不仅仅有烫的感觉，也有温暖的感觉。

少数服从多数并不一定合理——公共选择

公共选择理论的主要假设是经济人假设，它的含义是指人都是理性的自利主义者，即人们会在约束条件下使自身利益最大化。公共选择就是将经济学用来研究政治，也就是如何把个人偏好转化为公共偏好的问题。

公共选择理论认为，人类社会由两个市场组成：一个是经济市场，另一个是政治市场。在经济市场上活动的主体是消费者（需求者）和厂商（供给者）；在政治市场上活动的主体是选民、利益集团（需求者）和政党官员、政治家（供给者）。经济市场上，人们通过货币选票来选择能给他带来效用的私人物品；但在政治市场上，人们通过民主选票来选择能给其带来最大利益的政治家、政策法案和法律制度。

西方主流经济学家认为，在经济市场上，个人受利己动机支配追求个人利益最大化；在政治市场上，个人的动机和目标是利他主义的，超越了个人利益。公共选择理论试图把人的行为重新纳入一个统一的分析框架或理论模式，用经济学的方法和基本假设来统一分析人的行为的两方面，从而拆除传统的西方经济学在经济学与政治学之间竖起的隔墙，创立使二者融为一体的新政治经济学体系。在经济市场和政治市场上活动的是同一个人，没有理由认为同一个人会根据两种完全不同的行为动机进行活动。主流经济学分析方法在逻辑上是自相矛盾的，这种政治经济截然对立的“善恶二元论”是不能成立的。

美国马里兰大学教授丹斯·缪勒给公共选择理论下的定义常常被西方学者引用：“公共选择理论被定义为非市场决策的经济研究，或者可以简单地定义为把经济应用于政治科学。公共选择的方法仍然是经济学的方法。”大致来说，公共选择是这样一种理论：其研究对象为集体的非市场决策过程；其使用的研究工具和方法为经济学的工具和方法，尤其是价格理论；它把政治舞台理解为市场，把选民、官僚和政客视为政治市场中的博弈者，把选票看成是货币。公共选择讨论的是政治市场中的经济人行为。

政治市场中的经济人可以细分为三类：

（1）选民，他们手中的选票相当于经济市场中消费者手中的货币。

（2）政客，是靠选民而生活的人。

（3）官僚，作为政策的职业执行者的经济人。

一般来说，公共选择的两大基本问题是集体行动和偏好加总问题。由于不管是集体行动还是偏好加总都取决于规则，因此规则才是最根本的。公共选择理论的最终目的就是寻找一种规则，使理性的经济人在自利的同时也造福社会。

在某些情况下，人们可能投票选择大多数人最不喜欢的方案。比如有一个7人委员会，成员中有2个左派、2个中派、3个右派，他们的表决如下所示。

三派表决表

	左派		中派		右派			公共决策
	1	2	3	4	5	6	7	
最佳选择	左	左	中	中	右	右	右	右
次佳选择	中	中	左	左	中	中	中	中
最次选择	右	右	右	右	左	左	左	左

根据简单多数规则，有3个人赞成右方案，构成了简单多数，所以右方案成为入选的公共决策。再仔细观察可以得知，右方案是左派和中派最不喜欢的方案。在这里，大多数人最不喜欢

的方案被选中了，这种结果使得大多数人受到了损害。

由此可见，尽管少数服从多数的原则被人们在各种场合运用，但也不能盲目崇拜，否则也会产生有害的效果。

所以，布坎南在谈到公共选择过程的决策规则时强调，只有在所有的人都一致同意的前提下，公共决策才能被认为是最佳的。因为，只要有一个人反对，就说明这一决策损害了他的利益。由于个人与个人之间的成本和收益是不可相加、也不可相减的，所以我们无法证明，这一个人牺牲自己的利益以“成全”大家从社会角度看是值得的。这种一致同意的原则与市场原则是一样的。只不过在市场中，同意只需在两人之间实现，而在对公共物品的集体决策中，同意却要在众多人之中实现。这就带来了很大的麻烦，因为人越多，意见越多，实现一致同意就越困难。不用说很多，设想在一万人中实现一致同意也会是很困难的。更何况，在现实中，许多国家的人口超过了100万、1000万、1亿甚至10亿人。为了解决这个问题，于是就出现了少数服从多数的原则。它简化了公共选择过程，但同时也带来了一些弊端，其中之一就是存在着对少数人利益侵犯的可能性。因为这些人再也不能像在市场中一样，用“不同意”来避免损失了。在一定程度内，这是为了较低成本地实现公共选择而付出的代价，所有的人在接受少数服从多数原则时，就已经事先认可了这种代价。但少数服从多数的原则确实也潜伏着被滥用的危险，导致对少数人的利益不加限制的侵犯。这时，民主赖以建立的基础受到了挑战。

对于这种情况，有两种解决办法。一种是对投票程序进行改进，即布坎南的“宪法改革”。另一种办法，就是限制投票程序的适用范围。限制的范围包括两类：一类是市场能够解决的问题，即市场制度下的基本产权；另一类就是基本人权。前者不可投票是因为市场解决这类问题比投票程序更好；并且公众一旦就某一私人物品的价格投票，就必然会伤及市场中一部分人的利益。

人们常常认为，从社会是由许多个人构成的整体这个意义上说，社会比个人更重要，进而把社会与个人对立起来，以致认为为了社会利益，可以不惜损害个人价值。计划经济就是在这样的基础上建立起来的。所以，市场化和民主化首先应是观念上的革命，是对人的价值和人的权利重新肯定和再度张扬。

法律不能成为摆设——法经济学

一位哲人曾说过："人身上一半是天使，一半是魔鬼。"这句话有几分道理：一个社会的经济秩序主要是靠法律规范甚至靠法律惩罚建立巩固的，假如没有严厉的法纪，天使也会变成魔鬼。

市场经济是一种以市场为基础，配置社会资源的经济运行方式和竞争平台，市场交易的基本原则是公平、公开、公正。没有法律，市场秩序将一片混乱。

大家知道，市场经济是一种竞争经济。通过竞争达到优胜劣汰，合理配置资源，是市场经济的优越性之一。但是，市场竞争必须是公平、合法的竞争，否则，市场机制就可能失灵或扭曲。在市场竞争中，有些竞争者为了贪图利益不惜冒大风险，采取各种不正当手段进行或限制竞争，这必然妨碍正常的市场竞争。在市场经济的环境下，需要运用法律手段规范和制裁不正当竞争和垄断行为，维护公平、合理的市场竞争。这就像球赛时，球员必须依照一定的规则进行比赛，没有规则，比赛就无法进行。因此，市场经济的法律体系就相当于比赛规则，它是维护正当竞争的保障。

市场经济愈发达，法制会愈发展。我国现在虽处在社会主义初级阶段，但是必须永远坚持这一原则，那就是"社会主义市场经济是法制经济"。如果有法不依，尤其是对经济违法犯罪的惩罚力度疲软，法律成了做摆设的稻草人，市场经济的秩序必然会遭到破坏，最终是全社会为此买单。由经济人组成的社会，其社会秩序并不是靠甜言蜜语式的说教劝出来的，而是依靠完善的立法和严格的执法维护的。

在英国发展商品经济的初期，假冒伪劣产品不少，借钱欠款不还也相当普遍。但当法律得到认真严厉的执行，制假售假者被惩罚得倾家荡产还要成囚徒，借钱和欠款者不但要被抄家抵债还要进监狱，谁还敢藐视市场经济的规则？也正是这样，英国市场秩序变得井井有条，依法惩罚造就了一个文明诚信的英国。在意大利，著名国际影星逃税多年一下飞机立即被捉拿归案，谁敢不依法照章纳税？在新加坡，吐一口痰要罚款5000新元，谁敢和神圣的法律去较劲？

如果有法不依，法律便成了稻草人。如果政府管理部门只局限于对市场进行突击检查，没有人对市场进行日常的产品质量检验，恐怕伪劣产品会继续源源不断地流入市场。我国的市场经济违法行为如此泛滥，其实解决途径很简单。应该加大对市场经济违法行为的打击力度，使违法犯罪的成本远远大于其收益，而且执法立竿见影，令行禁止，权贵犯法与草根同罪时，那么谁也不会破坏市场经济的法则。

在社会主义市场经济中，政府充当的是市场经济“监管者”的角色，政府在为市场做好服务的同时，也应该拿起手中的“大棒”严厉打击市场中的违法行为，切实维护好市场经济的秩序，从而为社会创造完美的市场交易秩序。

第四篇

如何打理自己的财富：二十几岁要懂得的投资理财经济学

PART

01

银行

金融机构家族的“老大哥”——银行

银行是通过存款、贷款、汇兑、储蓄等业务，承担信用中介的金融机构。它是金融机构之一，而且是最主要的金融机构，它的主要业务范围有吸收公众存款、发放贷款以及办理票据贴现等。那么，银行是怎么发展而来的呢？

中世纪的时候，欧洲只有两种人有钱，一种是贵族，另一种是主教。所以，银行是不必要的，因为根本没有商业活动。到了17世纪，一些平民通过经商致富，成了有钱的商人。他们为了安全起见，都把钱存放在国王的铸币厂里。那个时候还没有纸币，所谓存钱就是指存放黄金。因为那时实行“自由铸币”制度，任何人都可以把金块拿到铸币厂里，铸造成金币，所以铸币厂允许顾客存放黄金。

但是这些商人没意识到，铸币厂是属于国王的，如果国王想动用铸币厂里的黄金，那是无法阻止的。1638年，英国的国王查理一世同苏格兰贵族爆发了战争，为了筹措军费，他就征用了铸币厂里平民的黄金，美其名曰贷款给国王。虽然，黄金后来还给了原来的主人，但是商人们感到，铸币厂不安全。于是，他们把钱存到了金匠那里。金匠为存钱的人开立了凭证，以后拿着这张凭证，就可以取出黄金。

这时正是17世纪60年代末，现代银行就是从那个时候诞生的。所以，世界上最早的银行都是私人银行，最早的银行券都是由金匠们发行的，他们和政府没有直接的关系。

从上面这段资料，大家就可以看出，银行起源于古代的货币经营业。而货币经营业主要从事与货币有关的业务，包括金属货币的鉴定和兑换、货币的保管和汇兑业务。当货币经营者手中大量货币聚集时就为发展贷款业务提供了前提。随着贷款业务的发展，保管业务也逐步改变成存款业务。当货币活动与信用活动结合时，货币经营业便开始向现代银行转变。1694年，英国英格兰银行的建立，标志着西方现代银行制度的建立。

“银行”一词，源于意大利Banca，其原意是“长凳、椅子”，是最早的市场上货币兑换商的营业用具。英语转

化为Bank，意为存钱的柜子。在我国，之所以有“银行”之称，则与我国经济发展的历史相关。在我国历史上，白银一直是主要的货币材料之一。“银”往往代表的就是货币，而“行”则是对大商业机构的称谓。因此，就把办理与银钱有关的大金融机构称为银行。

在我国，明朝中叶就形成了具有银行性质的钱庄，到清代又出现了票号。第一次使用银行名称的国内银行是“中国通商银行”，成立于1897年5月27日，最早的国家银行是1905年创办的“户部银行”，后称“大清银行”，1911年辛亥革命后，大清银行改组为“中国银行”，一直沿用至今。

在我国，银行有多种分类方法，一般大而化之的分类方法是把银行按如下方法分类：

第一类是中国人民银行，它是中央银行，在所有银行当中起管理作用。

第二类是政策性银行，如农业发展银行、国家开发银行、进出口银行，它们一般办理政策性业务，不以营利为目的。

第三类是商业银行，又可分为全国性国有商业银行，如工行、农行、中行、建行；全国性股份制商业银行，如招商银行、华夏银行、民生银行；区域性商业银行，如广东发展银行；地方性商业银行，如武汉市商业银行、南京银行。不过，随着银行业务范围的扩大，后三者的区别正在缩小。

最后一类是外资银行。外资银行有很多，比较著名的有花旗银行、汇丰银行等。在现在，外资银行一般都设在一线城市，它的业务与国内银行有很大不同，不过现在已逐步放开它的业务范围。

值得注意的是，银行是经营货币的企业，它的存在方便了社会资金的筹措与融通，它是金融机构里非常重要的一员。商业银行的职能是由它的性质所决定的，主要有五个基本职能：

（1）信用中介职能。信用中介是商业银行最基本、最能反映其经营活动特征的职能。这一职能的实质，是通过银行的负债业务，把社会上的各种闲散货币集中到银行里来，再通过资产业务，把它投向经济各部门。商业银行是作为货币资本的贷出者与借入者的中介人或代表，来实现资本的融通，并从吸收资金的成本与发放贷款利息收入、投资收益的差额中，获取利益收入，形成银行利润。商业银行通过信用中介的职能实现资本盈余和短缺之间的融通，并不改变货币资本的所有权，改变的只是货币资本的使用权。

（2）支付中介职能。银行除了作为信用中介，融通货币资本以外，还执行着货币经营业的职能，通过存款在账户间的转移，代理客户支付，在存款的基础上，为客户兑付现款等，成为工商企业、团体和个人的货币保管者、出纳者和支付代理人。

（3）信用创造功能。商业银行在信用中介职能和支付中介职能的基础上，产生了信用创造职能。以通过自己的信贷活动创造和收缩活期存款，而活期存款是构成货币供给量的主要部分。因此，商业银行就可以把自己的负债作为货币来流通，具有了信用创造功能。

（4）金融服务职能。随着经济的发展，工商企业的业务经营环境日益复杂化，许多原来属于企业自身的货币业务转交给银行代为办理，如发放工资、代理支付其他费用等。个人消费也由原来的单纯钱物交易，发展为转账结算。现代化的社会生活，从多方面给商业银行提出了金融服务的要求。

（5）调节经济职能。调节经济是指银行通过其信用中介活动，调剂社会各部门的资金短缺，同时在央行货币政策和其他国家宏观政策的指引下，实现经济结构、消费比例投资、产业结构等方面的调整。此外，商业银行通过其在国际市场上的融资活动还可以调节本国的国际收支状况。

商业银行的“本钱”——银行资本金

做生意必须要有本钱，如果有人想做生意，而自己一分本钱都没有，你敢借钱给他吗？同样的道理，商业银行也要有自己的本钱，即资本金。试想谁敢把钱存进没有本钱的银行呢？

资本金是商业银行的立身之本，没有本钱或者本钱过少，商业银行就无法经营。商业银行的资本金与一般企业的资本金是大不相同的。按照国际惯例，企业负债率（即负债占总资产的比率）通常在60%～70%，资本金比率在30%～40%。但商业银行是特殊的企业，它的资金80%～90%是从各种各样的客户手中借来的，它的资本金只占全部资产的10%左右。各国的商业银行法均为商业银行设立有最低注册资本限额的规定。此外，根据巴塞尔协议，商业银行的资本充足率要达到8%，其中核心资本要达到4%。

中外贸易的早期，香港的金融业务一般由主要的大洋行，如怡和和旗昌来兼营。另外，一些总部在英国和印度的银行也在香港做一些金融业务，如汇理银行、渣打银行等。只不过这些银行的重心并不在香港，因此，所提供的金融服务并不能完全满足贸易的需要。到了19世纪60年代，这种金融服务的欠缺状况已经越来越明显。

在印度的英国商人敏锐地意识到了这个商业机会。孟买的一些英国商人开始筹建面向中国市场的“中国皇家银行”。这

个消息传到香港以后，引起了另一个英国人的注意，这个英国人就是汇丰银行的主要发起人苏石兰。当时，苏石兰是著名的大英轮船公司在香港的代理人，已经在香港工作了十多年。由于大英轮船公司的声望和他本人的资历，苏石兰在香港已经有了相当程度的号召力。苏石兰决心抢先开办一家银行，方便在香港和日益兴盛的上海等地区进行贸易活动的洋行中的商人们的经济往来。

苏石兰拿着银行成立的计划书，走遍了香港的主要大洋行，希望得到这些洋行的支持，他本人持有注册资本金500万港元。大多数有名的洋行都欣然同意入股，所需资金很快募足。1864年8月6日，汇丰银行召开了由多家洋行参加的临时委员会第一次会议。1865年年初，汇丰完成筹备工作。3月3日，汇丰银行正式开业，总部就设在今天香港汇丰银行的所在地。直到现在，这个地址始终未变。如今的汇丰银行总部仍然保持着那个时代的印记，那老式的建筑记录了现代银行业的发展轨迹。

汇丰银行为什么能在短短的时间之内迅速地成立起来？这得益于创始人苏石兰获得了充足的资本金，这是任何一家银行成立必不可少的一大笔本钱。

从本质上看，属于商业银行的自有资金才是资本，它代表着投资者对商业银行的所有权，同时也代表着投资者对所欠债务的偿还能力。但是，在实际工作中，一些债务、商业银行持有的长期债券也被当作银行资本。

在日常经营和保证长期生存能力中，商业银行的资本金起到了关键的作用，这种关键的作用主要体现在五大方面：

（1）资本金是一种减震器。当管理层注意到银行的问题并恢复银行的营利性之前，资本金通过吸纳财务和经营损失，减少了银行破产的风险。

（2）在存款流入之前，资本金为银行注册、组建和经营提供了所需资金。一家新银行需要启动资金来购买土地、盖新楼或租场地、购买装备设施，甚至聘请职员，而这些都离不开大量的资金。

（3）资本金增强了公众对银行的信心，消除了债权人（包括存款人）对银行财务能力的疑虑。银行必须有足够的资本，才能使借款人相信银行在经济衰退时也能满足其信贷需求。

（4）资本金为银行的增长和新业务、新计划及新设施的发展提供资金。当银行成长时，它需要额外的资本，用来支持其增长并且承担提供新业务和建新设施的风险。大部分银行最终的规模超过了创始时的水平，资本金的注入使银行在更多的地区开展业务，建立新的分支机构来满足不断扩大的市场和为客户提供便利的服务。

（5）资本金作为规范银行增长的因素，有助于保证银行实现长期可持续的增长。管理当局和金融市场要求银行资本的增长大致和贷款及其风险资产的增长一致。因此，随着银行风险的增加，银行资本金吸纳损失的能力也会增加，银行的贷款和存款如果扩大得太快，市场和管理机构就会给出信号，要求它或者放慢速度，或者增加资本金。

商业银行的资本金可以说是商业银行的命脉所在，是关系银行稳定的重要支柱。因此，金融监管部门和国际上的金融监管组织都对商业银行的资本金充足水平作出了较严格的规定，同时加以严格监督。

银行不是“保险箱”——银行风险

当你领到现金薪水时，如果有一部分不着急用，你可能立刻就想到把钱存到银行，因为你担心现钞揣在身上或者藏在家里很不安全。但是，也许你没有想过，银行也不是绝对安全的“保险箱”，同样面临着很多风险。那么，商业银行主要面临哪些风险呢？

（1）信用风险。就是商业银行无法按期收回贷款本息的风险，这是商业银行最主要的风险。发放贷款是商业银行最传统也是最主要的业务，但贷款有可能由于种种原因收不回来。比如，由于贷款者恶意赖账或者由于贷款者无力偿还，形成坏账。一旦形成坏账，商业银行只能用资本金或者累积的盈余来弥补。当坏账规模过大，导致商业银行的资本耗尽、资不抵债时，商业银行只能破产倒闭。1982年夏天，意大利最大的私人银行阿姆伯西诺银行，因为无法收回在拉丁美洲的14亿美元贷款，致使银行资本严重亏空，最终这家拥有60亿美元存款的银行只好倒闭关门。

近几年来，国内经济进行体制改革，一些大中小型企业，由于长期运作不规范，造成企业严重亏损，以致形成银行有钱不敢贷款，企业生产缺乏资金、资信良好的企业不贷款，经营差的企业不能贷的局面。

（2）市场风险。这是指由于利率、汇率、证券价格及其他资产和商品价格的波动给商业银行带来损失的风险。存款和贷款的利差是商业银行收入的主要来源，利率的波动自然会造成收入的波动。对于有些商业银行，尤其是那些开办跨国业务的银行，汇率波动也会给它们的外币资产带来贬值的风险。此外，一些实物资产的价格波动也会给商业银行带来风险。比如，用作贷款抵押物的房屋的价格跌了，也会间接给银行带来损失。

（3）操作风险。这是指由不完善或有问题的内部程序、人员及系统或外部事件所造成损失的风险。比如，由于银行内部控制不够严密，某个职员可能会违反规定错误操作或者干脆携款潜逃，给银行带来巨大损失。

下面是一个操作风险的典型案例。1995年2月26日，英国中央银行突然宣布：巴林银行不得继续从事交易活动并将申请破产清算。这则消息让全世界为之震惊，因为巴林银行是英国举世闻名的老牌商业银行，有着233年的悠久历史，在全球掌管着270多亿英镑的资产，它曾经创造过无数令人羡慕的辉煌业绩，被人们看作是金融市场上一座辉煌耀眼的金字塔，连英国皇室的伊丽莎白二世和威廉王子都是它的顾客。这座久负盛名的“金字塔”怎么会突然一夜之间轰然倒塌呢？说起巴林银行破产的原因，更加让人难以置信：它竟葬送在巴林银行新加坡分行的一名普通职员之手！

搞垮这座“金字塔”的是一个刚满28岁，名叫尼克·里森的交易员。1992年，里森加入巴林银行并被派往新加坡分行。

由于工作勤奋、机敏过人，里森很快升任交易员，负责新加坡分行的金融衍生品交易。里森的主要工作是在日本的大阪及新加坡进行日经指数期货的套利活动。然而过于自负的里森并没有严格按照规则去做，他判断日经指数期货将要上涨，伪造文件、私设账户挪用大量的资金买进日经指数期货。1995年日本神户大地震打碎了里森的美梦，日经指数大幅下挫，里森持有的期货头寸损失巨大，此刻如果里森立即平仓，损失还在可控的范围。然而自负的里森选择了孤注一掷，继续大量买进期货合约，结果损失进一步扩大。

1995年2月23日，里森突然失踪，他失败的投机活动导致巴林银行的损失逾10亿美元之巨，已经远远超过了巴林银行5.41亿美元的全部净资产。英格兰银行束手无策，于2月26日正式宣告巴林银行破产。3月6日，这家拥有200多年辉煌历史的老牌银行被荷兰商业银行以1英镑的象征性价格收购。

巴林银行破产的原因耐人寻味。从表面上看，巴林银行是由于里森个人的投机失败直接引发的。而实际上，深层次

的原因在于巴林银行控制内部风险尤其是操作风险的制度相当薄弱。

除此之外，商业银行还面临着国家风险、政策风险等。可见，银行面临的风险还真不少，必须要求监管当局加强对银行风险的防范和控制，既保护银行的利益，也保护存款人的利益。

在商业银行的日常营运中，监管当局需要严格监督银行的风险，主要包括资本充足率监管、损失准备金监管、流动性监管等。流动性是银行的资金周转能力，监管当局也要求银行保持必要的流动性，以保证健康经营。

在稳定中增值——储蓄

中国人有储蓄的传统。过日子，一般都会积攒一部分以备将来的开销，如购房、看病、子女上学、养老，都需要大笔开支，都得事先积蓄准备。节省出来的钱放在哪里呢？放在家里不安全，投入股市风险又太大，一般人都会选择存进银行。储蓄是指存款人在保留所有权的条件下，把使用权暂时转让给银行或其他金融机构的资金或货币，这是最基本也最重要的金融行为或活动。

存款是银行最基本的业务之一，没有存款就没有贷款，也就没有银行。从产生时间来看，存款早于银行。中国在唐代就出现了专门收受和保管钱财的柜坊，存户可凭类似支票的“贴”或其他信物支钱。中世纪在欧洲出现的钱币兑换商也接受顾客存钱，属钱财保管性质，不支付利息，是外国银行存款业务的萌芽。随着银行和其他金融机构的出现，银行的储蓄存款业务得到了迅速发展。

中国的老百姓有储蓄的传统，只不过在以前，人们储蓄是选择自己保存金钱，如今选择由银行代为保存现金。在我国，储蓄存款的基本形式一般可分为活期储蓄和定期储蓄两种。

活期储蓄指不约定存期、客户可随时存取、存取金额不限的一种储蓄方式。活期储蓄是银行最基本、最常用的存款方式，客户可随时存取款，能自由、灵活调动资金，是客户进行各项理财活动的基础。活期储蓄以1元为起存点，外币活期储蓄起存金额为不得低于20元或100元人民币的等值外币（各银行不尽相同），多存不限。开户时由银行发给存折或银行卡，凭折或银行卡存取，定期结算利息。活期储蓄适合于个人生活待用款和闲置现金款，以及商业运营周转资金的存储。

定期储蓄存款是约定存期，一次或分次存入，一次或多次取出本金或利息的一种储蓄存款。定期储蓄存款存期越长利率越高。我国各大银行的定期储蓄主要包括：整存整取定期储蓄存款、零存整取定期储蓄存款、存本取息定期储蓄存款、定活两便储蓄存款、通知存款、教育储蓄存款、通信存款等。

选择储蓄，图的是安全稳妥，所以在选择储蓄品种时，应当首先考虑方便与适用，在此基础上，再考虑怎么获得更多利息。日常的生活费、零用钱，由于需要随时支取，最适合选择活期储蓄。如果有一笔积蓄在很长时间内不会动用，可以考虑整存整取定期存款，以便获得较高的利息，存款期限越长，利息越高。如果要为子女教育提前积蓄资金，也可以选择银行开办的教育储蓄。

对于普通老百姓而言，储蓄是最基本的金融活动，储蓄理应成为每个人生活必不可少的一部分。藤田田是日本所有麦当劳快餐店的主人。但他年轻的时候，麦当劳是世界闻名的连锁快餐公司，想要获得特许经营权，至少要有75万美元的现金，但藤田田只有5万美元。为了实现经营麦当劳的理想，藤田田决定去贷款。一天早上，他敲响了日本住友银行总裁办公室的门。银行总裁问他现在手里的现金有多少。“我有5万美元！”“那你有担保人吗？”总裁问。藤田田说：“没有。”总裁委婉地拒绝他的要求。在最后时刻，藤田田说：“您能不能听听我那5万美元的来历？”总裁点头默许。于是藤田田开始说道：“您也许会奇怪，我这么年轻怎么会拥有这笔存款？因为几年来我一直保持着存款的习惯，无论什么情况发生，我每个月都把工资奖金的1/3存入银行。不论什么时候想要消费，我都会克制自己咬牙挺过来。因为我知道，这些钱是我为干一番事业积攒下来的资本。”听了这话，总裁不禁对这个年轻人的毅力和恒心触动了。接下来，他给藤田田存款的银行打去了电话，得到了对方银行肯定的答复。放下电话，他告诉藤田田：“我们住友银行，无条件地支持你经营麦当劳的举动，请来办理贷款手续吧！”

这位总裁后来对藤田田说道：“藤田田先生，我的年龄是你的两倍，我的工资是你的30倍，可是我的存款到现在都没有你多。年轻人，你会很了不起的。我不会看错人的，加油吧！”在银行的这位贵人的帮助下，藤田田成为日本商界叱咤风云的人物。想不到吧，存款有时候会给人生带来这么大的机遇。对于普通人来说，储蓄存款是必要的理财手段之一。由于现阶段众多家庭的投资风险承受能力有限，很多居民选择将闲置资金存入安全性高的银行。面对商业银行众多的储蓄存款业务，该如何为自己选择最合适的储蓄品种组合呢？选择合适的储蓄方法，应该选择最划算的储蓄方法。下面介绍三种储蓄组合方法：

1.阶梯存储法

以50万元为例。20万元存活期，便于随时支取；30万元中，1年期、2年期、3年期定期储蓄分别存10万元。1年后，将到期的钱再存3年期，依此类推，3年后持有的存单则全部为3年期的，只是到期的年限不同，依次相差1年。这种方法的优点是：年度储蓄到期额保持等量平衡，既能应对储蓄利率的调整，又可获取3年期存款的较高利息。适宜于工薪家庭为子女积累教育基金等。

2.连月存储法

每月存入一定的钱款，所有存单年限相同，到期日期也分别相差1个月。这种方法能最大限度发挥储蓄的灵活性，一旦急需用钱，可支取到期或近期的存单，减少利息损失。

3.组合存储法

存本取息与零存整取相组合的储蓄方法。先存为存本取息储蓄，1个月后取出利息，再存为零存整取储蓄，以后每月照此办理。这样，存本取息储蓄的利息，在存入零存整取储蓄账户后又获得了利息。

贷款也有好坏之分——贷款

贷款是银行或其他金融机构按一定利率和必须归还等条件出借货币资金的一种信用活动形式。广义的贷款指贷款、贴现、透支等出贷资金的总称。银行通过贷款的方式将所集中的货币和货币资金投放出去，可以满足社会扩大再生产对补充资金的需要，促进经济的发展；同时，银行也可以由此取得贷款利息收入，增加银行自身的资金积累。

1960年，28岁的阿克森还在纽约自己的律师事务所工作。面对众多的大富翁，阿克森不禁对自己清贫的处境感到不满。他决心要闯荡一下。

有一天，他来到事务所邻街的一家银行，找到这家银行的借贷部经理后，阿克森声称要借一笔钱，修缮律师事务所。当他走出银行大门的时候，他的手中已经握有1万美元的现金支票。接着，阿克森把这1万美元存入了另一家银行。然后，阿克森又走了两家银行，重复了同样的做法。这两笔共2万美元的借款利息，用他的存款利息相抵，相差不了多少。几个月后，阿克森就把存款取了出来，还给了两家银行。这样，阿克森便在这几家银行建立了初步信誉。此后，阿克森便在更多的银行之间玩弄这种短期借贷和提前还债的把戏，但是数额越来越大。不到一年的时间，阿克森就建立了可靠的银行信用。

有了可靠的信誉，不久，阿克森就在银行借来了10万美元，买下了费城一家濒临倒闭的公司。当时是20世纪60年代的美国，到处都充满机会。8年之后，在阿克森的用心经营下，他已经拥有高达1.5亿美元的资产！阿克森就这样运用他聪明的大脑，在银行里获得了足够的贷款，开始了创业的历程。其实不仅阿克森，几乎所有梦想创业的人都在梦寐以求得到一笔贷款。

如今，银行为了防止出现贷款坏账，提高贷款质量，需要对已经发放的贷款进行谨慎科学的管理，密切监控贷款的风险，所以要对贷款进行科学分类。

1998年以前，中国商业银行将贷款划分为正常、逾期、呆滞、呆账四种类型，后三种合称为不良贷款，在我国简称“一逾两呆”。逾期贷款是指逾期未还的贷款，只要超过一天即为逾期；呆滞贷款是指逾期两年或虽未满两年但经营停止、项目下马的贷款；呆账贷款是值按照财政部有关规定确定已无法收回，需要冲销呆账准备金的贷款。中国商业银行的呆账贷款大部分已形成应该注销而未能注销的历史遗留问题。

这种分类方法简单易行，在当时的企业制度和财务制度下，的确发挥了重要的作用，但是，随着经济改革的逐步深入，这种办法的弊端逐渐显露，已经不能适应经济发展和金融

银行
贷款
创业

改革的需要了。比如未到期的贷款，无论是否事实上有问题，都视为正常，显然标准不明。再比如，把逾期一天的贷款即归为不良贷款似乎又太严格了。另外这种方法是一种事后管理方式，只有超过贷款期限，才会在银行的账上表现为不良贷款。因此，它对于改善银行贷款质量、提前对问题贷款采取一定的保护措施，常常是无能为力的。所以，随着不良贷款问题的突出，这种分类方法也到了非改不可的地步。

从1998年起，依据中国人民银行制定的《贷款风险分类指导原则》，我国银行开始施行新的贷款五级分类办法。贷款五级分类是目前国际上通行的比较科学的贷款划分方法，从每笔贷款偿还的可能性出发，把贷款划分为五个档次，评估贷款的质量和真实价值。

（1）正常贷款。借款人有能力履行承诺，还款意愿良好，经营、财务等各方面状况正常，能正常还本付息，银行对借款人最终偿还贷款有充分把握。借款人可能存在某些消极因素，但现金流量充足，不会对贷款本息按约足额偿还产生实质性影响。

（2）关注贷款。尽管借款人目前有能力偿还贷款本息，但存在一些可能对偿还产生不利影响的因素，如这些因素继续下去，借款人的偿还能力受到影响，贷款损失的概率不会超过5%。

（3）次级贷款。借款人的还款能力出现明显问题，完全依靠其正常营业收入无法足额偿还贷款本息，需要通过处分资产或对外融资乃至执行抵押担保来还款付息。贷款损失的概率在

30%～50%。

（4）可疑贷款。借款人无法足额偿还贷款本息，即使执行抵押或担保，也肯定要造成一部分损失，只是因为存在借款人重组、兼并、合并、抵押物处理和未决诉讼等待定因素，损失金额的多少还不能确定，贷款损失的概率在50%～75%之间。

（5）损失贷款。指借款人已无偿还本息的可能，无论采取什么措施和履行什么程序，贷款都注定要损失了，或者虽然能收回极少部分，但其价值也是微乎其微，从银行的角度看，也没有意义和必要再将其作为银行资产在账目上保留下来，对于这类贷款在履行了必要的法律程序之后应立即予以注销，其贷款损失的概率在75%～100%。

五级分类是国际金融业对银行贷款质量公认的标准，这种方法是建立在动态监测的基础上，通过对借款人现金流量、财务实力、抵押品价值等因素的连续监测和分析，判断贷款的实际损失程度。也就是说，五级分类不再依据贷款期限来判断贷款质量，能更准确地反映不良贷款的真实情况，从而提高银行抵御风险的能力。

银行减少风险的手段——准备资产

商业银行也是企业，但又与一般的工商企业不同，它是经营“钱”的特殊企业，因此，它的经营原则与一般企业也有显著的区别。

与一般企业一样，商业银行经营的最终目标也是尽可能多地赚钱，这也就被称为商业银行的营利性原则。商业银行发放贷款是为了在收回本金的同时赚取利息；为客户提供汇兑、转账、结算等中间业务，是为了收取手续费；积极进行业务创新，开发新的金融工具，说到底也是为了营利。在营利性原则上，商业银行与一般企业没有什么区别。

商业银行在追求营利性目标的同时，还必须兼顾两个基本原则：一个是安全性原则，另一个是流动性原则。

商业银行的自有资本金很少，资金的主要来源是公众存款。也就是说商业银行主要是拿别人的钱做生意，一旦经营不善甚至发生破产，就会影响广大公众的利益，因此风险高度集中。商业银行在经营的过程中会面临很多风险，所以，必须强调安全性原则，避免出现经营风险。

商业银行吸收了大量的公众存款，每天都会有人到银行提取现金，因此，商业银行必须时刻准备足够的现金以满足存款者的提现需要，这就是所谓的流动性原则。

安全性原则与流动性原则是统一的。现金显然是最安全也是流动性最强的资产，商业银行保有大量的现金就同时符合这两个原则。但安全性、流动性原则与营利性原则是有矛盾的。因为金库里躺着大量的现金虽然最安全，流动性也最强，却是闲钱，一分钱也多挣不来。商业银行必须把钱投入使用才能生利。但投入使用的资金越多，越难以满足银行流动性需要；资金用到收益越高的业务上，产生的风险就越大。但是，这两个原则与营利性原则不是绝对矛盾的，它们又有统一的一面，因为只有满足了安全性和流动性原则，商业银行才能够生存，才能够营利。

总之，银行必须从实际出发，在安全性、流动性和营利性三者之间寻求最佳的平衡点。而最关键的是，商业银行必须要保证自己手里留点活钱。活钱留少了不够用，留得太多又造成浪费。因此，商业银行为了平衡流动性和营利性原则，通常保持不同层次的准备资产。

实行准备资产的目的是确保商业银行在遇到客户突然大量提取银行存款时，能有相当充足的清偿能力。自20世纪30年代以后，法定准备金制度成为国家调节经济的重要手段，是中央银行对商业银行的信贷规模进行控制的一种制度。

现金具有最强的流动性，能够随时满足流动性需要，因而现金资产又被称作商业银行的第一准备金或一级准备金。商业银行的现金资产包括库存现金、同业存款（一家商业银行存在别家商业银行的存款）和在中央银行的超额准备金存款。需要指出的是，商业银行在中央银行的存款中，有相当一部分是为了满足法定存款准备金的要求而存放的，这部分存款商业银行不能动用。只有超过法定准备金存款要求的超额准备金存款和银行自己的库存现金，才是银行可以自由支配的现金资产。由于这些资产的利息很低或没有利息，商业银行自然希望现金准备越少越好。

究竟什么是准备金呢？打比方说，如果存款准备金率为10%，就意味着金融机构每吸收1000万元存款，要向央行缴存100万元的存款准备金，用于发放贷款的资金为900万元。倘若将存款准备金率提高到20%，那么金融机构的可贷资金将减少到800万元。在存款准备金制度下，金融机构不能将其吸收的存款全部用于发放贷款，必须保留一定的资金即存款准备金，以备客户提款的需要，因此，存款准备金制度有利于保证金融机构对客户的正常支付。

为了满足流动性需要，商业银行还会持有一部分能够快速变现的短期有价证券，这部分准备资产就是银行的第二准备金或二级准备金。短期有价证券的流动性不如现金的流动性强，但是它可以带来一定的利息收入。当银行手里的现金不足以满足客户的提现需要时，银行就可以迅速卖出这些短期证券，用取得的现金来应付流动性需要。可见，这样的短期有价证券必须是信用等级比较高、市场上交易比较活跃的证券，商业银行在需要的时候能够迅速转手卖出套现。满足这些要求的短期有价证券一般是短期政府公债，当然，这些证券的利息也比较低。

商业银行的一级准备和二级准备是商业银行满足流动性需要的主要手段。当然，在遇到突发性的大规模提现需要时，商业银行在用尽一级准备金和二级准备金之后，还可以通过向其他商业银行或中央银行借款来渡过难关。

PART

02

投资

在机会与风险中淘金——股票投资

1929年，丘吉尔从财政大臣的职位上卸任后，他带着自己的家人到加拿大和美国旅行。他们先到了加拿大，9月进入美国，受到美国战时工业委员会主席、金融家巴鲁克的盛情款待。巴鲁克陪丘吉尔参观华尔街证券交易所，当时丘吉尔已有55岁了，却颇有激情，马上开户进场炒股。在他看来，炒股赚钱实在是小菜一碟。

丘吉尔的第一笔交易很快被套住了，这使他很丢面子。他又瞄准了一只很有希望的英国股票，心想这家伙的老底我都清楚，准能获胜。但股价偏偏不听他的指挥，一路下跌。他又被套住了。如此折腾了一天，丘吉尔做了一笔又一笔交易，陷入了一个又一个泥潭。下午收市的时候，他的账户大幅度亏损。丘吉尔感觉颇为丢脸，一个劲儿地向巴鲁克抱怨。

正当他绝望之际，巴鲁克递给他一本账簿，上面记载着另一个“丘吉尔”的“辉煌战绩”。原来，巴鲁克早料到丘吉尔

在政治上是个老手，其聪明睿智在股市中未必有用武之地，加之初涉股市，很可能赔了夫人又折兵。因此，他提前为丘吉尔准备好了一根救命稻草，他吩咐手下用丘吉尔的名字另外开了一个账户，丘吉尔买什么，另一个“丘吉尔”就卖什么，丘吉尔卖什么，另一个“丘吉尔”就买什么。进行股票投资首先要对股票进行分析。

股票是股份有限公司在筹集资本时向出资人发行的股份凭证，代表着其持有者（即股东）对股份公司的所有权。这种所有权是一种综合权利，如参加股东大会、投票表决、参与公司的重大决策、收取股息或分享红利等。每个股东所拥有的公司所有权份额的大小，取决于其持有的股票数量占公司总股本的比重。股票一般可以通过买卖方式有偿转让，股东能通过股票转让收回其投资，但不能要求公司返还其出资。

股票在交易市场上作为交易对象，同商品一样，有自己的市场行情和市场价格。由于股票价格要受到诸如公司经营状况、供求关系、银行利率、大众心理等多种因素的影响，其波动有很大的不确定性。正是这种不确定性，有可能使股票投资者遭受损失。价格波动的不确定性越大，投资风险也越大。

股票投资是一种重要的投资方式。经常说投资要谨慎，但并不意味着要投资名气大的公司股票。2008年中石油回归内地，不少人购买中石油股票，结果使众多股民遭受重大损失。在这方面我们应该向巴菲特学习。2008年的世界首富是人称“股神”的沃伦·巴菲特。2001年他斥资23亿元买进1.4～1.6港元之间的中石油。此后一直到2006年，他持有了5年中石油的股票。到2007年，中石油要回归中国内地发行A股，当所有人都看好中石油的时候，巴菲特却在香港股市上分批抛出了自己手上所有的中石油股票，卖价在12～14港元之间，这一笔就赚了几百亿港币。当他卖完股票，中石油股票仍然暴涨。结果中石油回归中国内地股市后，香港中石油股价也随之直线下跌了。股市上有句谚语：“不要告诉我什么价位买，只要告诉我买卖的时机，就会赚大钱。”因此，对于股票投资者来说，选择买入时机是非常重要的。买入时机因投资时期长短、资金多少等因素有所不同，但也是有规律可循的。

（1）当坏消息，如利空消息等传来时，投资者由于心理作用，股价下跌得比消息本身还厉害时，是买进的良好时机。

（2）股市下跌一段时间后，长期处于低潮阶段，但已无太大下跌之势，而成交量突然增加时，是逢低买进的佳时。

（3）股市处于盘整阶段，不少股票均有明显的高档压力点及低档支撑点可寻求，在股价不能突破支撑线时购进，在压力线价位卖出，可赚短线之利。

（4）企业投入大量资金用于扩大规模时，企业利润下降，同时项目建设中不可避免地会有问题发生，从而导致很多投资者对该股票兴趣减弱，股价下跌，这是购进这一股票的良好时机。

（5）资本密集型企业，采用了先进生产技术，生产率大大提高，从而利润大大提高的时候，是购买该上市股票的有效时机。

在确定何时买股票之前，选买点的重点是选择止损点。即在你进场之前，你必须很清楚若股票的走势和你的预期不合，你必须在何点止损离场。

股市大起大落对于短线操作既是个危机，又是个机会。只要保持清醒的头脑，盯住绩优股，抓住机会进场，确定自己的止损点，就能减少自己的投资风险而获利。一般，购入某股票后，该股的支撑线或10%左右的参考点，即可设为一个止损点。如果股价上扬，则可随时将止损点往上移。

确定股票的止损点，换句话说，你在投资做生意时，不要老是想你要赚多少钱，首先应该清楚自己能亏得起多少。有些人以10%的数量做止损基数，即10元买进的股票，以9元做止损点。有些人将止损点定在支撑线稍下。有些人定20%的止损额。还有其他各种方法。无论什么方法，你必须有个止损点，这个止损点不应超出投资额的20%。请投资者牢记，否则一切的股票操作技巧都是空的。

让专家为自己理财——基金投资

老黄是沈阳市的一名退休员工。在2006年和2007年时，街坊邻居都在谈论基金的事，老黄也渐渐知道了基金是一种由专家帮助理财的产品。“有这么好的事我为什么不参与呢？”于是老黄拿出了2万元钱，准备到基市里“淘”一把。

在基金经理的推荐下，老黄选择了一只业绩好、口碑好、价格也好的名牌基金，没想到，那基金果然是随着2007年的大牛市一路上涨，可谓“芝麻开花节节高”。老黄高兴之余，后悔自己放着那么多专业的理财顾问不用，非自己瞎琢磨，看来，理财路上，自己还真只能算得上个小学生呀！在2007年的牛市中，老黄简直不敢相信计算器上显示的数字，不禁畅想未来：“按照这么个涨法，过个十几年，自己也能成为百万富翁了啊！”谁知好景不长，老黄的如意算盘没打多久，美国就爆发了次贷危机，刚弄明白“次贷”是怎么回事，股市就开始一路狂泻，老黄在基金上的利润

转眼缩水不少。但令老黄欣慰的是，与那些股民比起来，自己的损失还是比较小的。

为什么老黄投资基金会“大赚小赔”？因为基金是由专业的投资专家——基金经理管理，他们拥有专业化的分析研究队伍和雄厚的实力，一般采取分散投资，所以基金比股票的风险小，收益也更为稳定。

我们现在说的基金通常指证券投资基金。证券投资基金是指通过发售基金份额，将众多投资者的资金集中起来，形成独立资产，由基金托管人托管，基金管理人管理，以投资组合的方法进行证券投资的一种利益共享、风险共担的集合投资方式。

证券投资基金是一种利益共享、风险共担的投资于证券的集合投资理财方式，即通过发行基金单位，集中投资者的资金，由基金托管人托管（一般是信誉卓著的银行），由基金管理人（即基金管理公司）管理和运用资金，从事股票、债券等金融工具的投资。基金投资人享受证券投资的收益，也承担因投资亏损而产生的风险。我国基金暂时都是契约型基金，是一种信托投资方式。

与股票、债券、定期存款、外汇等投资工具一样，证券投资基金也为投资者提供了一种投资渠道。那么，与其他的投资工具相比，证券投资基金具有哪些特点呢？

基金将众多投资者的资金集中起来，有利于发挥资金的规模优势，降低投资成本。基金由基金管理人进行投资管理和运作，基金管理人一般拥有大量的专业投资研究人员和强大的信息网络，能够更好地对证券市场进行全方位的动态跟踪与分析。

我国《证券投资基金法》规定，基金必须以组合投资的方式进行投资运作。基金通常会购买几十种甚至上百种股票，投资者购买基金就相当于用很少的资金购买了一揽子股票，某些股票下跌造成的损失可以用其他股票上涨的盈利来弥补。因此可以充分享受到组合投资、分散风险的好处。

基金投资人共担风险，共享收益。基金投资收益在扣除由基金承担的费用后的盈余全部归基金投资者所有，并依据各投资者所持有的基金份额比例进行分配。为基金提供服务的基金托管人、基金管理人只能按规定收取一定的托管费、管理费，并不参与基金收益的分配。

基金相对于股票来说，更适合时间紧张、投资知识欠缺的中小投资者。这是由基金的特点决定的。基金具有以下特点：

（1）专家理财是基金投资的重要特色。基金管理公司配备的投资专家，一般都具有深厚的投资分析理论功底和丰富的实践经验，用科学的方法研究各种投资产品，降低了投资的风险。

（2）组合投资，分散风险。基金通过汇集众多中小投资者的资金，形成雄厚的实力，可以同时分散投资于股票、债券、现金等多种金融产品，分散了对个股集中投资的风险。

（3）方便投资，流动性强。基金最低投资量起点要求一般较低，可以满足小额投资者的需求，投资者可根据自身财力决定对基金的投资量。基金大多有较强的变现能力，使得投资者收回投资时非常便利。

投资基金，最忌讳的是你用价值投资的手段分析一只基金，却用短线手法来交易。频繁的短线交易，不过是为券商带来了丰厚的手续费。短线交易、波段操作的难度其实更大于长线投资，即使运气好，也不过只能挣点蝇头小利，因为缺乏足够的定力，常常在买进几天之后就匆匆卖出，然后再去寻找另外一只基金。

如果想要获得10年10倍的收益，换一种思路或许也能做到。很多人在基金上交易，都希望每年能获得巨额收益，比如一年翻番甚至更多。但结果总是事与愿违，常见的结局是，在10年或者更短的时间内，你的本金已经所剩无几。如果适当降低你的目标，每年稳定获得30%的年收益，10年后也可以获得10倍的收益。

有一个“72法则”可以简单快速测算出你的资金翻番需要多长时间，用72除以你的预期年收益率的分子，得出的数字就是你的资金翻番需要的年数。假如你预期年收益是9%，你的资金大概在8年后翻番；假如你的预期年收益为12%，大概需要6年的时间实现翻番。所以，在基金投资上，投资者宜放长线钓大鱼。

一种高风险的投资行为——期货投资

金融风暴使大宗商品经历了前所未有的振幅，大宗商品价格大多拦腰抄斩，在这场空前的风暴洗礼下，期货投资上演着或喜或悲的投资故事。吴先生在期货市场泡了十多年，金融风暴这波大行情，让他的资金一下从60万元暴涨至1000万元。

吴先生专门从事农产品期货市场研究，也从未间断亲自操盘投资。多年进行农产品研究，让吴先生本人坚信国家会不惜一切保护农民利益。他预测，国家一定会大量收储大豆，而且会提高收购价。2008年10月，国家收储大豆150万吨，收购价高于期货价。当时市场上还有人不相信这是真的。吴先生预测国家还会收储，还会提高收储价，他给许多朋友讲，有些朋友还不相信。

吴先生从大豆每吨3000元时开始建多头仓单，之后一直看“多”。2008年12月底，国家再次收储大豆150万吨，2009年1月，国家第三次收储大豆300万吨。大豆价格一路攀升，春节过后，吴先生平仓时已经赚了1倍多。

依据同样的判断和分析，采用同样的模式，2008年12月，他从每吨2800元开始做多白糖，直到春节过后，白糖涨到每吨3100元时平仓，又赚了一把。在风险和利润的战争中，期货令无数人悲喜不已。期货的含义是：交易双方不必在买卖发生的初期就交收实货，而是共同约定在未来的某一时候交收实货，因此中国人就称其为期货。期货合约，是指由期货交易所统一制定的、规定在将来某一特定的时间和地点交割一定数量标的物的标准化合约。这个标的物，即期货合约所对应的现货，可以是某种商品，如铜或原油，也可以是某个金融工具，如外汇、债券，还可以是某个金融指标，如三个月同业拆借利率或股票指数。

为什么要这样呢？因为卖家判断他手中的商品在某个时候价格会达到最高，于是选择在那个时候卖出，获得最大利润。简单来说，期货的赚钱方法就是赚取买卖的差价。

期货交易的特点是投资量小，利润潜力大。期货投资者一般只要投入相当于期货合约值10%的保证金即可成交。这是因为他们可以先订买约再订卖约，也可以先订卖约再订买约，最后买约卖约两抵，投资者结清合约的义务，故没有必要拿出相当于某一合约的商品全部价值的资金。期货投资者拿出的保证金是为了在必要时抵偿买约和卖约的商品价格差额。

举个简单的例子，期货投资人小林在5月份看涨豆价，于是买进一份9月份到期，成交价为每蒲式耳6元的大豆期货合约。大豆期货合约每份5000蒲式耳，买约值3万元，但小林只需付3000元的保证金就行了。

由于他判断准确，豆价在7月初涨至每蒲式耳7.5元。小林决定解单，即卖出一份成交价为每蒲式耳7.5元9月份到期的大豆期货合约。卖约值为3.75万元，扣去买约值3万元，获利7500元。小林原来3000元的投资翻了一番还多。

由于期货合约有统一规格，买卖双方不必直接交易，而是通过期货合约清算所成交，故一纸合约可以多次易手。要买时，买方和期货合约清算所订买约。要卖时，卖方与期货合约清算所订卖约。

假如投资者认为某一商品价格看跌，他可先订卖约，待到价格下跌时，再签订低价买约而牟利。如果他判断失误，商品价格非但没有下跌反而上涨，他就不得不签一高价买约而亏本。

因此，我们有必要了解一下期货套利有什么策略，在操作过程中是怎么进行套利的。

1.利用股指期货合理价格进行套利

从理论上讲，只要股指期货合约实际交易价格高于或低于股指期货合约合理价格时，进行套利交易就可以盈利。但事实上，交易是需要成本的，这导致正向套利的合理价格上移，反向套利的合理价格下移，形成一个区间，在这个区间里套利不但得不到利润，反而会导致亏损，这个区间就是无套利区间。只有当期指实际交易价格高于区间上界时，正向套利才能进行；反之，当期指实际交易价格低于区间下界时，反向套利才适宜进行。一般来说，涨得越高正向套利盈利空间越大，跌得越低反向套利盈利空间越大或越安全。

2.利用价差进行套利

合约有效期不同的两个期货合约之间的价格差异被称为跨期价差。在任何一段时间内，理论价差的产生完全是由于两个剩余合约有效期的融资成本不同产生的。当净融资成本大于零时，期货合约的剩余有效期越长，基差值就越大，即期货价格比股指现货值高得越多。如果股指上升，两份合约的基差值就会以同样的比例增大，即价差的绝对值会变大。因此，市场上存在通过卖出价差套利的机会，即卖出剩余合约有效期短的期货合约，买入剩余有效期长的期货合约。如果价格下跌，相反的推理成立。如果来自现金头寸的收入高于融资成本，期货价格将会低于股票指数值（正基差值）。如果指数上升，正基差值将会变大，那么采取相反的头寸策略将会获利。

无论商品价格上涨还是下跌，有经验的期货投资者都可以通过期货买约或卖约来牟利。期货交易是专业性强、宜由行家操作的投资。除非你已经是行家，否则切勿涉足这一高风险投资区，以免追悔莫及。由于期货买卖的损益大起大落，投资者一定要有自知之明，要量力而行。

我国共有四家期货交易所，分别是上海期货交易所、郑州商品交易所、大连商品交易所和中国金融期货交易所。前面三家主要开展商品期货交易，中国金融期货交易所主要推动金融衍生产品的开发和交易。

保值增值的宝贝——黄金投资

由于黄金具有美丽的光泽，自然稀少及优良的物理和化学性质，被各时期的人们所宠爱。在可考的人类5000年文明史中，没有任何一种物质像黄金一样，与社会演化和社会经济缔结成如此密切的关系，成为悠久的货币的载体、财富和身份的象征。因此，在人类文明史演化中，黄金具有了货币和商品两种属性，相应的，黄金的价格也由其两种属性的动态均衡确定。

在货币的本位是黄金的时期，单位黄金的价格就是其计价商品的价格，黄金是商品交换的等价物。根据世界黄金协会公布的数据，人类历史上4000年开采的黄金总量约为16.1万吨，勉强填满两个符合奥运会标准的游泳池，其中半数以上是在过去50年中挖出来的。现在全世界可供交易的黄金大概有7万吨（实际流通量约为2.5万吨），如果用全世界60亿人来衡量，人均只有12克，黄金的稀缺性显而易见。

与其他投资方式相比，投资黄金突显其避险保值功能，投资黄金因此成为一种稳健而快捷的投资方式。为什么人们如此热衷于投资黄金呢？具体而言，投资黄金有以下三大好处。

首先，投资黄金可以保值增值，抵御通货膨胀。通货膨胀意味着货币实际购买力下降，而黄金作为一种稀缺资源，其价格也会随着货币购买力的降低而迅速上涨。有这样一个例子：100年前，1盎司（约31克）黄金可以在伦敦定制一套上好的西装；100年后的今天，1盎司黄金依然可以在伦敦定制一套上好的西装，甚至更好。当个人投资者面对居民消费价格指数

（CPI）上涨给自己的财富和购买力带来威胁时，当股市处在震荡期时，黄金也许是财富最好的“避风港”。

其次，黄金的产权转移十分便利，是最好的抵押品种。房产的转让需要办理复杂的过户手续，股票的转让也要交纳佣金和印花税，而黄金的转让则没有任何登记制度阻碍。假如您想给子女一笔财产，送黄金不用办理任何转让手续，比送一栋房子要方便得多。

最后，可以真正达到分散投资的目的。“不把鸡蛋放在同一个篮子”，不是买一堆股票或者一堆基金就是分散投资了，最理想的分散投资应该是投资在互不相关品种上，如储蓄、股市、房地产、黄金甚至古董等。将黄金加入自己的投资篮子可以有效分散风险，平抑投资组合的波动性，真正起到分散投资的目的。

目前，市场上的黄金品种主要有：黄金的实物交易、纸黄金交易、黄金现货保证金交易、黄金期货四种。那么，究竟哪种适合自己呢？这要看个人的风险偏好及对黄金市场的了解程度。具体介绍如下：

1.黄金的实物交易

顾名思义，是以实物交割为定义的交易模式，包括金条、金币，投资人以当天金价购买金条，付款后，金条归投资人所有，由投资人自行保管，待金价上涨后，投资人携带金条，到指定的收购中心卖出。

优点：黄金是身份的象征，古老传统的思想让国人对黄金有着特殊的喜好，广受个人藏金者青睐。

缺点：这种投资方式主要是大的金商或国家央行采用，作为自己的生产原料或当作国家的外汇储备。交易起来比较麻烦，存在着“易买难卖”的特性。

2.纸黄金交易

什么叫纸黄金？说得简单一点，就相当于古代的银票！投资者在银行按当天的黄金价格购买黄金，但银行不给投资者实金，只是给投资者一张合约，投资者想卖出时，再到银行用合约兑换现金。

优点：投资较小，一般银行最低为10克起交易，交易单位为1整克，交易比较方便，省去了黄金的运输、保管、检验、鉴定等步骤。

缺点：纸黄金只可买涨，也就是说只能低买高卖，当黄金价格处于下跌状态时，投资者只能观望。投资的佣金比较高，时间比较短。

3.黄金现货保证金交易

打个比方，一个100元的石头，你只要用1元的保证金就能够使用它进行交易。这样如果你有100元，就能拥有100个100元的石头。如果每个石头价格上涨1块，变成101元，你把它们卖出去，这样你就纯赚100元。保证金交易，就是利用这种杠杆原理，把资金放大，可

以充分利用有限资金来以小博大。

4.黄金期货

现货黄金交易基本上是即期交易，在成交后即交割或者在数天内交割。黄金期货交易主要目的为套期保值，是现货交易的补充，成交后不立即交易，而由交易双方先签订合同，交付押金，在预定的日期再进行交割。

优点：以少量的资金就可以掌握大量的期货，并事先转嫁合约约定的价格，具有杠杆作用。

缺点：黄金期货风险较大，对投资者专业知识和大势判断的能力要求较高。投资者要在入市前做足功课，不要贸然进入。

成熟的金融市场里面有“四条腿”在走路，即货币市场、资本市场、外汇市场和黄金市场。目前，我国黄金市场由于处于初期阶段，交易量和交易范围都还很小，在全国整体金融产品里面大概只占0.2%的份额。的确，黄金作为一种世界范围的投资工具，具有全球都可以得到报价、抗通货膨胀能力强、税率相对于股票要低得多、公正公平的金价走势、产权容易转移、易于典当等比较突出的优点。选择黄金作为投资目标，将成为越来越多富裕起来的人、越来越多深陷股市泥潭的人需要思考的问题。

风险小，但回报稳定——债券投资

17世纪，英国政府在议会的支持下，开始发行以国家税收为还本付息保障的政府债券，由于这种债券四周镶有金边，故而也被称作“金边债券”。当然，这种债券之所以被称作金边债券，还因为这种债券的信誉度很高，老百姓基本上不用担心收不回本息。后来，金边债券泛指由中央政府发行的债券，即国债。在美国，经穆迪公司、标准普尔公司等权威资信评级机构评定为“AAA”级的最高等级债券，也被称为“金边债券”。

1997年，我国受亚洲金融危机和国内产品供大于求的影响，内需不足，经济增长放缓。我国政府适时发行了一部分建设公债，有力地拉动了经济增长。在国家面临战争等紧急状态时，通过发行公债筹措战争经费也是非常重要的手段。例如，美国在南北战争期间发行了大量的战争债券，直接促进了纽约华尔街的繁荣。

债券投资可以获取固定的利息收入，也可以在市场买卖中赚取差价，随着利率的升降，投资者如果能适时地买进卖出，就可获取较大收益。债券是政府、金融机构、工商企业等机构直接向社会借债筹措资金时，向投资者发行，并且承诺按规定利率支付利息并按约定条件偿还本金的债权债务凭证。目前，国内的债券主要包括国债、金融债券、企业债券、公司债券等数种。

在众多投资工具中，债券具有极大的吸引力。投资债券主要有以下几个方面的优势：

1.安全性高

国债是国家为经济建设筹集资金而发行的，以国家税收为保证，安全可靠。到期按面额还本，债券利率波动的幅度、速度比较和缓，与其他理财工具如股票、外汇、黄金等比较，风险最低，适合保守型的投资者。

2.操作弹性大

对投资者来说，手中拥有债券，当利率看跌时可坐享债券价格上涨的差价；当利率上扬时，可将手上票面利率较低的债券出售，再买进最新发行、票面利率较高的债券。若利率没有变动，仍有利息收入。

3.扩张信用的能力强

由于国债安全性高，投资者用其到银行质押贷款，其信用度远高于股票等高风险性金融资产。投资者可通过此方式，不断扩张信用，从事更大的投资。

4.可作商务保证之用

投资者持有债券，必要时可充作保证金、押标金。投资者以债券当保证金，在保证期间，仍可按票面利率计算。

基于上述种种优势，许多投资者都把目光聚集到它身上，并且公认其为家庭投资理财的首选。但是，债券市场也存在着风险，虽不像股票市场那样波动频繁，但它也有自身的一些风险。

（1）违约风险。发行债券的债务人可能违背先前的约定，不按时偿还全部本息。这种风险多来自企业，由于没有实现预期的收益，拿不出足够的钱来偿还本息。

（2）利率风险。由于约定的债券票面利率不同，债券发行时通常会出现折扣或者溢价，人们在购买债券时，通常是按照债券的实际价格（折扣或者溢价）而不是债券的票面价格来出价的。有些债券可在市场上流通，所以能够选择适当时机买进卖出，获取差价。而这些债券的市场价格是不断变动着的，利率发生变动，债券的价格也会跟着发生变动。在一般情况下，利率上调，债券价格就下降，而利率下调，债券价格就上升。有些时候，利率的变动使债券价格朝着不利的方向变动，人们卖出债券的价格比买进时的低，就会发生损失。所以，在购买债券时，要考虑到未来利率水平的变化。

（3）通货膨胀风险。例如，你购买了一种三年期的债券，年利率是3%，但这三年里每年的通货膨胀率都达到5%，投资这种债券就很不划算。

除了上面这三种常见的风险外，债券还有其他一些风险，如赎回风险、流动性风险等。每种风险都有自己的特性，投资者要采取相应的防范措施。

那么，投资者如何购买债券呢？在我国的债券一级市场上，个人可以通过以下渠道认购债券：凭证式国债和面向银行柜台债券市场发行的记账式国债，在发行期间可到银行柜台认购；在交易所债券市场发行的记账式国债，可委托有资格的证券公司通过交易所交易系统直接认购，也可向指定的国债承销商直接认购；企业债券，可到发行公告中公布的营业网点认购；可转换债券，如上网定价发行，可通过证券交易所的证券交易系统上网申购。

在债券的二级市场上，个人可以进行债券的转让买卖，主要通过两种渠道：一是通过商业银行柜台进行记账式国债交易，二是通过交易所买卖记账式国债、上市企业债券和可转换债券。

真正以钱赚钱的投资——套汇投资

2005年汇改以来，人民币一直保持升势。2008年，在人民币升值预期下，国际热钱正在源源不断地流入中国，而热钱流入的主要目的是短期套汇。2008年外汇储备一季度按每个月100亿美元在增长。外资疯狂涌入中国的原因有两个：首先是利差，其次是对人民币升值的预期。因为人民币对美元升值比较快，在美国经济进一步衰退的背景下，这个预期更强烈。2008年一季度人民币兑美元汇率升值幅度达4.17%，为1994年中国外汇市场建立以来人民币升值幅度最大的一个季度。由于外界预期人民币升值的幅度和速度都比较快。因此，短期资本进来的速度也在不断增加。根据权威部门的分析，套利和套汇可让热钱收益超过至少10%。

套汇是一种外汇投资方式，是利用不同市场的对冲价格，通过买入或卖出信用工具，同时在相应市场中买入相同金额但方向相反的头寸，以便从细微价格差额中获利。利用不同的外汇市场、不同的货币种类、不同的交割时间以及一些货币汇率和利率上的差异，进行从低价一方买进，高价一方卖出，从中赚取利润的外汇买卖。

套汇一般可以分为地点套汇、时间套汇和套利三种形式。

地点套汇又分两种。第一种是直接套汇，又称为两地套汇，是利用在两个不同的外汇市场上某种货币汇率发生的差异，同时在两地市场贱买贵卖，从而赚取差额利润。第二种是间接套汇，是在三个或三个以上地方发生汇率差异时，利用同一种货币在同一时间内进行贱买贵卖，从中赚取差额利润。

时间套汇又称为调期交易，它是一种即期买卖和远期买卖相结合的交易方式，是以保值为目的的。一般是在两个资金所之间有人同时进行即期与远期两笔交易，从而避免因汇率变动而引起的风险。

套利又称利息套汇，是利用两个国家外汇市场的利率差异，把短期资金从低利率市场调到高利率市场，从而赚取利息收入。举例来说，1美金可以兑换0.7英镑，1英镑可以兑换9.5法郎，而1法郎则可以兑换0.16美金。一个实行这种交易方式的人可以靠着1美金而得到1.064美金，获利率是6.4%。

近年来，套汇也成为很多中小投资者持股票基金以外的投资渠道。套汇交易具有三大特点：一是商业银行是最大的套汇业务投资者；二是套汇买卖的数额一般较大，套汇利润相应颇丰；三是套汇业务都利用电汇方式。这三个特点构成了套汇的魅力所在，令许多人趋之若鹜。

谁在影响我们从外汇投资中获利？其实在交易中有五大因素会造成我们的本金和利润的损失。要达到投资获利的目标，我们必须战胜这五大因素。

1.外汇市场本身

外汇市场本身，是不会被任何人精确预测的。投资者将绝大多数时间和精力花在预测市场未来趋势上，是错误的，是得不偿失的。对付外汇市场，投资者只需要掌握一些最基本的规律，然后跟踪市场的基本趋势就可以了。

2.投资者本身

大多数投资者在关注投资环节时往往将自己忽略了，其实自己本身才是最重要的。因为作出交易决策、实施交易行为的是投资者本身，研究外汇市场、关心其他人士的也是投资者本身。造成盈亏结果的是投资者本身，承担盈亏结果的也是投资者本身。

3.其他人士

在当今的信息社会里，无人可以隔离于众人之外，也就不可避免地要受到生活中其他人士的影响，这些影响有好有坏，让人难以分辨。美国有一个成功的投资者住在远离尘世的高山上，每年只交易几次就能赚到大钱。美国第二大富翁巴菲特住在奥马哈，同样远离金融中心华尔街。但能做到这样聪明又坚定的投资者毕竟还是少数。

4.投资决策

英明的、深思熟虑的投资决策将我们的投资引向胜利的终点，但愚蠢的、冲动的投资决策则将我们的投资引向亏损和失败。在这个环节，投资决策会受到前面三大因素的影响，由投资者最终作出决定。

5.交易行为

一般来说，交易行为已经由投资决策环节决定，在此阶段只需照此执行就可以了。但事实上，实际的交易行为往往独立于投资决策，而被投资者以各种各样的理由肆意篡改。控制这一环节，要付出的努力远比之前的任何环节都多。

外汇市场瞬息万变，面临着诸多难以预测的因素，我们又该如何进行外汇理财产品的投资？

投资者不能忽视外汇理财产品中的汇率风险，这一点对于手持人民币的投资者们来说尤其重要。短期之内，美元的强势仍将持续一段时间，但是对于中长期内美元和其他货币的走势，则更多地要依赖于金融海啸的后续发展。现在各银行推出的外汇结构性存款有固定收益的，还有浮动收益的。对于比较保守的投资者来说，固定收益的外汇理财产品是不错的选择，收益稳定且比同期存款利率高而且风险小。浮动收益产品则适合能够承受高风险、期待高收益的投资者；同时，这类浮动收益产品结构也较固定收益产品复杂，所以需要投资者对金融市场和金融产品有所了解，对国际经济走势有一定的判断。

其次，投资者必须看清“收益率”。浮动收益产品的收益率下限很低甚至为零，但这些浮动收益产品的上限都十分高，以此来吸引投资者。但需提醒投资者的是，这类很吸引眼球的高收益率背后隐藏着很大的风险，其所谓的最佳收益率和预期收益率并不等于实际收益率。因为这些最佳收益率和预期收益率是要达到一定条件才能实现的，也就是说参照的汇率、利率、黄金价格或指数等要达到协议所规定的水平。

在产品期限的选择上，短期限的、灵活的外汇理财产品是当仁不让的选择。汇率风险进一步加大，诸多因素并非投资者可以控制和驾驭，缩短外汇理财产品的投资期限，同时注重产品中提前赎回机制的设置，是险中求生的明智选择。

汇率市场的波动充满了未知数，投资者在进行外汇投资时，一定要注意汇率风险。

"黄土"也能变成黄金——房产投资

自从中国房地产市场开始启动以来，房价多年来一路猛进，大涨特涨，特别是2015年～2017年，全国主要城市房价涨得离谱。

事实上还是有很多人买得起房子，只不过他们不是满足自己的自住需求，而是用来投资的。房地产投资为什么令那么多人着迷，它究竟有什么优势呢？现在就让我们细细地盘点一下，看看其中的奥妙。

（1）房地产投资一个最显著的特点就是：可以用别人的钱来赚钱。几乎所有的人，在今天要购买房屋时，都会向银行或金融机构贷款，越是有钱的人越是如此。在房地产投资中，你可以靠借钱买房，也就是举债，人们称之为投资房地产的“债务杠杆”。

银行之所以乐意贷款给你，主要是因为房地产投资的安全性和可靠性。除房地产外，你要投资其他类型的项目，可能就不会有这么好的运气轻而易举地借到钱了。通常，对于那些回报不太有保障的项目，银行多采取审慎的态度。

接下来的问题就是付贷款和利息了，很多投资者通过租房就能把这一问题轻松解决。因为投资者的债务都是由房客来承担的。从房地产投资的一般性资金流向来看，投资人在贷款购买房地产后，都是通过把所属房产出租来获得利益，然后再把租金收入还付给银行以支付贷款本金和利息。

此外，因为房地产是一项有关人们基本生存的资产，因此各国对房地产方面的融资总是予以最大的宽容度，不但贷款的期限长，而且利率也较之于其他消费贷款低很多。如果在房地产投资中，合理且最大化地利用房地产贷款这一优势，那就等于把房地产变成你的银行，它为你的房地产投资和其他方面的消费贷款提供数额可观的资金，但是只支付很低的利息。

（2）房地产投资的另外一个显著特点就是它具备很大的增值潜力。随着经济的发展和城市化进程的加快，在城市地区，大量有效的土地被一天天增多的人所占据，土地越来越少，其价值由此变得越来越高。

与现在城市房地产需求不断增加相联系的是，房地产投资的周期长，获利的空间就大，盈利时间也就长。一般情况下，一个房子的寿命在100年左右，最短也在60年以上。从借钱买房的角度来看，投资房地产不但得到了物业的产权，而且可以赢

得至少40年以上的获利时间。房地产增值潜力表现的另一方面是，它能够有效地抵消通货膨胀带来的负面影响。在通货膨胀发生时，房地产和其他有形资产的建设成本不断上升，房地产价格的上涨也比其他一般商品价格上涨的幅度更大，但像钞票这样的非实质资产却因此不断贬值。在这个意义上，许多人都把房地产作为抗通货膨胀，增值、保值的手段。

实际上，投资房产就是根据不同时期房价的差价，低价买入高价卖出，从中获取利润。在生活中我们会发现，一边是痛心疾首大呼房产泡沫严重，另一边是持续走高的房价。其实这与房地产自身的特性是紧密相关的。那么，我们在购买房产时，什么样的房产最具有升值的潜力呢？

首先，房产作为不动产，其地理位置是最能带来升值潜力的条件。地铁、大型商圈、交通枢纽等地段的房产升值潜力比较大。

其次，所购房产周边的基本配套设施和政府综合城区规划的力度和预期，有时候便捷的交通、学校，都将为楼盘升值起到推动作用。

再次，房产所属的小区的综合水平，如物业设施、安全保障、公共环境以及房屋本身内在的价值等，都是未来房产升值的评判标准。

最后，要看该房产所属地的出租率和租金情况。一个地区的不动产销售数据有时会失真，但出租行情作为终端用户的直接使用，其租金和出租率能够较为真实，就会明确地告知你该地区物业的真实价值。同时，租金和出租率也是不动产短期收益的衡量指标之一。

当然，并不是说只要投资房产就会有收益，过度的投资可能会引发房产泡沫。泡沫经济是对虚假繁荣经济的比喻，意指经济的发展不是凭内力驱出来的，而是在搓衣板上用肥皂搓出来的光环。这种看上去美丽的泡泡停留的时间短暂，一个微小的触动就足以让泡沫化为乌有。

国际上的炒房比率警戒线是15%，一旦房地产价格下跌，原来准备持房待涨的赚钱预期就成了泡沫，这些炒房人会抛售现房，对下跌的房地产市场无疑是雪上加霜。一般炒房人比自住买房人更难承受下跌损失。因为大多人贷款买房，借资金杠杆放大了风险，涨则收益成倍增加，跌则损失成倍增加。因此，房产市场泡沫一旦破灭，带来的将是血的代价。所以，房产带给我们的不仅有高额的回报，还有巨大的风险，倘若要投资房产，还是需要谨慎思量。

PART 03

理财

不要向旅鼠学习——理性投资

旅鼠是一种普通、可爱的小动物，常年居住在北极，体形椭圆，四肢短小。旅鼠的繁殖能力极强，从春到秋均可繁殖，妊娠期20～22天，一胎可产9子，一年多胎。照此速度，每只母鼠可生下上千只后代。

当旅鼠的数量急剧地膨胀，达到一定的密度，如1公顷有几百只之后，奇怪的现象就出现了：这时候，几乎所有的旅鼠都变得焦躁不安起来，它们东跑西颠，吵吵嚷嚷，且停止进食，似乎是大难临头，世界末日就要到来似的。

旅鼠的数量实在太多，渐渐形成大群，开始时似乎没有什么方向和目标，到处乱窜，就像是出发之前的忙乱一样。但是后来，不知道是谁下了命令，也不知谁带头，它们却忽然朝着同一个方向，浩浩荡荡地出发了。往往是白天休整进食，晚上摸黑前进，沿途不断有旅鼠加入，而队伍会愈来愈大，常常达数百万只，逢山过山，遇水涉水，勇往直前，前赴后继，沿着一条笔直的路线奋勇前进，绝不绕道，更不停止，一直奔到大海，仍然毫无惧色，纷纷跳下去，直到被汹涌澎湃的波涛所吞没，全军覆没为止。巴菲特将投资者盲目随大流的行为比喻为旅鼠的成群自杀行为。他的一句话指出了投资的关键所在："你不需要成为一个火箭专家。投资并非智力游戏，一个智商160的人未必能击败智商为130的人。理性才是投资中最重要的因素。"

20世纪40年代，纽约的某银行来了一位妇人，要求贷款1美元。经理回答，当然可以，不过需要她提供担保。

只见妇人从皮包里拿出一大堆票据说："这些是担保，一共50万美元。"经理看着票据说："您真的只借1美元吗？"妇人说："是的，但我希望允许提前还贷。"经理说："没问题。这是1美元，年息6%，为期1年，可以提前归还。到时，我们将票据还给您。"

虽心存疑惑，但由于妇人的贷款没有违反任何规定，经理只能按照规定为妇人办了贷款手续。当妇人在贷款合同上签了字，接过1美元转身要走时，经理忍不住问："您担保的票据值那么多钱，为何只借1美元呢？即使您要借三四十万美元，我们也很乐意。"

妇人坦诚地说："是这样，我必须找个保险的地方存放这些票据。但是，租个保险箱得花不少费用，放在您这儿既安全又能随时取出，一年只要6美分，划算得很。"妇人的一番话让经理恍然大悟。

这位妇人不愧是理财的高手！其实，在我们身边也有些看

似平凡者，却积累了非凡的财富，其秘诀就是他们善于理财，因而比旁人获得更多的成功。

让财富增值，就需要投资，有投资就有风险。风险是由市场的变化引起的，市场的变化就像一个陷阱，会将你投入的资金吞没。变化之中，有你对供需判断的失误，也有合作方给你设置的圈套。股票市场，一不小心就会被套牢；谈判桌上，一不小心，就会受制于人；市场竞争，一不小心就会被对手挤出市场。

让财富增值，就需要投资，既然有投资就会有风险。美国著名经济学家萨缪尔森是麻省理工学院的教授，有一次，他与一位同事掷硬币打赌，若出现的是他要的一面，他就赢得1000美元，若不是他要的那面，他就要付给那位同事2000美元。

这么听起来，这个打赌似乎很有利于萨缪尔森的同事。因为，倘若同事出资1000美元的话，就有一半的可能性赢得2000美元，不过也有一半的可能性输掉1000美元。可是其真实的预期收益却是500美元，也就是50％×2000＋50％×（－1000）－500。

不过，这位同事拒绝了："我不会跟你打赌，因为我认为1000美元的损失比2000美元的收益对我而言重要得多。可要是扔100次的话，我同意。"

对于萨缪尔森的同事来说，掷硬币打赌无疑是一项风险投资，不确定性很大，无异于赌博。任何一个理性的投资人都会拒绝的。

有人做过一个标准的掷硬币实验，结果显示，掷10次、100次与1000次所得到正面的概率都约为50％，不过掷1000次得到正面的概率要比扔10次更加接近50％。重复多次这种相互独立而且互不相关的实验，同事的风险就规避了，他就能稳定地受益。当我们在投资的时候，也要像萨缪尔森的这位同事一样，要稳扎稳打，而不要抱着赌徒的心态去冒险。

其实，并不是每个人都具备投资的条件。可以说，大多数人是心有余而力不足，那么，投资者应该具备哪些条件呢？

第一，应该审查一下家庭和个人的经济预算。如果近期等钱用的话，最好不要投资股票，哪怕是被认为最优股也不宜购买。因为股票即使从长期来看是好的，但两三年内股价是升是降还很难说。只有在不等钱用的时候，或者即使损失了本钱，生活也不至于受影响的时候，才能投资。所以，投资者应有充分的银行存款足以维持一年半载的生活以及临时急用。除了购买公债没有风险外，其他投资都有风险。

第二，不应在负债的情况下投资。应将债务先偿清，或在自己还贷能力绰绰有余时再投资。因为投资的收益没有100％保障，所以投资者不宜借贷投资。

第三，在投资前应有适当的保险，如人寿保险、医疗保险、住宅保险等。

第四，投资应从小额开始，循序渐进。投资过多是大多数投资者失败的原因之一。不把所有的鸡蛋放到一个篮子里，分散投资，使投资多元化，也是规避风险的重要手段之一。

如果没有一定的心理素质和辨别能力，随时都有可能跌入陷阱，你必须眼观六路，耳听八方。你要不断地提升你自己，才能应对突如其来的变化，才能避开风险，走上坦途。

投资组合是由投资人或金融机构所持有的股票、债券、衍生金融产品等组成的集合，它的目的在于分散投资风险。投资者选择适合自己的投资组合，进行理性投资，以不影响个人的正常生活为前提，把实现资本保值、增值，提升个人的生活质量作为投资的最终目的。

因此，个人投资首先必须使财产、人生有一定保障，无论采取什么样的投资组合模式，无论比例大小，储蓄和保险都应该是个人投资中不可或缺的组成部分。

你不理财，财不理你——理财

有一对兄弟，哥哥善于理财，成了富人，弟弟则是穷人。哥哥看弟弟很可怜，就送了弟弟一头牛，说你把牛养着，到了来年春天，我再送给你些种子，种下去，到了秋天就可以有收获。弟弟就开始悉心养牛，可是养了一段时间，觉得原来只是供自己吃，现在又要供牛吃，日子过得更加艰难了。

弟弟实在忍受不下去了，心想："我不如把牛卖了，买几只羊吧。先杀一只羊，犒劳自己，然后再让剩下的羊生羊羔繁殖。"于是，他就把牛牵到集市上卖了，买回几只羊，杀了一只，美美地吃了一段时间。可是过了一段时间，他又忍受不下去了，就又杀了一只羊，最后只剩一只羊了。他就把那只羊卖了，买了几只鸡，心想鸡吃得少，将来通过鸡蛋孵小鸡也不错。可是过了一段时间，他又忍不下去了，开始一只一只地杀鸡。

好不容易熬到了来年春天，可是只剩最后一只鸡了。他的生活也越来越艰难了，实在没有办法，心一横，连那最后一只鸡也给杀了。哥哥来给他送种子的时候，他正在吃鸡肉、喝鸡汤。他热情地邀请哥哥入座，哥哥什么也没有说，拂袖而去。后来，这个弟弟一直在贫困线上挣扎。有句话叫"你不理财，财不理你"，这个故事说明理财的重要性，也说明理财之路并不平坦，理财需要毅力，更需要智慧。

理财的实质是牺牲眼前的消费以增加未来的消费，而人性的弱点是贪图眼前，总是被眼前利益所诱惑。理财是要付出成本的，理财所要付出的成本就是牺牲眼前的消费，收益则是未来消费的增加。牺牲眼前的消费是一笔小钱，到了将来却是一笔大钱。理财最简单的方法是量入为出，一个人，如果每天收入20元，却花掉21元，那将是一件非常危险的事情；相反，如果他每天收入20元，却只花掉19元，他则会有1元的节余。这个道理谁都懂，但是知道是一回事，能不能身体力行又是一回事，很多人就是在明知这个道理的情况下破产的。

世界上没有不想发大财的人，关键是如何发大财。一般来说，发大财的人都经历了一个挣小钱的过程。在挣小钱的过程中，小钱不断积累，时间久了，你就有了大钱。这不但是钱财的积累，更重要的是经验、能力、社会关系等人力资本的积累，到了一定程度，你就具备了挣大钱的素质。你开始做小生意，一天赚10块钱，生意慢慢做大了，一天就会赚几万块钱。投资家沃伦·巴菲特，他的投资生涯是从卖报纸开始的，橡胶大王王永庆也是从小作坊开始的。可是，许多人就是不想经历挣小钱的过程，整天做着发财梦，直到想白了少年头，仍是两手空空。

可能不少人会有这种感觉：一到月底就觉得手头很紧，可是回头看看，发现自己虽然花了很多钱却没有买几样有价值的东西或办几件重要的事，一年下来自己也没办成什么大事情，也没有存下钱来！这是为什么呢？原因是你没有给自己制定科学的理财规划，或者虽然制定了理财规划却没有坚持执行。

理财是一门高深的学问，太节省的人要学会花钱，太浪费的人要学会省钱。花钱，绝不是拿1元钱买价值1元的货这么简单。花了1元钱，却得到了价值1.2元甚至价值1.5元的货，这才真正叫会花钱。

小李善于持家，周围人很羡慕她。这天，几个好朋友聚在一起，大家要小李介绍一下自己的经验。小李一点都不谦虚，说：“这有什么问题？最近我刚刚发现一个既能省钱，又不影响花钱的好办法！”“什么办法？”大家显得很急切，异口同声地问道。

小李说：“那我就给你们举个例子吧！比如我上周在

家乐福看上一条裙子，我忍住了，就把买裙子的钱省下来了。”大家不禁一片赞叹，都很钦佩她的忍功。小李又说：“这周我在商场看上了一件真丝衬衫，忍住了没买，把买真丝衬衫的钱也省下来！”“这是截流理财法。”旁边的一个朋友的话还没说完，小李突然间果断地说道：“今天我实在忍不住了，就把没买裙子省下来的钱去买了衬衫，再用没买衬衫省下来的钱去买了裙子。”看来，小李会持家理财，只是徒有其名。理财之路不平坦，我们不仅仅需要知难而进的精神和坚韧顽强的毅力，还需要不断地学习、探索和实践，才能让自己的财富之树茁壮成长。要想增加自己的财富，必须拥有理财的智慧。

理财并不是要等到有钱了才开始理财，其实不论你是购物还是到银行存款、购买保险，都是在理财。简单说来，理财规划包括以下这些内容：

1.证券投资规划

每个人总有一些储蓄，这些储蓄或者是留在手里以备不时之需的“活钱”，或者是为将来某项大额支出预备的“基金”，或者是积攒下来的纯粹的“余钱”。对于“活钱”，必须能够随时变现，否则一遇紧急情况就周转困难了；对于支出“基金”，需要在一定时期变现；对于纯粹的“余钱”，要求保值增值。这些钱如果全部存到银行，收益是比较低的，因此可以拿出一部分进行风险虽高但收益也高的证券投资。

2.不动产投资规划

如果你还没有房子，那么你就需要计划怎么解决住的问题。租房子划算还是买房子划算？抑或是先租后买，或者先买后出租？如果打算买房子，买房时是一次付清还是按揭贷款？按揭贷款的首付比例又是多少合适？如果你已经拥有了第一套住房，你还可以考虑再购买房子以保值增值，那么你应把资产的多大比例投资到不动产上？选择什么时机买入，又选择什么时机卖出？

3.子女教育规划

子女的教育支出是越来越多家庭面临的大项支出，因此你必须早作打算。按照你的承受能力，子女要接受什么水平的教育？需要多少支出？在现有的支出约束下，怎样才能受到更好的教育？

4.保险规划

风险时刻存在，你必须为自己的家庭计划好保险保障，防止一旦发生意外导致整个家庭陷入困境。拿出多少钱来购买保险？购买些什么保险？

保险实际上是一种分散风险、集中承担的社会化安排。从经济学角度看，保险是对客观存在的未来风险进行转移，把不确定损失转化为确定成本——保险费。拿意外伤害来说，我们每个人每时每刻都面临着遭受意外伤害的风险，但谁也无法确定到底会不会发生、何时发生，有时一旦发生就可能非常严重，昂贵的医疗费用甚至会使有的家庭走向崩溃的边缘。保险则由保险公司把大家组织起来，每个人缴纳保费，形成规模很大的保险基金，集中承担每个人可能发生的意外伤害损失。可见对于个人而言，保险就是在平时付出一点保费，以期在发生风险的时候获得足够补偿，不致遭受重大冲击。

保险中的可保风险仅指纯风险，就是只有发生损失的可能，而没有获利的可能，如身体生病、财产被偷等就是纯风险。投资股票就不是纯风险，因为投资股票不仅可能亏损，也可能赚大钱。所以，保险公司是不会为股票投资上保险的。

其实你可以交更少的税——合理避税

一提到避税，你可能会问：“纳税是不可推脱的责任，怎么又要说合理避税了？”“避税不是违法犯罪的事么？我们怎么能做？”对于这个问题，我们应该辩证看待。避税和逃税不同，避税是在合理的方式下，减少税务支出，而逃税是在必须纳税的项目上不纳税。

合理避税也称为节税或税务筹划，指纳税人根据政府的税收政策导向，通过经营结构和交易活动的安排，对纳税方案进行优化选择，以减轻纳税负担，取得正当的税收利益。

从目前看，个人可以通过投资避税和收入避税两种方法有效避税。

1.投资避税

个人投资者可以充分利用我国对个人投资的各种税收优惠政策来合理避税。目前，对个人而言，运用得最多的方法还是投资避税。投资者主要可以利用的有股票、基金、国债、教育储蓄、保险产品以及银行推出的本外币理财产品等投资品种。

由于基金获得的股息、红利以及企业债的利息收入，已经由上市公司在向基金派发时代扣代缴了20%的个人所得税，基金向个人投资者分配红利的时候不再扣缴个人所得税，目前股票型基金、债券型基金和货币型基金等开放式基金派发的红利都是免税的。对于那些资金状况良好、追求稳定收益的投资者而言，利用基金投资避税无疑是一种不错的选择。

国债作为“金边债券”，不仅是各种投资理财手段中最稳妥安全的方式，也因其可免征利息税而备受投资者的青睐。虽然受加息的影响，债券收益的诱惑力有所减弱，但对于那些风险承受能力较弱的老年投资者来说，利用国债投资避税也是值得考虑的。

除了上述投资品种之外，目前市场上常见的本外币理财产品也是可以避税的。

在这些常见的投资理财产品之外，因为我国的税法规定“保险赔款免征个人所得税”，因此投资者还可以利用购买保险来进行合理避税。从目前看，无论是分红险、养老险还是意外险，在获得分红和赔偿的时候，被保险人都不需要缴纳个人所得税。所以，对于很多人来说，购买保险也是一个不错的理财方法，在获得所需保障的同时还可合理避税。

此外，公积金和信托产品也是不需缴纳个人所得税的，公积金虽然可以避税，但是不能随意支取，资金的流动性并不强。信托产品所获的收益也不需缴纳个人所得税，但由于信托产品的投资门槛和风险较高，不是大部分普通投资者都可投资的产品。

2.收入避税

除了投资避税之外，还有一种税务筹划方法经常被人忽视，那就是收入避税。由于国家政策，如产业政策、就业政策、劳动政策等导向的因素，我国现行的税务法律法规中有不少税收优惠政策，作为纳税人，如果充分掌握这些政策，就可以在税收方面合理避税，提高自己的实际收入。例如，那些希望自主创业的人，根据政策规定，在其雇用的员工中，下岗工人或退伍军人超过30%就可免征3年营业税和所得税。对于那些事业刚刚起步的人而言，可以利用这一鼓励政策，轻松为自己免去3年税收。

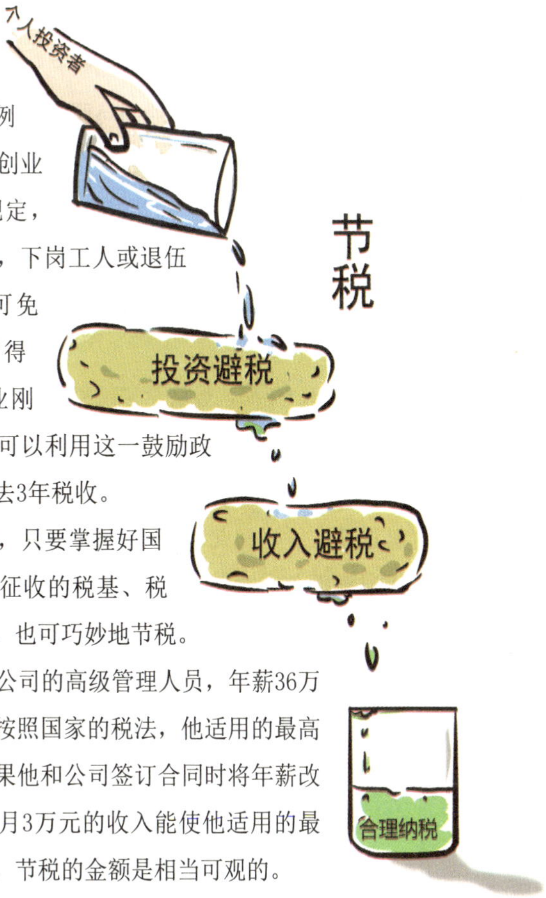

对于大众而言，只要掌握好国家对不同收入人群征收的税基、税率有所不同的政策，也可巧妙地节税。

张先生是一家公司的高级管理人员，年薪36万元，一次性领取。按照国家的税法，他适用的最高税率高达45%。如果他和公司签订合同时将年薪改为月薪的话，每个月3万元的收入能使他适用的最高税率下降到25%，节税的金额是相当可观的。

在我国《个人所得税法》中，劳务报酬、稿酬、特许权使用费、利息、股息、红利、财产租赁、转让和偶然所得等均属应纳税所得。因收入不同，适用的税基、税率也不尽相同，从维护纳税人的自身利益出发，充分研究这些法律法规，通过合理避税来提高实际收入是纳税人应享有的权益。我国和税务相关的法律法规非常繁多，是一个庞大的体系，一般纳税人很难充分理解并掌握。因此，除了自己研究和掌握一些相关法律法规的基础知识之外，不妨在遇到问题时咨询相关领域的专业人士，如专业的理财规划师、律师等，以达到充分维护自身权益的目的。

不做投资的大傻瓜——更大笨蛋理论

1908～1914年间，经济学家凯恩斯拼命赚钱。他什么课都讲，经济学原理、货币理论、证券投资等。凯恩斯获得的评价是“一架按小时出售经济学的机器”。

凯恩斯之所以如此玩命，是为了日后能自由并专心地从事学术研究而免受金钱的困扰。然而，仅靠讲课又能积攒多少钱呢？

终于，凯恩斯开始醒悟了。1919年8月，凯恩斯借了几千英镑进行远期外汇投机。4个月后，净赚1万多英镑，这相当于他讲10年课的收入。

但投机生意赚钱容易，赔钱也容易。投机者往往有这样的经历：开始那一跳往往有惊无险，钱就这样莫名其妙进了自己的腰包，飘飘然之际又倏忽掉进了万丈深渊。又过了3个月，凯恩斯把赚到的利和借来的本金亏了个精光。投机与赌博一样，往往有这样的心理：一定要把输掉的再赢回来。半年之后，凯恩斯又涉足棉花期货交易，狂赌一通大获成功，从此一发不可收拾，几乎把期货品种做了个遍。他还嫌不够刺激，又去炒股票。到1937年凯恩斯因病金盆洗手之际，他已经积攒起一生享用不完的巨额财富。与一般赌徒不同，他给后人留下了极富解释力的“赔经”——更大笨蛋理论。

什么是“更大笨蛋理论”呢？凯恩斯曾举例说：从100张照片中选择你认为最漂亮的脸蛋，选中有奖，当然最终是由最高票数来决定哪张脸蛋最漂亮。你应该怎样投票呢？正确的做法不是选自己真的认为最漂亮的那张脸蛋，而是猜多数人会选谁就投她一票，哪怕她丑得不堪入目。

投机行为建立在对大众心理的猜测之上。炒房地产也是这个道理。比如，你不知道某套房的真实价值，但为什么你会以5万元每平方米的价格去买呢？因为你预期有人会花更高的价钱从你那儿把它买走。

凯恩斯的更大笨蛋理论，又叫博傻理论：你之所以完全不管某个东西的真实价值，即使它一文不值，你也愿意花高价买下它，是因为你预期有一个更大的笨蛋，会花更高的价格，从你那儿把它买走。投机行为关键是判断有无比自己更大的笨蛋，只要自己不是最大的笨蛋，就是赢多赢少的问题。如果再也找不到愿出更高价格的更大笨蛋把它从你那儿买走，那你就是最大的笨蛋。可以这样说，任何一个投机者信奉的无非就是

“最大笨蛋理论”。

对中外历史上不断上演的投机狂潮最有解释力的就是最大笨蛋理论：1593年，一位维也纳的植物学教授到荷兰的莱顿任教，他带去了在土耳其栽培的一种荷兰人此前没有见过的植物——郁金香。没想到荷兰人对它如痴如醉，于是教授认定可以大赚一笔，他的售价高到令荷兰人只有去偷。一天深夜，一个窃贼破门而入，偷走了教授带来的全部郁金香球茎，并以比教授的售价低得多的价格很快把球茎卖光了。

就这样郁金香被种在了千家万户荷兰人的花园里。后来，郁金香受到花叶病的侵袭，病毒使花瓣生出一些反衬的彩色条或“火焰”。富有戏剧性的是病郁金香成了珍品，以至于一个郁金香球茎越古怪价格越高。于是有人开始囤积病郁金香，又

更大笨蛋理论

有更多的人出高价从囤积者那儿买入并以更高的价格卖出。1638年，最大的笨蛋出现了，持续了五年之久的郁金香狂热悲惨落幕，球茎价格跌到了一只洋葱头的售价。

始于1720年的英国股票投机狂潮有这样一个插曲：一个无名氏创建了一家莫须有的公司，自始至终无人知道这是什么公司，但认购时近千名投机者争先恐后把大门挤倒。没有多少人相信它真正获利丰厚，而是预期更大的笨蛋会出现，价格会上涨，自己要赚钱。饶有意味的是，牛顿参与了这场投机，并且不幸成了最大的笨蛋。他因此感叹："我能计算出天体运行，但人们的疯狂实在难以估计。"投机者的目的不是犯错，而是期待一个更大的笨蛋来替代自己，并且从中得到好处。没有人想当最大笨蛋，但是不懂如何投机的投资者，往往就成了最大笨蛋。那么，如何才能使自己在投资和投机时避免做最大的笨蛋呢？其实，只要猜对了大众的想法，也就赢得了投机。

所以，要想知道自己会不会成为最大的笨蛋，除了需要深入地认识自己外，还需要具有对别人心理的准确猜测和判断能力。

只要有钱在手，就要拿它消费，不要害怕风险。在投资时不要有任何顾虑，也许你的钱投进去了，你就赚了，但你要是总在犹豫里徘徊，把钱攥得紧紧的，那你将永远赚不到钱。只有你把钱投进去了，才可能会有更大的笨蛋出现，要是你不投钱的话，那么发财的机会就永远是别人的，你就是最大的傻瓜了。

如何才能惬意地生活——理财与财务自由

美国第一理财大师苏茜·欧曼被誉为“全球最出色，最富有激情，也是最美丽的个人理财师”，也可能是身价最高的理财师——和她共进晚餐的费用是1万美元。尽管如此，人们依然趋之若鹜，因为从她那里获得的理财建议，带给你的财富可能远远不止1万美元。她被《今日美国》杂志称作是“个人理财的发电站”。

她原本只是一个平凡的女子，但对财富的追求改变了她的一生，也改变了很多人。这位美国个人理财权威曾经现身上海，接受了《钱周刊》的专访，对于什么是财务自由，苏茜给出了她自己的答案：

财务自由不是拥有百万、千万美元，而是感觉到自由，了解你自己和你自己所拥有的，即使知道明天因为生病或是公司裁员丢了工作，你也不会有大麻烦，仍旧可以舒适地生活一段时间，不必发愁立即找工作。等你年老退休时，也许你的生活不算豪华奢侈，但你可以生活得很舒适，不会欠账。偶尔出去旅行，能自给自足。等你去世的时候，你留给家庭的财富会超过你原本拥有的。

想达到这种财务自由，其实首先要做的就是树立理财的意识。必须使已有的钱既保值又增值，选择恰当的理财方式。现在适合个人投资理财的方式有很多种——储蓄、股票、保险、收藏、外汇、房地产等，面对如此多的理财方式，最关键的问题是要选择适合自己的理财方式。

1.职业

有的人认为个人投资理财首先需要投入大量的时间，即如何将有限的生命进行合理的分配，以实现比较高的回报。你所从事的职业决定了你能够用于理财的时间和精力，而且在一定程度上也决定了你理财的信息来源是否及时充分，由此也就决定了你的理财方式的取舍。例如，如果你的职业要求你经常奔波来往于各地，甚至很少有时间能踏实地看一回报纸或电视，显然你选择涉足股市是不合适的，尽管所有的证券公司都能提供电话委托等快捷方便的服务，你所从事的职业也必然会影响到你的投资组合。

2.收入

投资理财，首先要有一定的经济基础。对于一般普通家庭而言就是工资收入。你的收入多少决定了你的理财力度，那些超过自身财力，“空手道”式的理财方式不是一般人能行的。所以，很多理财专家常告诫人们将收入的1/3用于储蓄，剩余1/3用于投资理财。按此算来，你的收入就决定了这最后1/3的数量，并进而决定了你的理财选择。比如，同样是选择收藏作为理财的主要方式，但资金太少而选择收藏古玩无疑会困难重重。相反，如果以较少的资金选择投资不大、但升值潜力可观的邮票、纪念币等作为收藏对象，不仅对当前的生活不会产生影响，而且还会获得相当可观的收益。

3.年龄

年龄代表着阅历，是一种无形的资产。一个人在不同的年龄阶段需要承担的责任不同，需求不同，抱负不同，承受能力也不同，所以不同年龄阶段有不同的理财方式。对于现代人而言，知识是生存和发展的基础，在人生的每一个阶段都必须考虑将一部分资金投资于教育，以获得自身更大的发展。当然，年龄相对较大的人在这方面的投资可以少些。因为年轻人未来的路还很长，偶尔的一两次失败也不用怕，还有许多机会重来，而老年人由于生理和心理方面的原因，相对而言承受风险的能力要小一些。因此，年轻人应选择风险较大、收益也较高的投资理财组合，而老年人一般应以安全性较大、收益比较稳定的投资理财组合为佳。

4.性格

性格决定个人的兴趣爱好以及知识面，也决定其是保守型还是开朗型的，是稳健型还是冒险型的，进而决定其适合哪种理财方式。个人理财的方式有很多种，各有其优缺点。比如，储蓄是一种传统的重要的理财方式，

而国债是众多理财方式中最为稳妥的。股票的魅力在于收益大、风险也大，房地产的保值性及增值性是最为诱人的，至于保险则以将来受益而吸引人们，等等。每一种投资理财方式都不可能让所有人在各个方面都得到满足，只能根据个人的性格决定。如果你是属于冒险型的，而且心理素质不错，能够做到不以股市的涨落喜忧，那么，你就可以将一部分资金投资于股票。相反，如果你自认为属于稳健型的，那么，储蓄、国债、保险以及收藏也许是你的最佳选择。

选择合适的理财计划——理财规划

每个人都需要独立面对和处理居住、教育、医疗、养老和保险等问题，因此每个人都需要承担起理财的责任，做到“我的钱财我做主”。理财不是简单地储蓄和节省，更需要合理地投资。事实上，理财是一门高深的学问，要求情况各不相同的人采用相同的理财规划，理财之路必定不平坦。

每个人的风险承受能力同其个体情况有关系，我们应当依据自己的收入水平制定最优的投资策略。我们以三种收入水平为例，做一个简单的理财规划解析。

1.月收入2万元如何进行理财规划

张女士今年29岁，她和丈夫白先生在同一家大型企业工作，两人每月收入为2万元。结婚3年，两人有了20万元的积蓄。虽然在所居住的城市，两个人的收入已经比较不错，但是考虑到将来购房、子女教育、赡养父母等家庭开支压力较大，张女士担心家庭收入不能有效利用、科学管理。

从张女士夫妇目前的家庭状况来看，虽然目前他们的家庭收入不错，但是缺乏必要的保障。此外，两人的理财观念比较传统，承受风险能力较差，家庭理财要求绝对稳健，属于求稳型的理财家庭。所以，求稳的理财方式对于他们比较合适。

因此，建议张女士按照储蓄占40%、国债占30%、银行理财产品占20%、保险占10%的投资组合进行投资。在对家庭理财比例分配中，储蓄占的比重最大，这是支持家庭资产的稳妥增值；国债和银行理财产品放在中间，收益较高，也很稳妥；保险的比率虽然只有10%，但所起的保障作用非同小可。

2.月收入1万元如何进行理财规划

小秦大学毕业两年，现在一家事业单位上班，工作稳定，目前单身，月收入1万元，没有房贷、车贷。单位提供三险一金，自己还购买了商业保险。每月剩余工资7000元，有存款10万元。小秦希望把每个月的剩余资金用于投资，想做一些风险小的投资，收益比银行存款收益高一些就可以。

小秦处于理财生涯的初级阶段，但职业生涯进入了稳定发展阶段，因此理财前景广阔。具体从理财规划上来说，工作单位为小秦提供了三险一金，并且小秦本人又购买了商业保险，正可谓是双保险，因此不用再增加任何保险产品；虽然小秦既无房贷又无车贷压力，但小秦剩余的资金却并不是很多。根据当前的物价水平，小秦的生活消费就不能追求高消费了。小秦没有理财经验，要求投资风险较小、收益率要高于银行存款的金融理财产品，建议小秦在专业理财师的指导下选择管理时间较久的股票型基金。

但要注意两点：其一，很多人只顾着“钱生钱”，而不记得规避风险。投资是一个长期的财富积累，它不仅包括财富的升值，还包括风险的规避。其二，在建立自己的投资账户时，年轻人由于手头资金量不大，精力有限，与其亲自操作，不如通过一些基金、万能险、投连险等综合性的投资平台，采用“委托投资”的方式，这样不仅可在股票、基金、国债等大投资渠道中进行组合，还可省掉一笔手续费。

3.月收入6000元如何进行理财规划

白明大学毕业后选择了留在省城，一来对这座生活了四年的城市有了感情，二来也希望在省城能有更多的发展机会。目前白明的月收入在6000元左右徘徊，因为初涉职场，也没有其他的奖金分红。白明希望利用有限的薪水理财，科学规划自己的生活。

如果你是单身一人，月收入在6000元，如何来支配这些钱呢？不妨借鉴下面的做法：

（1）储蓄占收入的10%～20%

自己用来储蓄的部分，约占收入的10%～20%。很多人每次也都会在月初存钱，但是到了月底的时候，往往就变成了泡沫，存进去的大部分又取出来了，而且是不知不觉的，好像凭空消失了一样，总是在自己喜欢的衣饰、杂志、娱乐或朋友聚会上不加节制。

其实，我们应该时刻提醒自己，自己的储蓄存款能保证至少3个月的基本生活。要知道，现在很多公司动辄减薪裁员，如果你一点储蓄都没有，一旦工作发生了变动，你就会非常被动。而且这3个月的收入可以成为你的“定心丸”，工作实在干得不开心了，你可以潇洒地对老板说声“拜拜”。所以，无论如何，请为自己留条退路。

（2）生活费占收入的30%～40%

生活费用是最基本的费用。在投资前，你要拿出每个月必须支付的费用，如房租、水电、通讯费、柴米油盐等，这部分约占收入的1/3。这部分费用是你生活中不可或缺的部分，满足你最基本的物质需求。所以，无论如何，这部分钱，请你先从收入中抽出。

（3）活动资金占收入的30%～40%

剩下的这部分钱，约占收入的1/3。可以根据自己当时的生

活目标，有所侧重地花在不同的地方。这样花起来心里有数，不会一下子把钱都花完。

除去吃、穿、住、行以及其他的消费外，再怎么节省，估计你现在的状况，一年也只有1万多元的积蓄。如何让钱生钱是大家想得最多的事情，然而，收入有限，很多想法都不容易实现，建议处于这个阶段的朋友，最重要的是开源。节流只是我们生活、工作的一部分，最重要的是怎样财源滚滚、开源有道。为了实现一个新目标，你必须不断进步以求发展，这才是真正的生财之道。

当然，以上所介绍的只是三种不同收入水平的人的理财规划建议。实际上，即使收入相同，但是城市不同、家庭情况不同、个人消费性格不同等其他因素的相异，其理财规划也必定是各不相同的。我们每个人应该根据自己的情况，灵活选择自己的理财规划。最重要的是，不同收入层次的人，都应该制定适合自己的理财规划。

不把鸡蛋放在一个篮子里——组合投资

组合投资有三句箴言：“不要把所有的鸡蛋放在同一个篮子里”，意味着要分散风险；“不要一个篮子里只放一个鸡蛋”，即组合投资并不意味着把钱过度分散，过度分散反而会降低投资收益；“把鸡蛋放在不同类型的篮子里”，不同类型的篮子是指相关系数低的投资产品，如股票基金与债券基金各买一些，这样的组合才能发挥组合投资的优势。

“股神”巴菲特在为他的恩师，同时也是上一代最成功的投资大师本杰明·格雷厄姆的巨著《聪明的投资者》所作的序言中写道：“要终生投资成功，不需要超高的智商、罕见的商业眼光或内线消息，需要的是作决定的健全心态、避免情绪侵蚀这种架构的能力。”在书中格雷厄姆也给投资者这样的忠告，即投资者应合理规划手中的投资组合。例如50％的资金应保证25％的债券或与债券等值的投资和25％的股票投资，另外50％的资金可视股票和债券的价格变化而灵活分配其比重。当股票的盈利率高于债券时，投资者可多购买一些股票；当股票的盈利率低于债券时，投资者则应多购买债券。当然，格雷厄姆也特别提醒投资者，上述规则只有在股市牛市时才有效。一旦股市陷入熊市时，投资者必须当机立断卖掉手中所持有的大部分股票和债券，而仅保持25％的股票或债券。这25％的股票和债券是为了以后股市发生转向时所预留的准备。

美国经济学家马科维茨1952年首次提出投资组合理论，并进行了系统、深入和卓有成效的研究。该理论包含两个重要内容：均值一方差分析方法和投资组合有效边界模型。马科维茨的真知灼见是风险为整个投资过程的重心，一项投资计划若没有风险，困难将不存在，但利润亦相应低微。风险意味着可能发生的事较预期发生的更多！我们并不期待居住的楼宇发生火灾，但火灾可能发生，为了避免这种可能损失，只有买保险；同理，我们不希望所持的股票跌价，然而它可能下跌，因此我们不把所有资金购买一种股票，即使它看起来前景那么美好。马科维茨用资本资产定价模型来解答投资者如何在风险和收益之间作出取舍，即如何建立一个风险和报酬均衡的投资组合。所谓理性投资者，是指投资者能在给定期望风险水平下对期望收益进行最大化，或者在给定期望收益水平下对期望风险进行最小化。

人们进行投资，本质上是在不确定性的收益和风险中进行选择。投资组合理论用均值一方差来刻画这两个关键因素。所谓均值，是指投资组合的期望收益率，它是单只证券的期望收益率的加权平均，权重为相应的投资比例。用均值来衡量投资组合的一般收益率。所谓方差，是指投资组合的收益率的方差。我们把收益率的标准差称为波动率，它刻画了投资组合的风险。

提供最高回报率的有效投资组合的投资基金在20世纪70年代风起云涌，如雨后春笋般纷纷成立，带热了华尔街甚至全球的金融业，令基金市场成为以万亿美元计的大生意。这是建立在马科维茨投资组合理论之上的。而马科维茨也因此获得了1990年诺贝尔经济学奖。

由于投资者类型和投资目标不同，我们合理选择投资组合时可以选择下面三种基本模式：

1.冒险速进型投资组合

这一投资组合模式适用于那些收入颇丰、资金实力雄厚、没有后顾之忧的个人投资者。其特点是风险和收益水平都很高，投机的成分比较重。

这种组合模式呈现出一个倒金字塔形结构，各种投资在资金比例分配上大约为：储蓄、外汇、房地产等投资为50%左右。

投资者要慎重采用这种模式，在作出投资决定之前，首先要正确估计出自己承受风险的能力（无论是经济能力，还是心理承受能力）。对于高薪阶层来说，家庭财富比较殷实，每月收入远远高于支出。那么，将手中的闲散资金用于进行高风险、高收益组合投资，更能见效。由于这类投资者收入较高，即使偶有损失，也容易弥补。

2.稳中求进型投资组合

这一类投资组合模式适用于中等以上收入、有较大风险承受能力、不满足于只是获取平均收益的投资者，他们与保守安全型投资者相比，更希望个人财富能迅速增长。

这种投资组合模式呈现出一种锤形组织结构。各种投资的资金分配比例大约为：储蓄、保险投资为40%左右，债券投资为20%左右，基金、股票为20%左右，其他投资为20%左右。

这一投资模式适合以下两个年龄段的人群：从结婚到35岁期间，这个年龄段的人精力充沛，收入增长快，即使跌倒了，也容易爬起来，很适合采用这种投资组合模式；45～50岁之间，这个年龄阶段的人，孩子成年了，家庭负担减轻且家庭略有储蓄，也可以采用这种模式。

3.保守安全型投资组合

这一类投资组合模式适用于收入不高，追求资金安全的投资者。

保守安全型投资组合市场风险较低，投资收益十分稳定。

保守安全型的投资组合模式呈现出一个正金字塔形结构。各种投资的资金分配比例关系大约为：储蓄、保险投资为70%

（储蓄占60%，保险占10%）左右，债券投资为20%左右，其他投资为10%左右。保险和储蓄这两种收益平稳风险极小的投资工具构成了稳固、坚实的塔基，即使其他方面的投资失败，也不会危及个人的正常生活，而且不能收回本金的可能性较小。

衡量经济活动的有效尺度——GDP

GDP即英文“Gross Domestic Droduct”的缩写，也就是国内生产总值。通常对GDP的定义为：一定时期内（一个季度或一年），一个国家或地区的经济中所生产出的全部最终产品和提供劳务的市场价值的总值。

自从20世纪30年代美国经济学家库兹理茨建立这个体系以来，GDP这个指标一直在使用和改进中。应该说，GDP是能基本反映一国整体经济运行状况与历史趋势的。到现在为止，还没有一个人能提出广为公众接受的另一种指标体系来替代GDP，也没有一个国家不使用GDP这个指标，或者放弃GDP统计的计划。

在经济学中，GDP常用来作为衡量该国或该地区的经济发展综合水平通用的指标，这也是目前各个国家和地区常采用的衡量手段。GDP是宏观经济中最受关注的经济统计数字，因此它被认为是衡量国民经济发展状况最重要的一个指标。一般来说，国内生产总值有三种形态，即价值形态、收入形态和产品形态。从价值形态看，它是所有常住单位在一定时期内生产的全部货物和服务价值与同期投入的全部非固定资产货物和服务价值的差额，即所有常住单位的增加值之和；从收入形态看，它是所有常住单位在一定时期内直接创造的收入之和。GDP反映的是国民经济各部门增加值的总额。

1.生产法

生产法是从生产角度计算国内生产总值的一种方法。从国民经济各部门一定时期内生产和提供的产品和劳务的总价值中，扣除生产过程中投入的中间产品的价值，从而得到各部门的增加值，各部门增加值的总和就是国内生产总值。计算公式为：总产出－中间投入＝增加值。

GDP＝各行业增加值之和

也可以表示为：GDP＝Σ各产业部门的产出－Σ各产业部门的中间消耗

2.收入法

收入法是从生产过程中各生产要素创造收入的角度计算GDP的一种方法。即各常住单位的增加值等于劳动者报酬、固定资产折旧、生产税净额和营业盈余四项之和。这四项在投入产出中也称为最初投入价值。各常住单位增加值的总和就是GDP。计算公式为：

GDP＝Σ各产业部门劳动者报酬＋Σ各产业部门固定资产折旧＋Σ各产业部门生产税净额＋Σ各产业部门营业利润

3.支出法

支出法是从最终使用的角度来计算GDP及其使用去向的一种方法。GDP的最终使用包括货物和服务的最终消费、资本形成总额和净出口三部分。计算公式为：

GDP（国内生产总值）＝最终消费＋资本形成总额＋净出口

从生产角度，等于各部门（包括第一、第二和第三产业）增加值之和；从收入角度，等于固定资产折旧、劳动者报酬、生产税净额和营业盈余之和；从使用角度，等于总消费、总投资和净出口之和。

美国经济学家萨缪尔森认为，GDP是20世纪最伟大的发明之一。他将GDP比作描述天气的卫星云图，能够提供经济状况的完整图像，能够帮助领导者判断经济是在萎缩还是在膨胀，是需要刺激还是需要控制，是处于严重衰退还是处于通胀威胁之中。如果没有像GDP这样的总量指标，政策制定者就会陷入杂乱无章的数字海洋而不知所措。

中国不再是封闭的经济体——四部门经济

四部门经济是包括家庭、企业、政府和国外等四个部门的经济，即在三部门之外增加了国外部门，四部门经济也叫开放经济。

开放经济的对立面就是封闭经济，封闭经济在经济学意义上指一国在经济活动中没有与国外的经济往来，如没有国际贸易或国际金融、劳动力的交流，仅仅存在国内的经济活动，本国经济与外国经济之间并未存在密切的往来，成为封闭经济状态。

开放经济的好处是交流了经济，使经济活起来，不像封闭经济一潭死水没有生机。开放经济是与封闭经济相对立的概念。在开放经济中，要素、商品与服务可以较自由地跨国界流动，从而实现最优资源配置和最高经济效率。一般而言，一国经济发展水平越高，市场化程度越高，越接近于开放经济。在经济全球化的趋势下，发展开放经济已成为各国的主流选择。开放经济与外向型经济的不同在于：外向型经济以出口导向为主，开放经济则以降低关税壁垒和提高资本自由流动程度为主。在开放经济中，既出口，也进口，基本不存在孰重孰轻的问题，关键在于发挥比较优势；既吸引外资，也对外投资，对资本流动限制较少。

现实经济生活中的经济大都是四部门经济。四部门经济要正常循环，除保证商品市场、金融市场、要素市场和政府收支均衡外，还必须保证国际收支均衡，即国际收支大体相等。2009年12月27日，商务部副部长钟山在“2009中国开放经济高层论坛”上表示，2009年是中国外贸最为困难的一年，也是对外贸易取得积极成效的一年。

据介绍，2009年，中国的对外贸易特别是出口会超过德国，将成为世界第一出口大国，这完全是在预料之中的。2008年中国外贸占世界贸易总额的8%，而2009年则很可能会上升到9%。

钟山指出，中国外贸2009年陷入最困难的一年主要是因为外需严重不足，同时，还有贸易保护主义的抬头。在这种情况下，中国完成了保市场、保份额的任务，并且出口结构进一步优化，出口产品质量进一步提高，在应对贸易摩擦方面也取得了重大突破。现在，全世界平均每人每年要穿一双内地制造的鞋，买2米内地生产的布，穿的衣服中有3件来自内地。内地

的彩电、洗衣机、冰箱等70多种工业产品量和出口量居世界第一。当前，全球经济的发展重心正在由西方转向东方，内地经济已成为世界经济发展的重要动力。中国改革开放以来特别是加入WTO以后，内地经济发展很快，对外经济贸易增长迅猛。

中国对外开放即将成功地走过30个年头。综合国力的迅速增强、国际经济地位的持续提升已经为国际社会所公认。以开放实现发展是当代发展战略中的一个普遍共识，开放有利于吸收国际资本，开拓国际市场，从而创造就业，优化资源配置，拉动经济增长，甚至实现发展奇迹。然而开放型发展战略也必然同时面对国际经济波动的风险，乃至承受巨大的冲击。

任何一个开放经济都不可能不面对外部冲击。但是，从发达的开放经济来看，除了国家必要的调控手段外，应对冲击更多依靠的是市场自身的适应能力。从企业来说，能够敏锐地对国际市场的变化作出反应，进行生产与经营战略调整，包括在诸如石油、原材料价格和汇率等变动中作出适应性调整，是一个开放型经济应对国际经济冲击的基础。日本企业曾通过技术进步、产业外移等应对了油价上涨和汇率升值等带来的压力。

对外开放是建设经济强国的基本国策。毫无疑问，维护国家经济安全是开放战略的必然要求。既能有效抵御各种突发的外部冲击，又能防止各种渐进形式的长期不利性，是建设开放型经济体系的内在主题。

本国对战略产业的有效控制是维护国家产业安全的基础。经济全球化深化了国际分工，开放经济的许多产业是国际化的，甚至完全是由外资发展起来的。对大部分产业来说，深化分工有利于提高效率，从而发挥本国的要素优势。但是，任何一个国家都需要拥有自己的核心产业和核心竞争力，才能在国际经济竞争中获得更大利益，立于不败之地。

只依靠廉价劳动力参与国际分工至多只能脱贫，不可能建设经济强国。由外资建立起来的高新技术产业只是存在，而非拥有。特别是对于一个大国来说，即使不必追求完整的国民经济体系或工业体系，也仍然必须拥有自己的战略性产业。这些战略性产业对于国民经济发展具有基础性和关键性的作用，也能够防范国际政治动荡和经济波动等带来的冲击和影响。

为什么越节俭反而越萧条——节俭悖论

18世纪，一个名叫孟迪维尔的英国医生写了一首题为《蜜蜂的寓言》的讽喻诗。这首诗叙述了一个蜂群的兴衰史。一群蜜蜂为了追求豪华的生活，大肆挥霍，结果这个蜂群很快兴旺发达起来。而后来，有一位有识之士站出来说，弟兄们，咱这么挥霍，对资源是多么大的浪费，那可不应该啊！众蜜蜂认为言之有理。于是大家吃也少了，用也省了，开支立马小了许多。也正因此，大家每天干活都不必那么起劲了，因为不必挣那么多呀！没过多久，这群本来挺兴旺的蜜蜂，变得没了生气，日渐衰落。由于这群蜜蜂改变了习惯，放弃了奢侈的生活，崇尚节俭，结果却导致了整个蜜蜂社会的衰败。这本书的副标题是“私人的罪过，公众的利益”，意思是浪费是“私人的罪过”，但可以刺激经济，成为“公众的利益”。这部作品在当时被法庭判为“有碍公众视听的败类作品”，但是两百多年后，英国经济学家凯恩斯从中受到启发，提出了“节俭悖论”。

20世纪20年代英国经济停滞和30年代全世界出现了普遍的生产过剩和严重失业。凯恩斯对此给出了让人们信服的经济学解释，凯恩斯从宏观上分析，在短期内决定经济状况的是总需求而不是总供给，对商品总需求的减少是经济衰退的主要原因。总需求决定了短期内国民收入的水平。总需求增加，国民收入增加；总需求减少，国民收入减少。从微观上分析，某个家庭勤俭持家，减少浪费，增加储蓄，往往可以致富；但从宏观上分析，节俭对于经济增长并没有什么好处。

公众节俭→社会总消费支出下降→社会商品总销量下降→厂商生产规模缩小，失业人口上升→国民收入下降，居民个人可支配收入下降→社会总消费支出下降……

引起20世纪30年代大危机的正是总需求不足，或者用凯恩斯的话来说是有效需求不足。节俭悖论告诉我们：节俭减少了支出，迫使厂家削减产量，解雇工人，从而减少了收入，最终减少了储蓄。储蓄为个人致富铺平了道路，然而如果整个国家加大储蓄，将使整个社会陷入萧条和贫困。

以上推理看似荒诞，但是若跟我们每个人的日常生活相联系，就不难发现其合理之处了。

一是“过分节流”看似积攒下不少财富，实则忽视了“开源”，从而失去了获取更多财富的可能性。靠精打细算、节衣缩食，只能达到小富即安的状态，并且这种安逸有时候是以牺牲生活品质为代价的。用控制欲望的方法最多只能缩小收支缺口，而无法填平这一缺口。

二是节俭有可能让人安于现状，没有动力去投资理财。人们常说，心有多高，天就有多高。当满足于目前消费水平时，自然会想，何苦再去费力地赚更多的钱呢？

三是某些日常用品的重复性消费，好像每次都很节省，但加在一起却是惊人的浪费。上中学时，很多人都有一台随身听或是MP3，为了省钱大多舍不得买贵的耳机，而是用地摊儿上花十几元买的便宜货。结果耳机经常断线，过段时间就不得不更换新的。几年下来，花在廉价耳机上的钱要比买品牌耳机的钱还多，而且还得忍受很多时候仅一只耳机响或是音效不好的状况。生活中类似耳机消费的事还有很多。

1933年当英国经济处于萧条时，凯恩斯曾在英国BBC电台号召家庭主妇多购物，称她们此举是在“拯救英国”。在《通论》中他甚至还开玩笑地建议，如果实在没有支出的方法，可以把钱埋入废弃的矿井中，然后让人去挖出来。

已故的北京大学经济系教授陈岱孙曾说过，凯恩斯只是用幽默的方式鼓励人们多消费，并非真的让你这样做。但增加需求支出以刺激经济则是凯恩斯本人和凯恩斯主义者的一贯思想。

我国的居民消费支出占GDP比重不到40%，而美国超过了70%，世界平均水平为62%。居民消费不足，使得我国经济增长过多依靠外需。能否改变居民消费这个短板，是决定我们能不能从中国制造走向中国市场、能不能从投资主导走向消费主导、未来经济能不能可持续增长的关键。

我国经济发展的一个突出特点就是：储蓄率过高而消费

率过低。因此，正确理解节俭悖论，有助于提高我们对高储蓄可能带来的不良后果的认识。居民消费需求不足，造成大量商品生产过剩，企业开工不足，失业人员增加，经济增长受到影响。在国际金融危机的背景下，为了刺激消费扩大内需，国家采取了积极的财政政策，扩大“低保”范围和提高“低保”标准等一系列措施鼓励大家消费，这些措施都是以扩大国民消费带动经济发展。

只有消费才能拉动生产，才能让整个经济活动持续和循环起来，明白了“节俭悖论”的内涵对于我国这样一个崇尚节俭的社会具有积极的意义，我们应该根据自身的收入水平适当消费，而不是一味地去节俭，这样对自身、对社会都具有积极作用。但是，“节俭悖论”并不是要求我们要选择一种奢侈的生活方式，我国是一个人口众多的国家，自然资源尤其是能源非常紧缺，这很有可能成为制约我国未来经济发展的主要因素，所以理性的选择是“有选择的奢侈”，而不是一味的、不分场合的奢侈。因此，我们不仅要让自己合理增加消费，也要大力提倡理性消费，理直气壮地反对浪费。

国家经济的体温计——PPI

生产者物价指数（PPI）：生产者物价指数主要的目的在于衡量各种商品在不同的生产阶段的价格变化情形。PPI是衡量工业企业产品出厂价格变动趋势和变动程度的指数，是反映某一时期生产领域价格变动情况的重要经济指标，也是制定有关经济政策和国民经济核算的重要依据。目前，我国PPI的调查产品有4000多种（含规格品9500多种），覆盖全部39个工业行业大类，涉及调查种类186个。

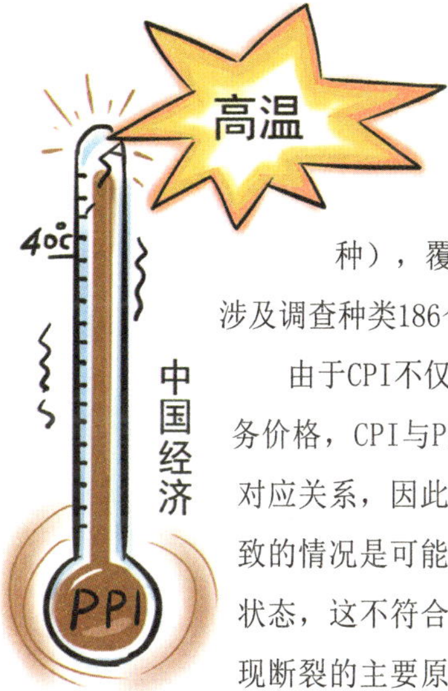

由于CPI不仅包括消费品价格，还包括服务价格，CPI与PPI在统计口径上并非严格的对应关系，因此，CPI与PPI的变化出现不一致的情况是可能的。CPI与PPI持续处于背离状态，这不符合价格传导规律。价格传导出现断裂的主要原因在于工业品市场处于买方市场以及政府对公共产品价格的人为控制。

PPI通常作为观察通货膨胀水平的重要指标。由于食品价格因季节变化较大，而能源价格也经常出现意外波动，为了能更清晰地反映整体商品的价格变化情况，一般将食品和能源价格的变化剔除，从而形成“核心生产者物价指数”，进一步观察通货膨胀率变化趋势。在美国，生产者物价指数的资料收集由美国劳工局负责，他们以问卷的方式向各大生产厂商收集资料，收集的基准月是每个月包含13日在内该星期的2300种商品的报价，再加权换算成百进位形态。一般而言，当生产者物价指数增幅很大而且持续加速上升时，该国央行相应的反应应是采取加息对策阻止通货膨胀快速上涨，则该国货币升值的可能性增大；反之亦然。

真正的经济学家注重PPI而媒体注重Core PPI，将食物及能源去除后的，称为“核心PPI”（Core PPI）指数，以正确判断物价的真正走势。这是由于食物及能源价格一向受到季节及供需的影响，波动剧烈。Core PPI短期内会产生误导作用。PPI上升不是好事，如果生产者转移成本，终端消费品价格上扬，通胀上涨。如果不转移，企业利润下降，经济有下行风险。由于2008年世界经济危机大规模爆发以后，世界各国纷纷降息，从而为社会注入了很大的流动性，导致了物价指数上涨。生产者物价指数的上升也提醒政府决策机构和企业生产者一定要尽早预防通胀。

宏观经济学的理论支撑——凯恩斯主义

萨伊（J.B.Say）是18世纪末19世纪初的法国经济学家。萨伊定律产生于19世纪初法国拿破仑战争时期。当时物价急剧上升，货币“烫手”，公众不愿意保留货币，一有钱就赶快购买商品。

萨伊定律（Say’s Law）是指他的名言：供给创造自己的需求。一种产品的生产给其他产品开辟了销路，供给会创造自己的需求，不论产量如何增加，产品都不会过剩，至多只是暂时的积压，市场上商品的总供给和总需求一定是相等的，不会存在生产过剩性经济危机。这就是著名的萨伊定律。

萨伊不否认个别商品可能出现供不应求或生产过剩。但供不应求将导致商品价格上升，生产过剩就导致商品价格下跌，而商品价格的变化又会影响到供给和需求，从而在新的价格水平上达到均衡。

20世纪20年代英国经济停滞和30年代全世界普遍的生产过剩和严重失业打破了萨伊定律的神话。经济学发生了第一次危机。凯恩斯在批判萨伊定律中建立了以总需求分析为中心的宏观经济学。客观经济学的中心由资源配置转向资源利用，由个体转向整体。这是经济学中的一次革命。后人评价说，经济学中的这场“凯恩斯革命”与天文学中的“哥白尼革命”同样重大。今天看来，这个评价并不过分。

在凯恩斯之前的西方经济学界，人们普遍接受以亚当·斯密为代表的古典学派的观点，即在自由竞争的市场经济中，政府只扮演一个简单的被动的角色——“巡夜警察”。凡是在市场经济机制作用下，依靠市场能够达到更高效率的事，都不应该让政府来做。国家机构仅仅执行一些必不可少的重要任务，如保护私人财产不被侵犯，但从不直接插手经济运行。

然而，历史的事实证明，自由竞争的市场经济导致了严重的财富不均，经济周期性巨大震荡，社会矛盾尖锐。1929年～1933年间爆发的全球性经济危机就是自由经济主义弊症爆发的结果。因此，以凯恩斯为代表的一批凯恩斯主义者浮出水面。他们提出，现代市场经济的一个突出特征，就是政府不再仅仅扮演“巡夜警察”的角色，而是要充当一只“看得见的手”，平衡及调节经济运行中出现的重大结构性问题。

相比于亚当·斯密的自由主义，凯恩斯主义认为，凡是政府调节能比市场提供更好服务的地方，凡是个人无法进行平等竞争的事务，都应该通过政府的干预来解决问题。凯恩斯强调政府的作用：即政府可以协调社会总供需的矛盾、制定国家经济发展战略、进行重大比例的协调和产业调整。它最基本的经济理论，是主张国家采用扩张性的经济政策，通过增加需求促进经济增长。

凯恩斯主义经济学或凯恩斯主义是根据凯恩斯的著作《就业、利息和货币通论》的思想基础上的经济理论。

引起20世纪30年代大危机的正是总需求不足，用凯恩斯的话来说是有效需求不足。通货膨胀、失业、经济周期都是由总需求的变动所引起的。当总需求不足时就会出现失业与衰退，当总需求过大时就会出现通货膨胀与扩张。

当总需求不足时，凯恩斯主张国家采用扩张性财政政策（增加政府各种支出和减税）与货币政策（增加货币供给量降低利率）来刺激总需求；当总需求过大时，凯恩斯主张采用紧缩性财政政策（减少政府各种支出和增税）与货币政策（减少货币量提高利率）来抑制总需求。这样就可以实现既无通货膨胀又无失业的经济稳定。

凯恩斯主义肯定了政府干预在稳定经济中的重要作用。战后各国政府在对经济的宏观调控中尽管犯过一些错误，但总体上还是起到了稳定经济的作用。战后经济周期性波动程度比战前小，而且没有出现30年代那样的大萧条就充分证明了这一点。

从20世纪四五十年代以来，凯恩斯的理论得到后人的进一步拓展，使之不断完善和系统化，从而构成了凯恩斯宏观经济学的完整体系。这些拓展主要体现在希克斯和汉森同时创建的“IS-LM1模型”、莫迪利安尼提出的“生命周期假说”、弗里德曼提出的“永久收入说”、托宾对投资理论的发展、索罗等人对经济增长理论的发展以及克莱因等人对宏观经济计量模型的发展。

西方资本主义国家也逐步从经济自由主义转向国家干预经济的凯恩斯主义。与此同时，作为国家宏观调控的经济手段之一的税收和法律手段之一的税法，其经济调节等职能被重新认识并逐渐加以充分运用。

今天，在现代市场经济日益向国际化和全球趋同化方向发展的趋势下，世界各国在继续加强竞争立法，排除市场障碍，维持市场有效竞争，并合理有度地直接参与投资经营活动的同时，越来越注重运用包括税收在内的经济杠杆对整个国民经济进行宏观调控，以保证社会经济协调、稳定和发展，也就满足了人们对经济持续发展、社会保持稳定的需要。

看上去挺美，却马上要破碎——泡沫经济

西方谚语说：“上帝欲使人灭亡，必先使其疯狂。”泡沫经济是指虚拟资本过度增长与相关交易持续膨胀日益脱离实物资本的增长和实业部门的成长，金融、证券、地产价格飞涨，投机性交易极为活跃的经济现象。泡沫经济寓于金融投机，造成社会经济的虚假繁荣，最后必定泡沫破灭，导致社会震荡，甚至经济崩溃。

最早的泡沫经济可追溯至1720年发生在英国的“南海泡沫公司事件”。当时南海公司在英国政府的授权下垄断了对西班牙的贸易权，对外鼓吹其利润的高速增长，从而引发了对南海股票的空前热潮。由于没有实体经济的支持，经过一段时间，其股价迅速下跌，犹如泡沫那样迅速膨胀又迅速破灭。

泡沫经济寓于金融投机。正常情况下，资金的运行应当反映实体资本和实业部门的运行状况。只要金融存在，金融投机必然存在。但如果金融投机交易过度膨胀，同实体资本和实业部门的成长脱离得越来越远，便会造成社会经济的虚假繁荣，形成泡沫经济。

在现代经济条件下，各种金融工具和金融衍生工具的出现以及金融市场自由化、国际化，使得泡沫经济的发生更为频繁，波及范围更加广泛，危害程度更加严重，处理对策更加复杂。泡沫经济的根源在于虚拟经济对实体经济的偏离，即虚拟资本超过现实资本所产生的虚拟价值部分。

泡沫经济得以形成具有以下两个重要原因：

第一，宏观环境宽松，有炒作的资金来源。

泡沫经济都是发生在国家对银根放得比较松，经济发展速度比较快的阶段，社会经济表面上呈现一片繁荣，给泡沫经济提供了炒作的资金来源。一些手中握有资金的企业和个人首先想到的是把这些资金投到有保值增值潜力的资源上，这就是泡沫经济成长的社会基础。

第二，社会对泡沫经济的形成和发展缺乏约束机制。

对泡沫经济的形成和发展进行约束，关键是对促进经济泡沫成长的各种投机活动进行监督和控制，但到目前为止，社会还缺乏这种监控的手段。这种投机活动发生在投机当事人之间，是两两交易活动，没有一个中介机构能去监控它。作为投机过程中最关键的一步——货款支付活动，更没有一个监控机制。1988年8月23日，有“海角天涯”之称的海南岛从广东省脱离，成立中国第31个省级行政区。海口，这个原本人口不到23万、总面积不足3000平方公里的海滨小城一跃成为中国最大经济特区的首府，也成为全国各地淘金者的“理想王国”。

据《中国房地产市场年鉴（1996）》统计，1988年，海南商品房平均价格为1350元/平方米，1991年为1400元/平方米，1992年猛涨至5000元/平方米，1993年达到7500元/平方米的顶峰。短短三年，增长超过4倍。

高峰时期，这座总人口不过160万的海岛上竟然出现了两万多家房地产公司。这些公司当然不都是为了盖房子，而是为了炒房子。

由于投机性需求已经占到了市场的70%以上，一些房子甚至还停留在设计图纸阶段，就已经被卖了好几道手。每一个玩家都想在游戏结束前赶快把手中的“花”传给下一个人。只是，不是每个人都有潘石屹这样的好运气。1993年6月23日，当最后一群接到“花”的玩家正在紧张寻找下家时，终场哨声突然毫无征兆地吹响了。当天，时任国务院副总理的朱镕基发表讲话，宣布终止房地产公司上市、全面控制银行资金进入房地产业。

这场调控的结果，是给占全国0.6%总人口的海南省留下了占全国10%的积压商品房。全省“烂尾楼”高达600多栋、1600多万平方米，闲置土地18834公顷，积压资金800多亿元，仅四大国有商业银行的坏账就高达300多亿元。吉利汽车老总李书福在海南楼市泡沫中损失了3000万，从此发誓不碰房地产。泡沫经济是对一地虚假繁荣经济的比喻，这种看上去很美丽的泡沫经济看似很繁荣，但是突然之间，一个微小的触动就足以让繁荣灰飞烟灭。

由于贪婪，人们就会心生恐惧，恐惧又导致了危机；而当人们从恐惧中恢复过来的时候，又再次陷入贪婪之中。一次次的恶性循环，也就导致了一次次的经济危机。

回归理性，或许能使我们在贪婪和恐惧之间，找到一条财富之路。

PART

04

国民收入

真正属于自己的价值——GNP

国民生产总值GNP是指一个国家的国民在一年中生产的最终产品（包括劳务）的市场价值的总和。一个国家常住机构单位从事生产活动所创造的增加值（国内生产总值）在初次分配过程中主要分配给这个国家的常住机构单位，但也有一部分以劳动者报酬和财产收入等形式分配给该国的非常住机构单位。同时，国外生产单位所创造的增加值也有一部分以劳动者报酬和财产收入等形式分配给该国的常住机构单位。从而产生了国民生产总值的概念，它等于国内生产总值加上来自国外的劳动报酬和财产收入减去支付给国外的劳动者报酬和财产收入。

GNP是本国常住居民生产的最终产品市场价值的总和，它以人口为统计标准。换言之，无论劳动力和其他生产要素处于国内还是国外，只要是本国国民生产的产品和劳务的价值都记入国民生产总值。常住居民包括居住在本国领土的本国公民、暂住外国的本国公民和常年居住在本国的外国公民。

举个例子来说，中国境内的可口可乐工厂的收入，并不包括在我们的GNP之中，而是属于美国的；而青岛海尔在国外开厂的收入则可以算在我们的GNP中。与GNP不同的是，GDP只计算在中国境内产生的产值，它包括中国境内可口可乐工厂的收入，但不包括青岛海尔在国外开厂的收入。

因此，国民生产总值和国内生产总值的关系是：

国民生产总值＝国内生产总值＋暂住国外的本国公民的资本和劳务创造的价值－暂住本国的外国公民的资本和劳务创造的价值

我们把暂住国外的本国公民的资本和劳务创造的价值减暂住本国的外国公民的资本和劳务创造的价值的差额称作国外净要素收入，于是有：

国民生产总值＝国内生产总值＋国外净要素收入

当国外净要素收入为正值时，国民生产总值就大于国内生产总值；反之，当国外净要素收入为负值时，国民生产总值就小于国内生产总值。

国内生产总值与国民生产总值之间的主要区别有哪些呢？GDP强调的是创造的增加值，它是“生产”的概念，GNP则强调的是获得的原始收入。一般来讲，各国的国民生产总值与国内生产总值二者相差数额不大，但如果某国在国外有大量投资和大批劳工的话，则该国的国民生产总值往往会大于国内生产总值。

不同时期的国民生产总值的差异既可能是由于商品和劳

务的实物数量的区别，也可能是由于价格水平的变化。为了能够对不同时期的国民生产总值进行有效的比较，我们选择某一年的价格水平作为标准，各年的国民生产总值都按照这一价格水平来计算。这个特定的年份就是所谓的基年（base year），这一年的价格水平就是所谓的不变价格（constant price）。

用不变价格计算的国民生产总值叫作实际国民生产总值（Real GNP），用当年价格（current price）计算的国民生产总值叫作名义国民生产总值（Nominal GNP）。

需要指出的是，在实际国民生产总值的核算中，各个国家一般每过几年就重新确定一个基年。当我们把2000年作为基年时，该年的名义国民生产总值和实际国民生产总值就会相等。假定价格水平一直处于上升过程，那么，在2000年以前，名义国民生产总值就会小于实际国民生产总值；在2000年以后，名义国民生产总值就会大于实际国民生产总值。

不靠出卖劳动力也能挣钱——生产要素收入

按生产要素分配是指按照生产时所投入的生产要素的多少进行收益分配的一种方式。也就是说按照生产要素所有者向社会提供的生产要素的数量和质量，获取相应的工资报酬。生产要素是指进行生产经营必须具备的条件，包括劳动力（才干、能力、体力）、土地、资本、技术、专利、房地产等方面。

管理要素参与收益分配。经营管理者可以实行年薪制，以年度经济指标为依据，考核完成情况兑现报酬，使效益和风险相结合；对中高层管理者，除制定高薪工资外，实行股票期股、期权。在股份制企业中，运用期股、期权的分配机制使中高层管理者与企业收益相联系；实行经济承包责任制，奖金按完成经济指标上下浮动；对企业家设立战略决策奖。

资本要素参与收益分配。股票分红，也可以集资分红；以合同形式规定投资的收益分成比例；债券、基金中获取利息。

生产资料要素参与收益分配。对租赁生产资料的，以契约的形式规定分成比例；对生产资料可以作价入股，按股分红。

劳动力要素参与收益分配。根据国家工资政策，制定基本工资标准；实行岗位工资，以岗位定酬，岗位工资按各岗位的责任、工作量和技术含量等因素来确定；实行计件工资，多劳多得，少劳少得，不劳不得；按照市场劳动力价位，制定相应工资标准。

技术要素参与收益分配。在科技成果转化取得收益中提取一定比例分配给成果完成人和成果转化人；科技成果和技术专利可以作价入股，成果完成人和技术专利持有人通过股份获取利益分红；科技成果和技术专利可以作为商品在技术市场上买卖；鼓励科技人员领办、创办科技实体或承包科技项目，在收益中按比例分成；允许科技人才兼职兼薪，多劳多得。科技人才在单位中可以一人多职，也可以在业余时间从事其他科技工作，发挥潜能；制定优秀人才高薪政策，增加知识技术要素在工资中的含量；重奖科技创新、名牌产品开发优秀人才，按利润收益比例提成。

PART

05

民生经济

街头巷尾讨论的经济话题——CPI

2009年11月12日，北京市统计局、国家统计局北京调查总队发布的2009年1～10月北京市经济运行情况显示：10月份，全市居民消费价格指数（CPI）同比下降2.3%，降幅比9月份缩小0.2个百分点，连续两个月降幅缩小。从环比看，10月份居民消费价格比9月份上涨0.3%，连续4个月环比上涨。1～10月，居

民消费价格比上年同期下降1.7%，降幅比1～3季度扩大0.1个百分点。经济危机之后，普通居民对物价的感觉是更高了，CPI恐怕是大家谈论最多的经济词汇了。确实，我们周边的很多朋友，不管他从事什么工作，不管他的年纪是长是幼，甚至连英文字母都不认识的老大妈，也在谈论CPI。对于普通老百姓而言，大家对CPI的关注归根结底还是对日常生活所需品的价格变化，比如说猪肉的价格变化、面粉的价格变化、蔬菜的价格变化等的关注。那么CPI能如实地反映老百姓最关心的日常生活用品费用的增长吗？

我们先来了解一下到底什么是CPI。所谓CPI，即消费者物价指数（Consumer Price Index），是反映与居民生活有关的产品及劳务价格统计出来的物价变动指标，通常作为衡量通货膨胀水平的重要指标。

如果消费者物价指数升幅过大，表明通胀已经成为经济不稳定因素，央行会有紧缩货币政策和财政政策的风险，从而造成经济前景不明朗。一般说来，当CPI>3%的增幅时，我们把它称为通货膨胀；而当CPI>5%的增幅时，我们把它称为严重的通货膨胀。鉴于以上原因，该指数过高的升幅往往不被市场欢迎。例如，某一年，消费者物价指数上升2.5%，则表示你的生活成本比上一年平均上升2.5%。当生活成本提高，你拥有的金钱价值便随之下降。换句话说，一年前面值100元的纸币，现在只能买到价值97.5元的货品及服务。

CPI是怎样计算的？其实CPI的整个计算过程你不需要知道，你只需要知道，通常你买猪肉或喝饮料的平均价格就是

CPI。CPI的上涨意味着你承担的日常花费也在上涨。

但是真实的日常生活费用情况CPI是反映不出来的，有时我们对物价的感觉与公布的统计数据会有差异。我国CPI当中包含八大类商品：第一类是食品，第二类是烟酒及其用品，第三类是衣着，第四类是家庭设备用品和维修服务，第五类是医疗保健和个人用品，第六类是交通和通信，第七类是娱乐、教育、文化用品和服务，第八类是居住。与居民消费相关的所有类别都包括在这八大类中。

2018年12月份，食品烟酒价格同比上涨2.4%，影响居民消费价格指数（CPI）上涨约0.72%个百分点。其中，鲜果价格上涨9.4%，影响CPI上涨约0.16个百分点；禽肉类价格上涨5.4%，影响CPI上涨约0.06个百分点；鲜菜价格上涨4.2%，影响CPI上涨约0.10个百分点；水产品价格上涨2.0%，影响CPI上涨约0.04个百分点；畜肉类价格上涨0.8%，影响CPI上涨约0.04个百分点（猪肉价格下降1.5%，影响CPI下降约0.04个百分点）；粮食价格上涨0.5%，影响CPI上涨约0.01个百分点；鸡蛋价格下降1.4%，影响CPI下降约0.01个百分点。

其他七大类价格同比六涨一降。其中，医疗保健、教育文化和娱乐、居住价格分别上涨2.5%、2.3%和2.2%，其他用品和服务、衣着、生活用品及服务价格分别上涨1.6%、1.5%和1.4%；交通和通信价格下降0.7%。

与老百姓生活密切相关的是生活必需品的价格，即以肉类为代表的食品的价格。它与电视机、电冰箱的价格有着很大的差别。电视机、电冰箱价格上涨了，我们可以不买，没有这些东西我们照样能活下去；房价高得离谱，买不起就不买了，可以租房子住，尽管房租也涨了。但是，鸡鸭鱼肉等食品价格上涨了，我们却不能不买，离开它们，我们还怎么活！

而CPI里面最重要的组成部分，并且被严重低估的就是鸡鸭鱼肉等食品的价格，它导致你吃饭的花费大幅上涨。例如猪肉价格上涨26%，蛋类价格上涨37%，也就是说你每吃一顿肉就要多付26%的钱，吃一顿鸡蛋就多付37%的钱。倘若这种情况并没有得到改善，反而进一步加剧，每一个老百姓吃饭的花费平均增加了50%。也就是说，你一日三顿，不管是早点、中餐还是晚饭，你每吃一顿饭就得多付50%的钱。

然而50%的吃饭费用的上升没有直接反映在CPI里面，为什么？因为CPI是我们所有用到的消费品的平均数，刚才我们说到的4.8%代表所有消费品的增长，其中包括电器、住房等。所以，真正重要的指标不能从整体去看，要单个来看，看肉价上升多少，大米价格上升多少，食用油价格上升多少。CPI并不能如实反映你日常生活费用的增长，要想了解日常生活费用的增长，你只有单个去看。

所以，在看CPI的时候，我们要注意到这些，一不小心的话，CPI就会说谎，就会与我们的亲身感受有差距。

衡量生活水平的尺度——恩格尔系数

在中国流行了上千年的问候语不知道什么时候就被一句“你好”取代了。为什么“吃了吗”被“你好”替代了呢？经济学家认为，随着经济的发展，人们花在吃上的支出比例越来越少，而花在服装、汽车、娱乐上的消费比例越来越多了。这种现象被称为“恩格尔系数”降低。

恩格尔系数（Engel’s Coefficient）是食品支出总额占个人消费支出总额的比重。19世纪德国统计学家恩格尔根据统计资料，对消费结构的变化得出一个规律：一个家庭收入越少，家庭收入中（或总支出中）用来购买食物的支出所占的比例就越大，随着家庭收入的增加，家庭收入中（或总支出中）用来购买食物的支出比例则会下降。推而广之，一个国家越穷，每个国民的平均收入中（或平均支出中）用于购买食物的支出所占比例就越大，随着国家的富裕，这个比例呈下降趋势。

恩格尔定律的公式：

食物支出占总支出的比率（R1）＝食物支出变动百分比÷总支出变动百分比×100%或食物支出占收入的比率（R2）＝食

物支出变动百分比÷收入变动百分比×100%

恩格尔定律主要表述的是食品支出占总消费支出的比例随收入变化而变化的一定趋势。揭示了居民收入和食品支出之间的相关关系，用食品支出占消费总支出的比例来说明经济发展、收入增加对生活消费的影响程度。

消费支出反映了居民的物价消费水平，是很重要的宏观经济学变量，被作为宏观调控的依据之一。恩格尔系数是国际上通用的衡量居民生活水平高低的一项重要指标，国际上常常用恩格尔系数来衡量一个国家或地区人民生活水平的状况。

吃是人类生存的第一需要，在收入水平较低时，它在消费支出中必然占有重要地位。随着收入的增加，在食物需求基本满足的情况下，消费的重心才会开始向穿、用等其他方面转移。因此，一个国家或家庭生活越贫困，恩格尔系数就越大；反之，生活越富裕，恩格尔系数就越小。

根据联合国粮农组织提出的标准，恩格尔系数在59%以上的为贫困，50%～59%为温饱，40%～50%为小康，30%～40%为富裕，低于30%为最富裕。它一般随居民家庭收入和生活水平的提高而下降。

简单地说，一个家庭或国家的恩格尔系数越小，就说明这个家庭或国家经济越富裕。反之，如果这个家庭或国家的恩格尔系数越大，就说明这个家庭或国家的经济越困难。当然数据越精确，对家庭或国家的经济情况反映的也就越精确。

恩格尔定律是根据经验数据提出的，它是在假定其他一切变量都是常数的前提下才适用的。因此，在考察食物支出在收入中所占比例的变动问题时，还应当考虑城市化程度、食品加工、饮食业和食物本身结构变化等因素都会影响家庭的食物支出增加。只有达到相当高的平均食物消费水平时，收入的进一步增加才不对食物支出发生重要的影响。

随着经济的迅速发展，人们花在食物上的支出相对于以前已经多出不少，但是食物支出占整个家庭支出的比例已经呈现下降的趋势，花在住房、汽车、教育、娱乐等其他方面的支出占据越来越大的比重。这就是恩格尔系数在不断降低。

国家统计局的资料显示，改革开放以来，由于收入持续快速增长，我国居民家庭的恩格尔系数呈现下降趋势，与1978年的57.5%相比，2007年我国城镇居民家庭恩格尔系数为43.1%，这是居民消费结构改善的主要标志。这表明，我国人民从以吃为标志的温饱型生活，正在向以享受和发展为标志的小康型生活转变。

但是恩格尔系数并不是对每一个人或每一个家庭都完全适用的。例如，自诩为美食家的人，以吃尽天下美食为己任，他花在食物上的消费比例肯定比其他消费多，但依此断定他贫困或富裕就有失偏颇。

青山绿水与生活改善同步——绿色GDP

在过去的20多年里，中国是世界上经济增长最快的国家之一，但是，由于资源的浪费、生态的退化和环境污染的加剧，在很大程度上抵消了经济增长的成果。

一直以来，一些地方政府始终将GDP放在第一位，往往忽视了环保。因为强调环保就要投入，许多工程就不能开工，就会影响GDP的增长。在“重发展、轻环保”思想的指导下，有些领导甚至要求环保部门为违法建设开绿灯。

绿色经济GDP，是指从GDP中扣除自然资源耗减价值与环境污染损失价值后剩余的国内生产总值，是可持续发展国内生产总值的简称，是20世纪90年代形成的新的国民经济核算概念。

1993年联合国经济和社会事务部在修订的《国民经济核算体系》中提出，绿色GDP可分为总值与净值。总值即GDP扣减资源耗减成本和环境降级成本。净值即GDP扣减资源耗减成本、环境降级成本和固定资产折旧。中国科学院可持续发展课题研究组提出的绿色GDP为：GDP扣减自然部分的虚数和人文部分的虚数。自然部分的虚数从下列因素中扣除：环境污染所造成的环境质量下

人与自然和谐发展

降；自然资源的退化与配比的不均衡；长期生态质量退化所造成的损失；物质、能量的不合理利用所导致的损失；资源稀缺性所引发的成本；自然灾害所引起的经济损失。人文部分的虚数从下列因素中扣除：由于疾病和公共卫生条件所导致的支出；由于失业所造成的损失；由于犯罪所造成的损失；由于教育水平低下和文盲状况导致的损失；由于人口数量失控所导致的损失；由于管理不善（包括决策失误）所造成的损失。

绿色GDP能够反映经济增长水平，体现经济增长与自然环境和谐统一的程度，实质上代表了国民经济增长的净正效应。绿色GDP占GDP比重越高，表明国民经济增长对自然的负面效应越低，经济增长与自然环境和谐度越高。实施绿色GDP核算，将经济增长导致的环境污染损失和资源耗减价值从GDP中扣除，是统筹“人与自然和谐发展”的直接体现，对“统筹区域发展”“统筹国内发展和对外开放”是有力的推动。同时，绿色GDP核算有利于真实衡量和评价经济增长活动的现实效果，克服片面追求经济增长速度的倾向和促进经济增长方式的转变，从根本上改变GDP唯上的政绩观，增强公众的环境资源保护意识。

为正确衡量我国的经济总量并正确引导经济增长方式，我国正在积极推行绿色GDP的计算方法，改革现行的国民经济核算体系，对环境资源进行核算，从现行GDP中扣除环境资源成本和对环境资源的保护服务费用。

绿色GDP用公式可以表示为：

绿色GDP＝GDP总量－（环境资源成本＋环境资源保护服务费用）

通过绿色GDP的试点，我们可以勾勒出一个日渐清晰的蓝本：民众需要舒适从容的生存空间，国家要走可持续的良性发展道路。2006年9月7日我国首份绿色GDP核算研究报告，即《中国绿色国民经济核算研究报告2004》正式对外公布。该报告指出，2004年全国因环境污染造成的经济损失达5118亿元。其中，水污染的环境成本为2862.8亿元，占总成本的55.9%；大气污染的环境成本为2198亿元，占总成本的42.9%；固体废物和污染事故造成的经济损失为57.4亿元，占总成本的1.2%，占当年GDP的3.05%。

除了污染损失，还对污染物排放量和治理成本进行了核算。如果在现有的治理技术水平下，全部处理2004年排放到环境中的污染物，需要一次性直接投资约10800亿元，占当年GDP的6.8%左右。同时，每年还需另外花费治理运行成本2874亿元，占当年GDP的1.8%。这是中国第一份有关环境污染经济核算的国家报告，从这份报告中我们也可以看出，这些GDP耗费了我们很多的资源，如果扣除资源治理的费用，我们的GDP增长非常有限。所以，在GDP的计算中采用绿色GDP的算法非常有价值。

气候是全球“最大的公共产品”——气候经济学

2009年10月17日，马尔代夫总统纳希德将在该国水下6米处的海底主持一次内阁会议。纳希德和其他内阁成员身穿潜水服，在该国首都马累东北约35千米处的吉利岛海域水底举行了为时30分钟的会议，会议期间内阁成员签署了一项要求各国减少温室气体排放的决议。呼吁世界各国领导人采取措施减少温室气体排放，以减缓海平面上升的步伐。

马累集中了全国约1/3的人口，面积约1.5平方公里，它周围大部分地区都修筑了防波堤，以抵御海水入侵。尽管如此，在2004年12月的海啸中，海水还是冲上马累城，给首都造成了不小的破坏。马累西北约100千米处有一个图拉杜岛。图拉杜岛岛长杜斯马尔说，从2002年填海造地开始，海水侵蚀现象越来越严重。在小岛的东侧，椰子树的树根在海潮的拍打下已经裸露出来，有的椰子树已经倾倒。

在全国约200个居民岛中，大约50个面临着海水侵蚀问题，其中16个岛需要立即采取行动。此外，很多居民岛的地下淡水资源正在枯竭，居民饮水出现困难。当马尔代夫的政要用“水下内阁会议”的方式向全世界发出警告和恳求的声音时，几乎所有人都意识到，全球变暖如果得不到遏止，将因此导致物种的灭亡，最终会蔓延到食物链的终端——人类。

作为一个人口不到40万的小国，马尔代夫在世界上的影响力有限。但在气候变化面前，马尔代夫已经成为人类命运的一面镜子。纳希德总统和他的部长们潜入水下开会的另类行为能让更多的人醒悟过来，采取行动拯救马尔代夫，同时也拯救人类自己。

哥本哈根气候大会全称是《联合国气候变化框架公约》，第15次缔约方会议暨《京都议定书》第5次缔约方会议，这一会议也被称为哥本哈根联合国气候变化大会，于2009年12月7

日～18日在丹麦首都哥本哈根召开。

2009年12月7日起，192个国家的环境部长和其他官员们在哥本哈根召开联合国气候会议，商讨《京都议定书》一期承诺到期后的后续方案，就未来应对气候变化的全球行动签署新的协议。

根据2007年在印尼巴厘岛举行的第13次缔约方会议通过的“巴厘岛路线图”的规定，2009年年末在哥本哈根召开的第15次会议将努力通过一份新的《哥本哈根议定书》，以代替2012年即将到期的《京都议定书》。考虑到协议的实施操作环节所耗费的时间，如果《哥本哈根议定书》不能在2009年的缔约方会议上达成共识并获得通过，那么在2012年《京都议定书》第一承诺期到期后，全球将没有一个共同文件来约束温室气体的排放，会导致遏制全球变暖的行动遭到重大挫折。因此，很大程度上，此次会议被视为全人类联合遏制全球变暖行动的一次很重要的努力。

在哥本哈根峰会的最后12个小时，全球主要强权国家的领袖以及最贫穷落后国家的领袖穿梭会面，为了一个共同的目标：行动起来，对抗气候暖化。

《联合国气候变化框架公约》第15次缔约方会议和《京都议定书》第5次缔约方会议于当地时间19日下午在丹麦首都哥本哈根沉重落幕。会议通过的《哥本哈根议定书》无法律约束力，低于外界预期。

潘基文当天发表了一次充满感情色彩的讲话。他说，过去的两天令人“筋疲力尽”。我们进行的讨论“时而有戏剧性，时而非常热烈”。

从《京都议定书》，到“巴厘岛路线图”，再到哥本哈根大会，发展中国家和发达国家两大阵营分歧严重，数十年的谈判更像是口水仗难获突破。这其中就因为涉及利益问题。不同的国家，有着不同的个体利益，有着不同的诉求，气候合作不是一个国家的事情，是需要各个国家为此作出牺牲，也是各个国家之间的一个博弈的过程。

从全球角度看，气候恰恰符合“公共产品”特征——人人需要合适的气候，但没有一个人或一个国家能独立提供，也无法独享专用。美国首位诺贝尔经济学奖得主保罗·萨缪尔森是公共产品理论奠基人。他敏锐地指出，公共产品的共享特征，使人们容易产生“搭便车”的冲动，即他人栽树我乘凉。同样，从理性出发，人类应超越国家局限，成立“气候基金”等全球应对机制，像一国提供国防那样，为每个人提供气候安全这一“公共产品”。

美国也在中国减排的监督核查等问题上大做文章。毫无疑问，美国已将中国视为头号经济对手。中美在气候变化问题上的博弈，似乎也已成为两国争夺未来世界经济主导地位的广泛竞争的一部分。

其核心问题是：减排的成本是多少，由谁承担；而与成本相对应所产生的收入归谁？由于减排成本的存在，受减排指标约束的国家的有关行业和企业的国际竞争力可能受到影响，特别是相对于那些不受减排指标约束的国家而言。这是美欧在谈判中特别关心的一个问题。因此，它们试图通过推行“边境调节”对相关进口产品征税。此举将气候变化与国际贸易挂钩，实质是在推行“绿色贸易保护主义”，并可能会从根本上威胁现存国际贸易体系的运行，这是中印等发展中国家所不能容忍和强烈反对的。

减排需要发达国家利用资金和技术帮助发展中国家。欧盟和美国，他们手中掌握着节能减排的高新技术和雄厚的资本优势。如果美国等西方发达国家不帮助发展中国家，发展中国家必然要走粗放型的发展方式。例如，中国在电力、钢铁、交通、水泥、化工、建筑等重点行业与高耗能行业及通用技术领域中，未来低碳经济发展需要60余种骨干技术的支撑，但中国目前仍有42种尚未掌握核心技术和核心知识产权。美国同意带领西方国家每年筹措1000亿美元援助贫困国家对付气候变暖，直到2020年。这等于承认西方贪婪的发展，是气候变暖的一个历史原因，也需要为此负责并作出补偿。

如果哥本哈根峰会能达成具有法律效力的强有力的协议，全球碳市场将持续增长并成为支持发展中国家低碳产业发展的重要来源。2012年全球碳交易市场容量为1400亿欧元，约合1900亿美元，全球碳交易在2008年至2012年间，市场规模每年可达500亿欧元。

让低碳成为生活方式——低碳经济

2010年1月17日中午12点左右，从广州二号线万胜围站开出的地铁车厢里，20多名只穿短裤、露出大腿的青年男女旁若无人地翻阅报纸或看书，这群年轻人是想借此宣传环保，提倡低碳生活。

前段时间，美国、英国等国家多个城市已经举行了“不穿裤子搭地铁活动”。受此启发，梁先生在广州发起了类似的活动，想借此宣扬低碳生活方式、迎接广州亚运。参与者夏先生表示，“虽然国外的这种活动纯粹是为了增加生活乐趣，但我们希望能通过自己的努力，宣传低碳理念、节约能源，为广州迎接亚运做一些宣传”。

这些参与者身上都打出各种口号，比如梁先生的背包上就贴着“低碳经济是地球的退烧药”标语，还有的手拿宣传纸牌“RESCUCE THE EARTH！（拯救地球）”，一位参与者的口号则颇有幽默感，“低碳生活洒‘脱’到底”。

有些参与的网友坦言，一开始都感到很尴尬，但后来想，这也是为“拯救地球”出一份力，所以就豁出去了！

20多岁的广州人小吴特别强调：“现在地球污染如此严重，我们再这样下去，地球就‘玩完’啦！但这道理如果在教科书上严肃地说100次，也不一定能吸引大家的兴趣，倒不如用这种搞笑的方式引起大家的注意。”这种对待低碳生活的方式虽然不可取，但我们可以看到这些年轻人迎接低碳经济的积极心态，那就是让低碳成为一种生活方式。

所谓低碳经济，是指在可持续发展理念指导下，通过技术创新、制度创新、产业转型、新能源开发等多种手段，尽可能地减少煤炭石油等高碳能源消耗，减少温室气体排放，达到经济社会发展与生态环境保护双赢的一种经济发展形态。

“低碳经济”提出的大背景，是全球气候变暖对人类生存和发展的严峻挑战。随着全球人口和经济规模的不断增长，能源使用带来的环境问题及其诱因不断地为人们所认识，不止是光化学烟雾和酸雨等的危害，大气中二氧化碳（CO_2）浓度升高带来的全球气候变化也已被确认为不争的事实。

在此背景下，“碳足迹”“低碳经济”“低碳技术”“低碳发展”“低碳生活方式”“低碳社会”“低碳城市”“低碳世界”等一系列新概念、新政策应运而生。而能源与经济以至价值观实行大变革的结果，可能将为逐步迈向生态文明走出一条新路，即：摒弃20世纪的传统增长模式，直接应用新世纪的创新技

术与创新机制，通过低碳经济模式与低碳生活方式，实现社会可持续发展。

发展低碳经济，一方面是积极承担环境保护责任，完成国家节能降耗指标的要求；另一方面是调整经济结构，提高能源利用效率，发展新兴工业，建设生态文明。这是摒弃以往先污染后治理、先低端后高端、先粗放后集约的发展模式的现实途径，是实现经济发展与资源环境保护双赢的必然选择。

要维持低碳的“热度”，要让低碳深入人心并成为我们自觉的生产方式、生活态度，还有漫长的路要走。因此，仅仅依靠政府的力量是不够的，更需要有新机制，让民众和企业都能

积极参与，身体力行。

2007年9月8日，胡锦涛在亚太经合组织（APEC）第15次领导人会议上，本着对人类、对未来的高度负责态度，对事关中国人民、亚太地区人民乃至全世界人民福祉的大事，郑重提出了四项建议，明确主张“发展低碳经济”，令世人瞩目。他在这次重要讲话中，一共说了四回“碳”：“发展低碳经济”、研发和推广“低碳能源技术”、“增加碳汇”、“促进碳吸收技术发展”。他还提出：“开展全民气候变化宣传教育，提高公众节能减排意识，让每个公民自觉为减缓和适应气候变化做出努力。”这也是对全国人民发出的号召，提出了新的要求和期待。胡锦涛主席还建议建立“亚太森林恢复与可持续管理网络”，共同促进亚太地区森林恢复和增长，减缓气候变化。

2009年中央经济工作会议提出：更加注重推动经济发展方式转变和经济结构调整，推进节能减排，开展低碳经济试点，加快建设资源节约型、环境友好型社会……上海崇明低碳经济示范区、贵州开阳农村沼气池CDM试点等就是低碳经济试点的亮点。

我国政府提出，2020年单位国内生产总值二氧化碳排放量较2005年下降40%至45%，这是对世界的庄严承诺，发展低碳经济更是落实科学发展、建设和谐社会的必然选择。必须承认的是，尽管一些地方目前把“低碳”的概念提得很响，但大都仍处于最初的探索和试验试点阶段，而且，除农村沼气、城市节能灯的推广普及成效显著外，其他方面往往是政府在“唱主角”。

在2010年全国贸促工作会上，中国贸促会会长万季飞做出如下预测：“国际金融危机影响了消费者的消费习惯和消费心理，世界市场可能缩小。低碳经济将逐步成为全球意识形态和国际主流价值观，并将成为新的经济增长点。”

年轻人成为买房的主力——商品房

商品房是指开发商开发建设的供销售的房屋，能办产权证和国土证，可以自定价格出售的产权房。2002年9月1日，北京市取消内、外销商品房的区别。在市场经济条件下，任何推向市场的，并可以自由买卖交易的房屋都应该是一种商品。有位女青年把男人大致分为四类：一是有房有车无房贷；二是有房有车有房贷；三是无房无车无房贷，但是马上就能有房有车有房贷，属于现金储备的那一类；四是无房无车无房贷，但很长一段时间也不会有房有车有房贷。对第一类男人，可以马上谈婚论嫁，二、三类可以考察之后谈婚论嫁，第四类免谈。对于那些到了适婚年龄的男青年来说，买房或者具备买房能力就成了处对象的前提。因此，得到的结论是：适婚女青年制造了大量市场需求，推动了房价的上涨。“有房才有家”，这是许多中国人的传统观念，但是，随着房价步步攀升，买房子对于大部分年轻人来说，越来越难。大部分未婚的年轻人事业刚刚起步，即使有两倍于人均可支配收入，不吃不喝也要20多年才能买房。房地产商冯仑曾提出“未婚女青年”推高房价，冯仑说：“年轻女孩，没有房子嫁不嫁？90%的女性是不嫁的。

所以说，未婚女青年推动了房价上涨，这具有很浓的中国特色。”他认为买房应限制在35岁以上，他认为房价上涨跟需求有很大的关系，很多人结婚的要求就是首先要有房，至少要交得起首付。如果政府强制规定35岁才能买房，将降低对住房的需求，从而降低房价。

从冯仑的“未婚男女的同居以及女方的适度施压，是房价的隐性推手”到“丈母娘找女婿谈谈，需求量就‘刚性’了，而且是特钢需求”。他们认为中国房价的推手，其实不是个人，而是婚姻需求，是男女要住在一起，就得买房子。也就是说，将要结婚的年轻人正逐渐成为买房的主力。许多事实表明，住房问题已经成了许多中低收入者的一种心病。一位供职于某政府机关的处级干部李先生说：“现在的房价真有点离谱！”

李先生的妻子是国家公务员。按理说，像李先生这样的家庭应该是令许多人羡慕，没有什么遗憾的，可是事实并非这样。没有赶上单位分房，李先生尽管早就想拥有一套属于自己的房子，但一直没有攒够钱。

李先生说，即使他现在买房，也只能考虑单价在3万元以下的房子。可是要找到交通、环境较好，价格又在3万元以下的房子谈何容易？目前在北京，即使单就价格而言，这种房子在五环以外都已经越来越少。“现在房价这么高，想不贷款买房，要么有个好爸爸，要么，就只能指望买彩票撞大运了。”有人半开玩笑地说。

无论从哪一个角度看，中国部分城市房价过高是一个不争的事实，不仅是普通老百姓买不起房子，中等收入群体也感觉很吃力。在高房价的挤压下，越来越多的家庭为了一套房子耗尽了一生的财富，甚至是几代人的积蓄，这已经成了社会不可承受之重。

即便是买了房子，每个月的月供也是一笔沉重的负担。“当上了‘房奴’就意味着，不敢炒老板的鱿鱼，更不能被老板炒鱿鱼；无力再继续学习进修；不能去旅游，不敢生孩子；工作压力大，心理压力更大。”一位自称月收入1万多元的网友感慨地说。

房价是高还是低——房价

在武汉工作的张阳很郁闷，眼瞅着武汉的房价不断攀升，早已经超过他的心理承受底线——1.5万元/平方米。对于毕业两三年的他来说，即使想买个50平方米左右的小房子也很难。

张阳毕业后通过事业单位招聘考试来到沌口某学校任教，又与沌口某企业的小吴谈上了恋爱，他本以为幸福生活将拉开序幕，却没想到因为那遥不可及的房子，他的美好姻缘还没怎么开始就走到了尽头。走在街头，望着林立的高楼，张阳不知道自己的情感归宿到底在哪里。在高房价面前，爱情也在经受着考验，房子成了爱情的入场券。

张阳与女友，两个人月收入共8000元左右。按照当前的房价水平，买房子对他们来说无异于“痴人说梦”。他连做梦也没想到过武汉的房价会在短短的两三年之内打着滚儿地往上翻。

在武汉中心城区内，一套80平方米、单价1.5万元/平方米的房子，要120万元。这对像张阳这样的年轻人来说，难以承受，房子对于他们来说，只不过是一个遥不可及的梦。当今中国的房价之高，超过了普通老百姓的购买能力。对于房价与老百姓购买能力的一个国际惯用指标是房价收入比。所谓房价收入比，是指住房价格与城市居民家庭年收入之比。以故事中的张阳为例：一套普通新房平均120万元左右，张阳和女朋友加在一起的年收入是9.6万元，两者相除，房价收入比已经超过11。

按照国际上的一般标准，房价收入比在3～6之间被认为是比较正常的。我国各个城市的房价收入比是不平衡的，中小城市的房价收入比多在6以上，属于房价过高的范畴。据调查，全国大部分大中城市房价收入比超过6，其中北京、沈阳、贵阳、南京、广州、大连和西安的比率都超过了10，甚至更高。

房价收入比过高的原因，主要在于目前的房价过高。仔细分析起来，中国的高房价，是“众力”合推的结果。

其一，从经济学的角度来看，房子是稀缺资源，中国拥有13亿人口，而这自然成了中国人购房的硬需求，其硬需求产生的购买力自然可以预见。如此巨大的内在需求使得中国的房价不会太低。

其二，地方政府从房地产发展中谋得的好处。地方政府热衷房地产的目的，在于土地出让金是地方政府财政收入的“大头”，因为政府垄断城镇的土地资源。正是在这种体制和机制的刺激下，地方政府自然要拼命地炒高地价，绞尽脑汁使商业用地价值最大化。

其三，房地产暴利是房价居高不下的根本原因。追求最高利润是资本运营的唯一秘密，房地产商为保持高利润，通过恶意炒作，囤积居奇，积压闲置土地，控制房源供给，联手哄抬房价，从而达到榨取购房者最大利润的目的。

其四，炒房团是高房价的潜在推力。他们资金雄厚，集团运作，在各地房地产市场频频出手，如飓风一般攻城略地，所到之处房价急升。

其五，国际热钱大量涌入，为高房价推波助澜。自2005年以来，人民币一直处于持续升值或升值预期中，吸引了大量国外游资流入了中国市场，这就是国际热钱。这些“游资”的目的就是赚钱，根据资本的“洼地效应”，哪里预期有利润就会冲到哪里。我国各城市的房价持续攀高，使得国际热钱越来越集中到房地产中，在一定程度上促使高房价跌不下来。

拥有一套属于自己的住房，是每一个人最基本的内在需要，然而，在高房价面前人们却显得有点无可奈何。尤其对于20多岁的年轻人来说，面临着“成家立业”的历史任务，或自掏腰包或父母赞助，竭尽全家之力去买房，成为事实上的房奴，背负高房价的压力。对于没有买房的人们来说，高房价更是一道拦路虎，“买房梦”似乎永远也圆不了。

供需平衡理论表明，要达到房地产市场的供需平衡，只有让房价降到合理的水平，让房价收入比达到合理的水平，才能让中国大多数百姓真正买得起房子。

农村人越来越少——城市化

笑话一：一老汉被儿子接到深圳小住。儿子为显孝心，每天开车带父亲兜风。路上，老汉看着满街的高楼大厦外墙上挂着的空调外机，说："难怪深圳人这么富呀，原来是家家户户都养蜜蜂哩。"

笑话二：一农村人进城买酒缸。因酒缸都是倒扣在地上的，这人左看右看一阵后，问："老板，你店里的酒缸怎么都没缸口呀？"老板答："你不会翻过来看一看呀。"这人将几个酒缸一一翻看后，说："哎呀，你这里的酒缸不但没缸口，连缸底都没哩！"这虽然有戏谑的成分，但却是十几年前，农村人和城市人差距的真实写照。农村人进城了，常常在高楼大厦、高档电器、汽车面前犯迷糊，因为农村和城市差距太大了。由于长期的二元分割体制，有很多的人一辈子都没有进过城，更别说在当时看见这些稀奇的东西了。

但随着改革开放和我国城乡二元体制的打破，越来越多的农民走进了城市，从当初的建筑工到今天各行业的产业工人，农民已经成为社会经济建设不可或缺的建设主体。

城市化也有的学者称之为城镇化、都市化，是由农业为主的传统乡村社会向以工业和服务业为主的现代城市社会逐渐转变的历史过程，具体包括人口职业的转变、产业结构的转变、土地及地域空间的变化。

经济学上从工业化的角度来定义城市化，认为城市化就是农村经济转化为城市化大生产的过程。在现在看来城市化是工

业化的必然结果。一方面，工业化会加快农业生产的机械化水平、提高农业生产率，同时工业扩张为农村剩余劳动力提供了大量的就业机会；另一方面，农村的落后也会不利于城市地区的发展，从而影响整个国民经济的发展，而加快农村地区工业化大生产，对于农村区域经济和整个国民经济的发展都是有着很积极的意义。

城市化就是一个国家或地区的人口由农村向城市转移、农村地区逐步演变成城市地区、城市人口不断增长的过程。根据人口普查数据显示，到2007年年底虽然中国已经有5.9亿城市人口，城市化率达到45%，但其中包含了1.6亿农村人口，在这1.6亿农村人口中，有1.2亿是进城打工的农民，其他是“县改区”和建制镇范围内的农民。在进城务工的农民中，只有约2000万人是长期生活在城市中的人，其他人则以“民工潮”的方式在城市和乡村间穿梭。由于农民工虽然生活在城市却过着极为简单的生活，所以他们不是真正的城市人口，由于统计原因被计算到城市人口中的城区和乡镇的农民，更不能被视为城市人口，这样计算下来，2007年中国的真实城市化率只有34%，比统计显示的城市化率低了1/4。

世界其他国家在人均3000美元GDP的时候，平均城市化率是55%，东亚地区的日本和韩国是75%，中国在同等人均收入水平时的城市化率明显偏低。

统筹城乡发展，是党中央根据新世纪我国经济社会发展的时代特征和主要矛盾，致力于破解城乡二元经济结构、解决“三农”难题，统筹城乡经济社会发展，全面建设小康社会所作出的战略决策。成都从统筹城乡发展总体战略的提出，到获批成为全国统筹城乡综合配套改革试验区，再到国务院批复同意《成都市统筹城乡综合配套改革总体方案》，6年来，走出了一条先行先试的统筹城乡发展之路。成都这个1.24万平方千米的城乡大地上600多万农民命运发生了彻底的重大改变。我们国家为了加快城市化，提出了两型社会建设，提出了城乡统筹发展，主要是为了加快农村人口城市化。

PART

06

社会福利

安得广厦千万间——保障性住房

2009年12月27日，温家宝在北京中南海紫光阁接受新华社记者独家专访时谈到了这样一个问题：

新华社记者：“一位网民说房价涨得太快了，1平方米1个月竟然涨了1000块钱，他们想请总理谈一谈房价的问题。”

温家宝：“我知道网民关注这个问题。因为我每天上网看到大量网民的意见，甚至很尖锐的批评。因为房子对于每个人来讲都关乎他们的切身利益。

“今年房地产有了比较快的恢复，但同时房价在一些地区和城市上涨过快，也引起了中央高度重视。

“其实如何使房地产建设能走入一个健康的轨道，首先还需要弄清楚政府要做什么，市场要做什么。既发挥市场的机制，又发挥政府调控的作用。

“在这里我只讲一讲政府应该做的事情。第一件事情就是要加大安居工程的建设力度，加快棚户区的改造。对这两项工作，在资金、土地以及税收上，都要给予优惠和保障。

“第二，要鼓励居民购买自住房和改善性的用房。但与此同时，要采取措施抑制投机。中国的国情决定了我们的住房必须坚持安全、经济、适用和省地的原则，特别要重视中小套型和中低价位房屋的建设。

“第三，要运用好税收、差别利率以及土地政策等经济杠杆加以调控，稳定房地产的价格。

“第四，要维护房地产市场秩序，打击捂盘惜售、占地不用、哄抬房价等违法犯罪的行为。我觉得只要政府有决心解决这些问题，而且不是头痛医头、脚痛医脚，而是经过深入调查研究，统筹考虑各方面的情况，制定长远的规划和政策，使我国的房地产有一个稳定发展的局面，这是可以做到的。”

“民以食为先，家以居为先。”住房，是生活的一项基本需求，住房问题是中国老百姓普遍关心的一个话题。但是，对大多数中低收入群体来说，买开发商提供的商品房实在是生活中的一大负担，房价节节攀高，要想在大城市买房更是黄粱美梦，不少人甚至沦为“房奴”。商品性住房作为一种商品，就不可能把“保障性”作为它的主要作用。保障性住房正是为了弥补这一缺陷而产生的，它覆盖了商品性住房市场中的空白，即为那些购买不起商品房的中低收入家庭和贫困家庭给以各种住房保障，属于政府公共福利。

作为保障性住房，不能像商品房那样可以在市场上随意购买，它是一种政府为中低收入住房困难家庭所提供的限定标准、限定价格或租金的住房，由廉租住房、经济适用住房和政策性租赁住房构成。

首先，我们来了解一下经济适用房。经济适用住房是以中低收入家庭为对象，具有社会保障性质的商品住宅，具有经济性和适用性的特点。经济性是指住宅价格比商品房市场价格低，适应中低收入家庭的承受能力；适用性是指在住房设计及其建筑标准上强调住房的使用效果。其低价格是通过土地划拨供应、免除有关税费、规定开发商的利润上限等来实现。

经济适用房政策的实施，对启动内需、平抑房价以及完善住房供应体系均发挥了显著的作用，并受到中低收入者的普遍欢迎。但经济适用房在现阶段也暴露出一些问题，如经济适用房规模过大、销售对象界定不清、区位选择上的局限以及经济适用房面积过大、标准过高，使得经济适用住房政策并未真正惠及中低收入阶层，同时又加重了政府负担。

此外，为建立和完善多层次的住房供应体系，解决城镇最低收入家庭的住房问题，建设部分别于1999年4月22日颁布了《城镇廉租住房管理办法》和2003年11月15日颁布了《城镇最低收入家庭住房管理办法》，向最低收入群体提供租金低廉的廉租住房。廉租住房由于其保障的范围较小，在执行过程中总的情况比较好。

但现今廉租住房还存在着一些问题，最主要的是廉租房适用对象范围过窄。关于廉租房的适用对象，目前只局限于具有“非农业长住户口的最低收入家庭和其他需保障的特殊家庭”。从现实情况看，有三类群体未纳入廉租住房政策的适用对象中：收入处于平均收入水平以下、最低收入水平以上的家庭，进城务工的农民工，单亲家庭以及日益增多的老龄群体中的空巢家庭。这些群体既买不起商品房，又不符合廉租住房的申请标准，被称为“夹心层”。

政策性租赁住房即政府为解决中低收入且无房困难人群的住房问题而采取的措施。政策性租赁住房主要是通过政府投资建设新房的方式进行。政策性租赁房的租金，按照房屋成本进行测算，通常为成本价再加上适当的管理费，就是成本租金的价格。

北京市保障性住房所占比例将有所提高。北京市国土局局长魏成林接受采访时表示，未来新建小区中保障性住房的配套比例将由过去的15%提高至30%。

魏成林表示，近几年，北京的房价增长速度成为各界关注

的焦点，特别是一些低收入家庭更是“望房兴叹”。以前北京市新建小区中配套的保障性住房比例一直都在15%左右，从今年起，将提高新建小区中配套保障性住房的比例，使这一比例提高至30%，实现翻倍。

此次提高保障性住房的比例，魏成林表示，主要是为了保障北京市中低端收入人群的利益。而比例提高后，也会对房价起到一些综合调剂的作用。

虽然现在房价一路走高，购房压力越来越大。但了解了政府保障性住房的相关政策，合理选择，还是能实现“居者有其屋”的美好愿望。

真正为弱势群体办实事——社会保障体系

社会保障体系是指社会保障各个有机构成部分系统的相互联系、相辅相成的总体。完善的社会保障体系是社会主义市场经济体制的重要支柱，关系改革、发展、稳定的全局。我国的社会保障体系，包括社会保险、社会福利、社会救助、社会优抚四个方面。这几项社会保障是相互联系、相辅相成的。社会保障体系是社会的“安全网”，它对社会稳定、社会发展有着重要的意义。

社会保险：社会保险在社会保障体系中居于核心地位，它是社会保障体系的重要组成部分，是实现社会保障的基本纲领。一是社会保险目的是保障被给付者的基本生活需要，属于基本性的社会保障；二是社会保险的对象是法定范围内的社会劳动者；三是社会保险的基本特征是补偿劳动者的收入损失；四是社会保险的资金主要来源于用人单位（雇主）、劳动者（雇员）依法缴费及国家资助和社会募集。

社会福利：社会福利是社会保障的最高层次，是实现社会保障的最高纲领和目标。它的目的是增进群众福利，改善国民的物质文化生活，它把社会保障推上最高阶段。社会福利基金的重要来源是国家和社会群体。

社会救助：社会救助属于社会保障体系的最低层次，是实现社会保障的最低纲领和目标。一是社会救助的目的是保障被救助者的最低生活需要；二是社会救助的对象主要是失业者、遭遇不幸者；三是社会救助的基本特征是扶贫；四是社会救助的基金来源主要是国家及社会群体。

社会优抚：社会优抚是社会保障的特殊构成部分，属于特殊阶层的社会保障，是实现社会保障的特殊纲领。社会优抚的目的是优待和抚恤；社会优抚的对象是军人及其家属；社会优抚的基本特征是对军人及其家属的优待；社会优抚的基金来源是国家财政拨款。

社会保障是社会安定的重要保证，要以社会保险、社会救助、社会福利为基础，以基本养老、基本医疗、最低生活保障制度为重点，以慈善事业、商业保险为补充，加快完善社会保障体系。促进企业、机关、事业单位基本养老保险制度改革，探索建立农村养老保险制度。全面推进城镇职工基本医疗保险、城镇居民基本医疗保险、新型农村合作医疗制度建设。

完善的社会保障体系，历来被称为人民生活的“安全网”、社会运行的“稳定器”和收入分配的“调节器”，是维护社会稳定和国家长治久安的重要保障。加快建立覆盖城乡居民的社会保障体系，推动和谐社会建设和经济社会又好又快发展是现阶段的重要任务。

从此不再怕看病——新型农村合作医疗

新型农村合作医疗，简称“新农合”，是指由政府组织、引导、支持，农民自愿参加，个人、集体和政府多方筹资，大病统筹为主的农民医疗互助共济制度。采取个人缴费、集体扶持和政府资助的方式筹集资金。农村合作医疗是由我国农民自己创造的互助共济的医疗保障制度，在保障农民获得基本卫生服务、缓解农民因病致贫和因病返贫方面发挥了重要的作用。它为世界各国，特别是发展中国家所普遍存在的问题提供了一个范例，不仅在国内受到农民群众的欢迎，而且在国际上也得到了好评。

国家卫计委、财政部印发关于做好2015年新型农村合作医疗工作的通知提出，各级财政对新农合的人均补助标准在2014年的基础上提高60元，达到380元。

通知提出，中央财政对120元部分的补助标准不变，对260元部分按照西部地区80%、中部地区60%的比例进行补助，对东部地区各省份分别按一定比例补助。农民个人缴费标准在2014年的基础上提高30元，全国平均个人缴费标准达到每人每年120元左右。新农合政策范围内门诊和住院费用报销比例分别提高到50%和75%左右。

江西上栗县东源乡民主村李武元逢人就说："咱农民看病也报销，农村合作医疗真是好，这得感谢党的政策好。"

原来，李武元的爱人因得"风湿性心脏病"几度危及生命，多次转院，经湖南湘雅医院手术治疗后恢复健康，却用去医药费4万余元，高额的费用已使他们的家庭经济陷入困境。正当李武元夫妻一筹莫展的时候，县农医局人员风尘仆仆来到了这个十分偏僻的村庄，详细地询问病情及目前治疗情况后，按规定把医疗补偿金送到他们手中。李武元接过厚厚的一叠补偿金，捧在胸前哽咽着声音说："想不到只出几十元钱就能得到这么多的补偿金，感谢政府处处为老百姓着想，感谢政府又为我们农民办了一件大好事。"说完，激动得不禁流下了热泪。

合作医疗在几十年的发展历程中，先后经历了20世纪40年代的萌芽阶段、50年代的初创阶段、60～70年代的发展与鼎盛阶段、80年代的解体阶段和90年代以来的恢复和发展阶段。面对传统合作医疗中遇到的问题，卫生部组织专家与地方卫生机构进行了一系列的专题研究，为建立新型农村合作医疗打下了坚实的理论基础。在1974年5月的第27届世界卫生大会上，第三世界国家普遍表示出极大兴趣。联合国妇女儿童基金会在1980年～1981年年报中指出，中国的“赤脚医生”制度在落后的农村地区提供了初级护理，为不发达国家提高医疗卫生水平提供了样本。世界银行和世界卫生组织把我国农村的合作医疗称为“发展中国家解决卫生经费的唯一典范”。

新型农村合作医疗制度从2003年起在全国部分县（市）试点，到目前已逐步实现覆盖全国农村居民。

随着国家、省、县财政对参合农民配套资金的增加，全国各县对新农合制度实施办法进行了修订，拓宽了新农合药品目录，增加补偿范围，大幅度提高了补偿比例，使参合农民住院诊疗人次不断增加，补偿率明显提高，受益面不断扩大，参合农民真正得到了实惠。

新型农村合作医疗的性质由“互助共济”逐步转变为政府主导的农村居民基本医疗保障；新型农村合作医疗的统筹模式由侧重大病统筹为主逐步向住院与门诊医疗费用统筹兼顾过渡；新型农村合作医疗制度设计定位由侧重减缓“因病致贫、因病返贫”的进程向进一步扩大参合农民医疗补偿受益面过渡。

每个老人都会老有所养——老年福利

从某种程度上说，我们现在的老年福利制度还只是补缺型福利，只是针对一部分老年人和特殊老年群体。《关于加强老年人优待工作的意见》要求，贫困老年人要按规定纳入城乡社会救助体系。《城市居民最低生活保障条例》规定，城市“三无”老人均可按当地城市居民最低生活保障标准，全额享受低保救助。目前，全国所有城市贫困老人均已纳入低保救助范围，实现了“应保尽保”，一些地方还对鳏寡老人、贫困老年人给予重点救助，将其享受的低保金在当地规定标准的基础上上浮20%左右。

截至2014年，60岁以上老年人口达到2.1亿，占总人口的15.5%，2.1亿的人里有将近4000万人是失能、半失能的老人。据有关部门预测，到2035年老年人口将达到4亿人，失能、半失能的老人数量会进一步增多。

2018年8月，官方最新公布的多个数据显示，中国人口老龄化程度不断攀升，结婚率和人口出生率持续下降。四年间，60周岁及以上老年人口激增近25%。

老年人的福利问题已经是一个非常严重的社会问题。既有我国老年人人口规模庞大的原因，也有老年福利的标准逐步提高的原因。

截至2011年底，16个省份建立了80岁以上高龄老人生活补贴制度，14个省份建立了生活困难老人养老服务补贴制度，各个省份均出台了老年人社会优待政策。各地还因地制宜，探索农村互助养老、农村家庭常年病人托管、建立农村居家养老服务站等各种社会养老服务新模式。以居家为基础、社区为依托、机构为支撑，资金保障与服务提供相匹配的社会养老服务体系初步建立。

机构养老也广受社会关注。统计数字显示，中国养老机构和床位数分别从2002年的3.76万个、114.9万张增加到2011年的4.09万个、351万张，管理运营机制从政府主办向政府主导、多元主体参与转变。民政部还将通过学历教育和在职培训，造就一支尊老敬老、爱岗敬业、具有专业化水平的养老护理员队伍。将建立养老机构的准入、监管和退出的机制，确保养老服务水平的提高和健康发展。

40多年的改革开放提高了全社会的物质文化生活水平，大大改善了国民福利。我国的老年福利政策也随之不断改革和完善，老年福利事业发生了重大的历史性变化。老年人享受的社会福利总量显著增加，福利补贴的数量和福利项目的种类不断增加，覆盖范围不断从特定老年群体扩大到全体老年人。

经济学的研究前提

收入差别为什么这么大——个人收入

winshare文轩

四川人民出版社

Essence

看清本质

我们身边交错上演着各种经济现象，

关乎我们的幸福和成功。

更深刻地了解背后的本质和真相，

才能睿智地解决问题，减少无意义的浪费。

上架推荐：经典励志

ISBN 978-7-220-11054-2

定价：78.00元